U0872318

公司法裁判规则实务精要

潘申明　等◎著

治理责任

法律出版社 | LAW PRESS
北京

图书在版编目(CIP)数据

公司法裁判规则实务精要. 治理责任 / 潘申明等著
. -- 北京 : 法律出版社, 2023
ISBN 978 - 7 - 5197 - 7736 - 4

Ⅰ. ①公… Ⅱ. ①潘… Ⅲ. ①公司法 - 法律解释 - 中国 Ⅳ. ①D922.291.915

中国国家版本馆 CIP 数据核字(2023)第 051693 号

公司法裁判规则实务精要:治理责任
GONGSIFA CAIPAN GUIZE SHIWU JINGYAO: ZHILI ZEREN

潘申明 等著

策划编辑 沈小英
责任编辑 陈 妮 任 娜
装帧设计 汪奇峰 鲍龙卉

出版发行 法律出版社
编辑统筹 法治与经济出版分社
责任校对 张翼羽
责任印制 吕亚莉
经 销 新华书店

开本 710 毫米×1000 毫米 1/16
印张 18 字数 346 千
版本 2023 年 5 月第 1 版
印次 2023 年 5 月第 1 次印刷
印刷 固安华明印业有限公司

地址:北京市丰台区莲花池西里 7 号(100073)
网址:www.lawpress.com.cn
投稿邮箱:info@lawpress.com.cn
举报盗版邮箱:jbwq@lawpress.com.cn
版权所有·侵权必究
销售电话:010 - 83938349
客服电话:010 - 83938350
咨询电话:010 - 63939796

书号:ISBN 978 - 7 - 5197 - 7736 - 4
定价:93.00 元

凡购买本社图书,如有印装错误,我社负责退换。电话:010 - 83938349

潘申明

1973年10月生，浙江省桐庐县人，先后获华东政法大学法学学士、法学硕士、法学博士学位。现为宁波大学法学院副教授、硕士研究生导师、应用法学研究所主任、经济纠纷与经济犯罪研究中心主任，华东政法大学硕士研究生导师、韩国法研究中心研究员，中国政法大学法律实证研究中心研究员、国家法律援助研究院研究员，浙江省宁波市江北区第十二届人大代表。受聘为浙江省人民检察院民事行政检察监督案件专家委员会专家顾问、宁波市人民政府法律顾问。入选浙江省及宁波市涉案企业合规第三方监督评估机制专业人员名录库（第一批）。曾在检察系统工作21年，先后担任浙江省宁波市北仑区人民检察院反贪污贿赂局副局长、民事行政检察科科长、公诉科科长、检察委员会专职委员、党组成员、副检察长，浙江省宁波市人民检察院法律政策研究室主任。获浙江省第十三届哲学社会科学优秀成果二等奖，最高人民检察院理论研究所检察基础理论研究优秀成果二等奖、三等奖等；获第三批全国检察业务专家、第二批全国检察理论人才，入选最高人民检察院西部教育培训讲师团成员，获浙江省政法系统十佳检察官、第二批浙江省检察机关十佳民行办案人、浙江省检察机关专家型公诉人才、第三届浙江省十大优秀中青年法学家提名，宁波市首届中青年法学专家、宁波市十佳检察官、宁波市优秀公诉人、宁波市检察系统民行办案骨干等多项荣誉。在从事检察工作期间，荣立个人三等功两次，带领所负责集体荣立集体二等功一次、集体三等功两次。

擅长领域为刑事辩护、不良资产处置、重大民商事纠纷一体化解决。

姚宇波

浙江省宁波市宁海县人民法院法官助理，先后获浙江理工大学法学学士、宁波大学诉讼法学硕士学位。在《青少年犯罪问题》《浙江万里学院学报》等期刊公开发表论文5篇。曾获浙江省宁波市研究生学术节银奖和2021、2022年浙江省宁波市律师实务与理论研讨会一等奖、二等奖。

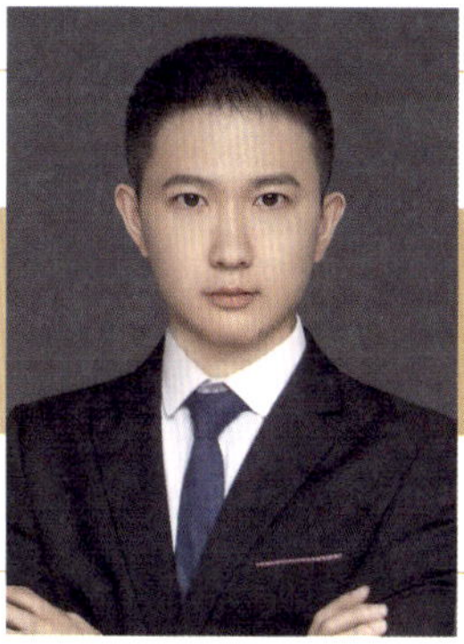

王凯男

浙江京衡（宁波）律师事务所执业律师，致力于公司法律事务的研究和办理，主要从事企业法律顾问、建设工程与房地产法律事务、民商事诉讼，善于处理企业非诉服务项目，为客户提供诉讼风险评估与防控等综合法律服务，现担任多家企业法律顾问。

陈萱昊

宁波大学法学学士，浙江京衡（宁波）律师事务所执业律师。擅长领域为公司法律业务、刑事辩护业务。获2022年浙江省律师论坛论文二等奖、2022年浙江省宁波市律师论坛论文二等奖、宁波大学优秀毕业论文。

前 言

经济学家德隆的研究表明，"人类 97% 的财富，是在过去 250 年的时间里创造的"，而这 250 年恰好是公司诞生与发展的历史。公司"两权分离"即股东所有权和企业经营权的分离产生了投资者有限责任，个人财产与公司资本得以清晰界分，自然人人格通过公司资本法定、独立人格、治理结构等现代公司制度实现了向具有独立法人人格的法律拟制人格的转变。这一转变极大扩张了人类的组织与合作能力，实现了社会资源、生产要素的有效配置和自由流通，社会创造财富的水平和效率空前地提高。

如何实现公司的有效治理是公司法的永恒话题。股东是企业的所有者，股东以"委托人"身份将企业的业务经营管理委托董事和经理，这便是经济学上的"委托—代理"理论。公司治理所要解决的就是各个主体之间的关系问题、权力分配与制约的问题。伴随公司资本扩张及企业规模的发展，公司治理权力分配经历了股东会中心主义、董事会中心主义以及经理中心主义的嬗变，越来越多的股东情愿"搭便车"而将公司管理决策的重任交给董事会、经理层。但是，毕竟由于公司经营管理层与股东之间的利益存在不一致性，职业经理人的道德风险仍然存在，容易产生公司机会主义。为此，各国公司法对于董事、监事、高级管理人以及实际控制人的忠实、勤勉义务作了明确规定。《中华人民共和国公司法》通过建立董事会、监事会、股东（大）会的公司治理机构，既弥补了个人的能力和精力的不足，又实现了公司决策、执行、监督机构之间的自治与分权制衡。通过建立重大事项的事前通报、事中流程、事后追责，构筑了一整套权利保障体系。

公司法学是实践性较强的学科，公司法研究应建构在日新月异的公司法律实践基础上。本书从鲜活的法律实践着手，汲取实务智慧，围绕公司治理这一主题，从与公司相关诉讼的 25 个案由中，着重选取了损害公司利益责任纠纷、损害股东利益责任纠纷、损害公司债权人利益责任纠纷、公司关联交易损害责任纠纷等。上述纠纷的共同特征都是针对公司、董事、监事、高级管理人员、实际控制人的某一不当行为，损害了公司、股东、债权人当中的一方或者多方利益而引发的民事诉讼。本书收集这6个案由中的典型案例进行逐一分析,在每个案由中剖析案例中的裁判规则之前,先从理论、规范和实操的维度对该类纠纷进行宏观层面的总体性阐述,让读者对该案由纠纷有一个总体认识,同时在每个典型案例裁判规则分析后,都有一个简短的专业分析意见,主要是从个案出发以点带面,对公司治理和公司诉讼提出一些意见建议。

本书在案例编撰上,除了隐去具体的自然人姓名以保护隐私外,在整个诉讼请求、事实理由、答辩意见、争点梳理、裁判理由阐述等方面尽量保持"原汁原味"。主要是考虑我们的读者可能会处于不同的立场,不做删减可以起到借鉴参考启发的作用。

由于能力和水平有限,在案例编撰和论述过程中,难免有不当之处,还请各位海涵。

潘申明

2023年4月26日

缩略用语表

《中华人民共和国公司法》——《公司法》

最高人民法院《关于适用〈中华人民共和国公司法〉若干问题的规定(一)》——《公司法解释一》

最高人民法院《关于适用〈中华人民共和国公司法〉若干问题的规定(二)》——《公司法解释二》

最高人民法院《关于适用〈中华人民共和国公司法〉若干问题的规定(三)》——《公司法解释三》

最高人民法院《关于适用〈中华人民共和国公司法〉若干问题的规定(四)》——《公司法解释四》

最高人民法院《关于适用〈中华人民共和国公司法〉若干问题的规定(五)》——《公司法解释五》

《中华人民共和国民法典》——《民法典》

《中华人民共和国合同法》——《合同法》

《中华人民共和国担保法》——《担保法》

《中华人民共和国物权法》——《物权法》

《中华人民共和国民事诉讼法》——《民事诉讼法》

最高人民法院《关于适用〈中华人民共和国民事诉讼法〉的解释》——《民事诉讼法解释》

《中华人民共和国民法总则》——《民法总则》

《中华人民共和国民法通则》——《民法通则》

《中华人民共和国企业破产法》——《企业破产法》

最高人民法院《关于适用〈中华人民共和国企业破产法〉若干问题的规定(一)》——《企业破产法司法解释一》

《全国法院民商事审判工作会议纪要》——《九民纪要》

《中华人民共和国劳动合同法》——《劳动合同法》
《中华人民共和国侵权责任法》——《侵权责任法》
《中华人民共和国证券法》——《证券法》
《中华人民共和国企业国有资产法》——《企业国有资产法》
《中华人民共和国合伙企业法》——《合伙企业法》
《中华人民共和国公司登记管理条例》——《公司登记管理条例》

Contents

目　录

第一篇　损害公司利益责任纠纷

第二篇　损害股东利益责任纠纷

第三篇 股东损害公司债权人利益责任纠纷

第四篇 公司关联交易损害责任纠纷

第五篇 股东决议纠纷

第六篇 公司证照返还纠纷

第一篇

损害公司利益责任纠纷

导 语

公司之所以会在现代市场经济中成为最主要的市场主体,原因是有限责任和独立法律人格,以及可以通过公司治理结构实现自然人时间精力的边界。但是,公司董事、监事、高级管理人员在履职经营管理公司时,由于利益和立场不同,董事、监事、高级管理人员存在违反法定义务,损害公司利益的情形,而且,随着公司独立法人主体地位的确立以及现代公司所有权与经营权的不断分离,保护公司自身利益的重要性变得愈加显著。

损害公司利益责任纠纷,是指公司股东滥用股东权利或者董事、监事、高级管理人员违反法定义务,损害公司利益而引发的纠纷。根据《公司法》的相关规定,股东滥用股东权利给公司造成损失,以及董事、监事、高级管理人员执行公司职务时违反法律法规或公司章程给公司造成损失的,均应承担赔偿责任。为此,公司法上设置了以公司为原告提起损害公司利益诉讼的救济路径。由于公司极可能发生控股股东一股独大,通过控制权侵害公司利益,进而侵害中小股东权益的情况,且在该情况下公司治理机制往往失灵,《公司法》也进一步赋予了符合条件的股东在一定情形下提起股东代表诉讼的权利。

对于这类纠纷,最高人民法院 2008 年公布《民事案件案由规定》第 254 条确立了“公司的控股股东、实际控制人、董事、监事、高级管理人员损害公司利益赔偿纠纷”的案由。2011 年,最高人民法院又将此案由变更为“损害公司利益责任纠纷”,使其在表达上更为精简和精准。

我国现行《公司法》规定,股东滥用股东权利给公司造成损失,以及董事、监事、高级管理人员执行公司职务时违反法律法规或公司章程给公司造成损失的,均应承担赔偿责任。常见的损害公司利益行为包括关联交易、挪用公司资金、违反竞业禁止义务等。该类案件与商业行为密切关联,导致个案审查中对公司利益衡量缺乏统一标准。常见纠纷类型如下:(1)关联方在涉及公司为其担保事项进行表决时,应当回避而不回避且最终作出了违法担保决议;(2)公司控股股东无视公司章程规定,不经法定程序,强行出售公司资产;(3)董事、监事、高级管理人员执行公司职务时,违反法律、行政法规、章程规定,给公司造成损失;(4)公司董事或高级管理人员违反竞业限制义务、泄露商业秘密时产生的纠纷;(5)公司股东、董事或高级管理人员违反忠实义务,篡夺公司的商业机会等。

在大多数损害公司利益责任纠纷案件中，法院往往倾向于从以下四个要件来进行具体审查：(1)诉讼主体是否适格；(2)是否存在损害公司利益的具体行为，即是否存在过错行为；(3)是否存在公司利益受损结果；(4)公司利益受损与前述过错行为是否具有因果关系。若原告对上述要件未尽足够举证责任，可能会面临败诉的不利后果。

损害公司利益责任纠纷类型案件作为商事诉讼领域内的高发案件，一向因其难度系数高、争议数量多而成为各界关注的重点。与此同时，相关法律法规的缺失也使得这一类型案件在实操层面更具挑战性。但通过对司法实践的总结和基础理论的深入推演，此类案件的具体办理仍然能够获得较为全面的方法论指引。

一、股东代表诉讼前置程序的法律适用

案件名称

周某春诉庄士中国公司、李某慰、彭某傑及第三人湖南汉业公司损害公司利益责任纠纷案①

案号

一审：(2017)湘民初18号；二审：(2019)最高法民终1679号

裁判要旨

股东代表诉讼前置程序设置是“竭尽内部救济原则”的体现。股东行使代表诉讼权利前，必须先行书面请求公司监事会或监事、董事会或者执行董事提起诉讼，否则股东不得以自己的名义代为公司提起诉讼，此为公司治理的一般情况；对于存在“紧急情况不立即提起诉讼将会使得公司利益受到难以弥补的损害”和“紧急情况”之外股东寻求内部救济不可能达到既定目标的特殊情形，可以豁免股东履行前置程序。对于主张存在可以豁免前置程序的情形，提起诉讼的股东应当承担举证责任。在能够证明依法有权代表公司提起诉讼的公司机关基本不存在提起诉讼的可能性，由原告履行前置程序已无意义的情况下，不宜以股东未履行我国《公司法》第151条规定的前置程序为由驳回起诉。

① 参见《最高人民法院公报》2020年第6期。

案情简介

上诉人(一审原告):周某春

被上诉人(一审被告):庄士中国公司

被上诉人(一审被告):李某慰

被上诉人(一审被告):彭某傑

一审第三人:湖南汉业公司

湖南汉业公司于2002年在原湖南省工商行政管理局注册成立,注册资本为1000万元,股东为周某春、范某汉(两人系夫妻关系)。2004年,经湖南省人民政府批准,湖南汉业公司变更为有限责任公司(港澳台与境内合资),公司注册资本增加至人民币2500万元。其中,周某春出资人民币250万元,持股比例10%;新时代公司出资人民币2250万元,持股比例90%。湖南汉业公司《中外合资经营企业章程》第15条规定:董事会由5名董事组成,其中1名周某春出任,新时代公司委派4名,董事长由新时代公司指定。2011年12月29日,湖南汉业公司的法定代表人由范某汉变更为李某慰。湖南汉业公司董事会由李某慰(董事长)、彭某傑、庄某农、李某心、周某春组成。此外,庄士中国公司2004年至2017年财政年度业绩报告载明,李某心、彭某傑、李某慰系庄士中国公司董事,庄某农系庄士中国公司高层管理人员。被告庄士中国公司系本案第三人湖南汉业公司、新时代公司实际控制人;被告李某慰从2005年起担任新时代公司董事,2005年至2011年11月任湖南汉业公司董事,2011年12月至今任湖南汉业公司董事长、法定代表人;被告彭某傑自2005年起担任新时代公司董事,2005年至今任湖南汉业公司董事、总经理。

2005年9月至10月,上述三被告利用其对湖南汉业公司的控制和管理地位,将湖南汉业公司的7,408,250元人民币分四次转入中国有色金属进出口广东公司账户,将10万元转入广东省佛山市东盈贸易有限公司账户;上述7,508,250元人民币被中国有色金属进出口广东公司和广东省佛山市东盈贸易有限公司在兑换成港币后分四次汇入庄士中国公司实际控制的新时代公司。新时代公司收到上述款项后,向湖南汉业公司发传真确认收到湖南汉业公司通过第三方汇入的7,100,000.68港元,并承诺2005年10月10日转回。但新时代公司并未转回上述款项。被告彭某傑作为湖南汉业公司董事,故意将第三人湖南汉业公司资产转给庄士中国公司关联公司的行为,损害湖南汉业公司利益。被告李某慰作为湖南汉业公司的董事和董事长,明知湖南汉业公司上述资金被其他公司占用,而不积极主张返还,不履行法定勤勉忠实义务,造成湖南汉业公司财产损失,应承担赔偿责任。

2012年7月16日,在本案三被告的控制下,第三人湖南汉业公司与庄士中国公司全资子公司惠阳庄士签署《债权债务确认书》：确认惠阳庄士在2010年7月对案外人湖南星大工程建设股份有限公司支付的446万元，系代湖南汉业公司支付的工程款，湖南汉业公司确认上述代付款行为，并承诺在签署确认书后向惠阳庄士清偿借款本息，如无法清偿，则惠阳庄士可处置湖南汉业公司名下房产受偿。2012年7月16日，第三人湖南汉业公司与被告庄士中国公司全资子公司东莞庄士签署同样内容的《债权债务确认书》，确认东莞庄士在2010年9月至2012年1月，对湖南星大工程建设股份有限公司、湖南沙坪装饰有限公司、裕达建工集团有限公司及其他第三方支付的27,750,138.92元，是代湖南汉业公司向第三方支付的款项，湖南汉业公司确认上述代付款行为，并承诺在上述《债权债务确认书》签署后连本带息进行清偿，如无法清偿，则东莞庄士可处置湖南汉业公司名下房产。2012年8月，惠阳庄士和东莞庄士分别依据上述《债权债务确认书》对湖南汉业公司提起诉讼。湖南汉业公司在被告庄士中国公司、李某慰、彭某傑控制下，认可惠阳庄士和东莞庄士主张的全部事实和诉讼请求，法院最终判定：湖南汉业公司向惠阳庄士清偿446万元本金及按照人民银行同期同类贷款利率清偿2012年7月16日起至欠款全部付清之日止的资金占用费；湖南汉业公司向东莞庄士清偿27,750,138.92元本金及按照人民银行同期同类贷款利率清偿2012年7月16日起至欠款全部付清之日止的利息。

2016年，李某慰代表湖南汉业公司与庄士中国公司的全资子公司东莞庄士和恒阳公司签署《债权转让协议》和《以房抵债协议》。确认湖南汉业公司在2013年至2016年，向东莞庄士借款5,568,902.67元，截至2016年9月9日，本息合计6,107,472.48元；同时，确认东莞庄士将上述对湖南汉业公司的债权转让给恒阳公司后，湖南汉业公司用持有的“比华利山”小区五套房产（32栋101、32栋102、33栋101、64栋101、64栋102）抵偿上述欠款本息；湖南汉业公司同意将上述五套房产过户至恒阳公司名下。上述五套房屋均为双拼别墅，每套面积304.9平方米，根据湖南汉业公司2011年制定的销售方案，五套房屋总售价12,134,020元。李某慰将湖南汉业公司价值1200多万元的房屋，用于折抵庄士中国全资子公司恒阳公司的600万债权；庄士中国公司利用全资子公司东莞庄士、恒阳公司与湖南汉业公司的关联交易，低价受让湖南汉业公司的房产，损害湖南汉业公司利益。被告庄士中国公司作为湖南汉业公司实际控制人，利用关联公司虚构债权，侵害湖南汉业公司资产。被告李某慰、彭某傑作为湖南汉业公司的董事长和总经理，对关联公司向湖南汉业公司提出的债权主张，不履行最基本的鉴别和审核义务，向关联企业低价处置湖南汉业公司房产，协助关联公司损害湖南汉业公司利益，导致湖南汉业公司对外承担巨额债务，蒙受巨大财产损失。被告庄士中国公司、李某慰、彭某傑理应就其行为造成的湖南汉业公司财产损失承担赔偿责任。

2002 年 11 月,第三人湖南汉业公司作为招商引资对象与湖南省长沙市长沙县人民政府签署《供地协议书补充协议》,约定湖南省长沙市长沙县人民政府向湖南汉业公司提供 1500 亩(1,000,000 平方米)土地用于建设开发。2005 年,湖南汉业公司开始申请二期 480 亩(320,000 平方米)建设用地,上述申请得到湖南省长沙市长沙县人民政府、湖南省长沙市长沙县国土局及相关管理部门认可。2006 年 8 月 17 日,《长沙县招商引资工作领导小组会议纪要》确认同意向湖南汉业公司提供 480 亩(320,000 平方米)二期开发建设用地。本案被告庄士中国公司、李某慰和彭某傑利用控制地位,采取欺骗和隐瞒的手段,在 2006 年 11 月 28 日利用庄士投资全资子公司庄士发展(湖南)有限公司顶替湖南汉业公司参加湖南省长沙市长沙县国土局举行的 486 亩(324,000 平方米)土地招拍挂,将原本由湖南汉业公司申请的二期项目建设用地,最终变成被告庄士中国公司的全资子公司长沙庄士置业有限公司取得建设土地使用权;谋取了属于湖南汉业公司的商业机会,给湖南汉业公司造成了巨额财产损失。后周某春提起股东代表诉讼。

诉讼过程

2017 年 7 月 14 日,因湖南汉业公司的实际控制人和高级管理人员利用关联关系和管理人地位损害湖南汉业公司财产及其他利益,周某春以损害公司利益责任纠纷诉庄士中国公司、李某慰、彭某傑至湖南省高级人民法院,请求判令:庄士中国公司、李某慰、彭某傑赔偿损失,湖南省高级人民法院一审裁定驳回起诉。周某春不服,遂向最高人民法院提起上诉,被裁定指令审理。

裁判结果

一审裁定:驳回周某春的起诉。

二审裁定:指令湖南省高级人民法院审理。

主要争点

原告周某春认为:本案由于湖南汉业公司的董事和实际控制人不会自己起诉自己,要求公司股东履行股东代表诉讼的前置程序没有可能,因此应允许股东直接提起股东代表诉讼。即使湖南汉业公司不认可周某科的公司监事身份,也不妨碍周某春作为湖南汉业公司股东为维护公司利益提起的股东代表诉讼。

被告庄士中国公司、李某慰、彭某傑共同答辩称：周某春未履行提起股东代表诉讼的前置程序，且周某春的诉讼请求均无事实和法律依据，三被告没有损害湖南汉业公司利益，请求法院依法驳回起诉或驳回周某春的全部诉讼请求。

综上所述，本案争议焦点为：一审裁定驳回周某春的起诉是否正确，股东代位诉讼的前置程序能否豁免。

裁判说理

最高人民法院认为，根据我国《公司法》第 151 条规定："董事、高级管理人员有本法第一百四十九条规定的情形的，有限责任公司的股东、股份有限公司连续一百八十日以上单独或者合计持有公司百分之一以上股份的股东，可以书面请求监事会或者不设监事会的有限责任公司的监事向人民法院提起诉讼；监事有本法第一百四十九条规定的情形的，前述股东可以书面请求董事会或者不设董事会的有限责任公司的执行董事向人民法院提起诉讼。监事会、不设监事会的有限责任公司的监事，或者董事会、执行董事收到前款规定的股东书面请求后拒绝提起诉讼，或者自收到请求之日起三十日内未提起诉讼，或者情况紧急、不立即提起诉讼将会使公司利益受到难以弥补的损害的，前款规定的股东有权为了公司的利益以自己的名义直接向人民法院提起诉讼。他人侵犯公司合法权益，给公司造成损失的，本条第一款规定的股东可以依照前两款的规定向人民法院提起诉讼。"股东书面请求公司有关机关向人民法院提起诉讼，是股东提起代表诉讼的前置程序。一般情况下，股东没有履行前置程序的，应当驳回起诉。但是，该项前置程序针对的是公司治理的一般情况，即在股东向公司有关机关提出书面申请之时，存在公司有关机关提起诉讼的可能性。如果不存在这种可能性，则不应当以原告未履行前置程序为由驳回起诉。具体到本案中，分析如下：

其一，根据《公司法》第 151 条的规定，董事、高级管理人员有公司法第 149 条规定的情形的，有限责任公司的股东可以书面请求监事会或者不设监事会的有限责任公司的监事提起诉讼。本案中，李某慰、彭某傑为湖南汉业公司董事，周某春以李某慰、彭某傑为被告提起股东代表诉讼，应当先书面请求湖南汉业公司监事会或者监事提起诉讼。但是，在二审询问中，湖南汉业公司明确表示该公司没有工商登记的监事和监事会。周某春虽然主张周某科为湖南汉业公司监事，但这一事实已被另案人民法院生效民事判决否定，湖南汉业公司明确否认周某科为公司监事，周某春二审中提交的证据也不足以否定另案生效民事判决认定的事实。从以上事实来看，本案证据无法证明湖南汉业公司设立了监事会或监事，周某春对该公司董事李某慰、彭某傑提起股东代表诉讼的前置程序客观上无法完成。

其二,《公司法》第151条第3款规定:"他人侵犯公司合法权益,给公司造成损失的,本条第一款规定的股东可以依照前两款的规定向人民法院提起诉讼。"庄士中国公司不属于湖南汉业公司董事、监事或者高级管理人员,因湖南汉业公司未设监事会或者监事,周某春针对庄士中国公司提起代表诉讼的前置程序应当向湖南汉业公司董事会提出,但是,根据查明的事实,湖南汉业公司董事会由李某慰(董事长)、彭某傑、庄某农、李某心、周某春组成。除周某春以外,湖南汉业公司其他四名董事会成员均为庄士中国公司董事或高层管理人员,与庄士中国公司具有利害关系,基本不存在湖南汉业公司董事会对庄士中国公司提起诉讼的可能性,再要求周某春完成对庄士中国公司提起股东代表诉讼的前置程序已无必要。

本案系湖南汉业公司股东周某春以庄士中国公司和李某慰、彭某傑为被告代表公司提起的损害公司利益责任纠纷诉讼,诉请3原审被告承担共同赔偿责任。综合以上情况,法院认为,周某春主张可以不经股东代表诉讼前置程序直接提起本案诉讼的上诉理由成立。一审裁定驳回起诉不当,应予纠正。

专业点评

《九民纪要》第25条指出,根据《公司法》第151条的规定,股东提起代表诉讼的前置程序之一是,股东必须先书面请求公司有关机关向人民法院提起诉讼。一般情况下,股东没有履行该前置程序的,应当驳回起诉。但是,该项前置程序针对的是公司治理的一般情况,即在股东向公司有关机关提出书面申请之时,存在公司有关机关提起诉讼的可能性。如果查明的相关事实表明,根本不存在该种可能性的,人民法院不应当以原告未履行前置程序为由驳回起诉。本案发生于《九民纪要》发布施行之前,应当说,本案为《九民纪要》规定的出台提供了契机。股东代表诉讼又称为股东代位诉讼、派生诉讼或衍生诉讼,是股东为维护公司利益而以自己名义代表公司提起的诉讼。诉权本应属于公司,但是,管理层、控股股东、实际控制人往往掌控了公司起诉与否的意思。管理层违背信义义务,对公司造成损害,由他们来决定起诉自己显然是不现实的。因此,股东代表诉讼作为解决这一问题的替代性救济措施而被发展起来。一方面，正因为股东代表诉讼属于一种替代性的救济措施，股东本身不具有诉权，决定了股东代表诉讼的基本前提是公司已实际上丧失了起诉能力，这是提起股东代表诉讼的基本前提。另一方面，为了防止股东代表诉讼被"有心之人"滥用，影响公司治理，在股东代表诉讼的制度设计上也往往作出必要的程序、实体限制。在何种情况下可以豁免股东的前置程序，涉及司法政策、立法价值的取向问题。该案中，最高人民法院明确在公司不具备提起诉讼的可能性时，可以豁免代表诉讼的前置程序，但究竟何为"不具备提起诉讼的可能性"，并没有一个非常明确的判断标准，还需要对裁判规则进一步梳理和总结。

法条链接

《公司法》(2018 年)

第一百五十一条　董事、高级管理人员有本法第一百四十九条规定的情形的，有限责任公司的股东、股份有限公司连续一百八十日以上单独或者合计持有公司百分之一以上股份的股东，可以书面请求监事会或者不设监事会的有限责任公司的监事向人民法院提起诉讼；监事有本法第一百四十九条规定的情形的，前述股东可以书面请求董事会或者不设董事会的有限责任公司的执行董事向人民法院提起诉讼。

监事会、不设监事会的有限责任公司的监事，或者董事会、执行董事收到前款规定的股东书面请求后拒绝提起诉讼，或者自收到请求之日起三十日内未提起诉讼，或者情况紧急、不立即提起诉讼将会使公司利益受到难以弥补的损害的，前款规定的股东有权为了公司的利益以自己的名义直接向人民法院提起诉讼。

他人侵犯公司合法权益，给公司造成损失的，本条第一款规定的股东可以依照前两款的规定向人民法院提起诉讼。

同类案例

博悦网络技术(上海)有限公司诉南通红禾创业投资中心(有限合伙)损害公司利益责任纠纷案

二、公司董事与公司达成调解协议处置公司资产引发股东权益受损的认定

案件名称

科技创业公司诉金某等损害公司利益责任案

案号

一审:(2017)云01民初2393号;二审:(2019)云民终425号

裁判要旨

公司股东作为原告提起对公司董事、高级管理人员的侵权之诉,要求返还的房产系侵权之诉的标的物,在确实查明被告作为其任职公司的董事兼高级管理人员违反了法律和公司章程规定,损害公司利益,造成了公司财产损失,且该财产具备返还条件的情况下,应判决予以返还。

案情简介

上诉人(原审被告):金某

被上诉人(原审原告):科技创业公司

原审第三人:西部智库公司

第三人西部智库公司系科技创业公司与惠智公司合资的有限责任公司。该公司设立时的章程规定"合营企业资产的抵押"必须由出席董事会会议的全体董事一致通过方可作出通过决定。惠智公司委派金某等3人为合资公司的董事会成员。西部智库公司在工商变更登记项目表中填写的总经理为金某。该公司成立后通过董事会决议,由金某以个人名义向银行按揭贷款购买涉案两套房屋作为公司办公地点,由公司承担房产首期付款及每月还贷和各种税费。该两套房屋购买后办理了所有权证,所有权人登记为金某。

2010年3月2日,持有西部智库公司公章的相关人员以该公司的名义委托律师向法院起诉金某,请求判决涉案两套房屋权属归公司所有。该案中,西部智库公司的民事起诉状和授权委托书仅加盖公司公章,无法定代表人或其他相关人员的签字。该案双方达成调解协议,法院作出调解书,确认涉案两套房屋归金某所有,由金

某偿还西部智库公司该房屋的首付款、银行贷款本息等共计767,510.54元。

诉讼过程

因金某利用西部智库公司总经理身份及职务之便,非法侵占西部智库公司的巨额资产,实质损害投资人的合法财产权益,科技创业公司以损害公司利益责任纠纷将金某诉至云南省昆明市中级人民法院,请求判令金某返还侵占资产,云南省昆明市中级人民法院一审判决部分支持原告诉讼请求。金某不服,向云南省高级人民法院提起上诉,被判决驳回上诉,维持原判。

裁判结果

一审判决:(1)被告金某于本判决生效之日起30日内将位于云南省昆明市北京路612~614号银海国际公寓SOHO A座11层01号和02号房屋返还给第三人西部智库公司。(2)驳回原告科技创业公司的其他诉讼请求。

二审判决:驳回上诉,维持原判。

主要争点

科技创业公司、西部智库公司认为:金某代西部智库公司购买涉案房屋,首付款及2010年4月以前的银行贷款均是西部智库公司借款给金某支付;金某是西部智库公司的董事及总经理,却通过(2010)盘法民二初字第82号民事调解书(以下简称第82号调解书)将公司房产处置给自己,损害了公司利益。原告作为占西部智库公司51%股权的股东从来不知晓,询问西部智库公司港方4名董事会成员均不知晓。西部智库公司董事会从未就处置公司房产召开过董事会并作出相关决议,王某瑜董事长也从未以西部智库董事会之名授权任何人以起诉金某并达成民事调解书的方式处置合资公司的房产,将2010年时价值在300万元人民币左右的两套房产以明显低于市场价(仅以76万元人民币)的价格处置给金某个人。

金某认为:2009年7月15日之后,其并没有被聘任为总经理,也没有领取任何报酬,不具备总经理的法定身份。原告的诉讼请求中要求被告返还财产,只有在其享有所有权的情况下才存在原物返还的问题,而该房屋的产权归属已经有生效法律文书。如果本案属于股东代表之诉,而不是损害公司利益责任之诉,则返还原物的诉讼请求不符合股东代表诉讼的法律规定。如果原告的诉求是公司董事、监事、高级管理人员侵犯公司利益之诉,则不应当是返还原物之诉,必须要证明被告具有董事、监事、高级管理人员的身份,还要计算损失和被告所占的责任比例,以及因果关系如何界定。因此,被告认为原告的诉讼请求不符合股东代表公司起诉他人或董事、监事、高级管理人员侵犯公司利益的诉讼,应当予以驳回。

第三人西部智库公司述称:在清算过程中,清算组经向工商登记部门调取资料查明,金某为西部智库公司登记的董事和总经理,原告有权依照《公司法》第 152 条的规定提起诉讼。清算组经对第三人的文件清理查明,涉案两套房产在第 82 号调解书作出之前,是第三人以金某的名义购买的作为公司办公和法定地址,两套房产属于第三人的资产没有任何争议。在对原告提出要求撤销第 82 号调解书的过程中,清算组被法院列为当事人要求到庭。对于所诉的两套房产是如何以第三人的名义发起诉讼,并以两套 76 万余元的价格调解归金某所有,第三人召开股东会议,所有股东均未以第三人的名义对金某发起过任何诉讼,对第 82 号调解书的内容和授权事项均不知晓,对公章如何加盖均不知情。对第 82 号民事调解书,金某未将 76 万余元款项支付给第三人,第三人当年账面反映并未收到案款,第 82 号调解书没有得到履行。

金某提出上诉请求:撤销一审判决,改判驳回科技创业公司的全部诉讼请求;一审、二审诉讼费用全部由科技创业公司承担。金某认为:(1)原审法院认定"涉案房屋虽然登记在被告名下,但应属于第三人的公司资产"是违背事实和法律规定的。"公司资产"是有明确法律属性的,法院不能随意定义。涉案房屋完成从"金某名下的应收款"转化为"公司资产"的必经路径是结清按揭贷款、办理完产权过户登记手续,西部智库公司并未履行完"付完所有款项"的承诺,也就无权要求金某办理房屋所有权过户登记手续,即不能成为涉案房屋的法定所有权人。(2)西部智库公司的股权结构已经发生了实质改变,因而导致公司意思决策机构和决策的可能结果也发生了实质改变,原审法院对案件证据材料选择性适用,从而得出错误结论。科技创业公司在未通知中方股东的情况下,私自将其所持西部智库公司 51% 的股权中的 26% 的股权处置给他人,并另行委派人员担任西部智库公司董事长,且西部智库公司印章实际由新的管理团队所掌控。(3)(2010)盘法民二初字第 82 号案件(以下简称第 82 号案件)起诉和审理期间,金某已非西部智库公司总经理,仅作为中方股东委派的董事,在西部智库公司没有实质性权力,对该公司的法人行为后果不负法律责任。(4)损害公司利益责任纠纷属于侵权类型纠纷,科技创业公司未能举证证明公司利益受损事实及具体金额、金某利用了其董事、监事、高级管理人员身份、金某行为与损害结果之间存在因果关系。(5)原审法院认定金某没有履行第 82 号调解书,因此需要将涉案房屋所有权返还给西部智库公司,是不顾西部智库公司具体情况的主观臆断。(6)原审法院认定金某在还贷款过程中自行支付的部分应视为西部智库公司向金某的借款,可另行解决,这是对金某合法权益的漠视。(7)科技创业公司提起本案诉讼已超过诉讼时效,依法丧失胜诉权。(8)西部智库公司印章由港方股东持有的可能性大于中方股东和金某持有的可能性,不能随意得出印章自2008年8月19日下落不明或者遗失的结论。

对此,科技创业公司辩称:一审判决认定事实清楚,适用法律正确,请求二审法院予以维持。申诉理由:(1)涉案房屋虽然登记在金某名下,但根据西部智库公司董事会决议,该房屋属于西部智库公司,第82号调解书将涉案房屋处置给金某个人,股东均不知情,也未经过西部智库公司董事会决议;(2)科技创业公司虽然委派新的董事,但西部智库公司的董事会换届并没有进行;(3)第82号案件起诉及审理期间,金某仍然是西部智库公司的董事和总经理,调解书将涉案房屋归属于金某,金某个人获利,公司利益受损,其行为违反了《公司法》第147条的规定;(4)一审法院认定金某与西部智库公司的债权债务关系另行解决是正当的;(5)科技创业公司的起诉没有超过诉讼时效期间。

综上所述,本案争议焦点为:金某是否应当将涉案房屋返还给西部智库公司,调解协议处置公司资产是否损害股东利益。

裁判说理

一审法院认为,根据《公司法》第147条的规定,董事、高级管理人员应当遵守法律、行政法规和公司章程,对公司负有忠实和勤勉义务。该法第148条第1款第4项规定,董事、高级管理人员不得有违反公司章程的规定或者未经股东会、股东大会同意,与本公司订立合同或者进行交易的行为。结合本案查明的事实,第三人的公司章程虽然没有规定对于公司资产的处分应经何种程序,但在该法第20条规定了"下列事项必须由出席董事会会议的全体董事一致通过方可作出通过决定:'……5.合营企业资产的抵押;'"因公司资产的抵押可能导致在实现抵押权时资产被处置,按照举轻明重的原则,可以类推在涉及合营企业资产处置、转移的重大事项,也应当"由出席董事会会议的全体董事一致通过方可作出通过决定"。涉案房屋系第三人董事会全体董事决议以被告名义向银行按揭贷款购买,虽然登记在被告名下,但应属于第三人的公司资产。2012年2月,持有第三人公章的相关人员以第三人的名义委托律师向云南省昆明市盘龙区人民法院起诉本案被告,要求确认涉案房屋的权属归本案第三人所有,并由被告协助办理房屋产权过户登记手续。在该案的审理过程中,又以本案第三人的名义出具调解申请书和调解方案,并最终达成将涉案房屋归被告,由被告偿还第三人767,510.54元等的调解协议,被法院确认后形成(2010)盘法民二初字第82号调解书。被告因此取得了涉案房屋的所有权。对此本院认为,(2010)盘法民二初字第82号诉讼具体由谁实际发起并与被告达成调解协议的事实从本案现有证据上无法证明,第三人的法定代表人、各方股东均否认有上述行为,且对于该诉讼发生期间公章的去向或由谁掌握也不能得出一致的结论。原告主张该诉讼系被告设计的虚假诉讼,但从本案证据并不足以证明。但无论代表第三人提起诉讼的人是属于有权控制第三人公司的人,还是其他无权或越权代理人的行为,即便是有权代表公司的人提起该案诉讼,作为该案原告的西部智库公司在与被告金某诉讼期间要达成对公司资产转移协议这一重大事项时,按照公司章程的规定,西部智库公司的法定代表人或者实际有权控制的人也无权个人决定,而是必须由出席董事会会议的全体董事一致通过方可作出通过决定。实际上,对于此决定并未召开过董事会会议,也不存在出席会议的全体董事一致通过的情形,且至今该涉案房屋所有权转移的事项也未得到公司董事会的同意或追认。被告作为第三人的董事和高级管理人员,对于公司章程的规定,即对涉案房屋所有权转移决定的必经程序是明知的,其并不同于公司外部对公司章程规定并不知情的善意第三人,故被告在未经公司董事会同意的情况下,仍与公司达成公司资产转移的调解协议,违反了公司章程和《公司法》规定的公司董事、高级管理人员应尽的忠实勤勉义务,侵犯了公司的合法权益,且被告于上述调解书生效后至今,也未履行调解书确定的向第三人支付涉案房屋相关费用767,510.54元的义务,故被告应将通过上述调解书取得涉案房屋所有权返还第三人。原告要求被告返还涉案房屋给第三人的诉讼请求成立,本院予以支持。对于原告要求按持股比例予以分配的请求,因对第三人财产如何分配的问题,应在清算程序中解决,不属于本案审理范围。对于被告因以自己的名义按揭贷款购买涉案房屋,在还款过程中产生的已由被告自行支付的部分,应视为第三人向被告的借款,被告与第三人之间形成的债权债务关系可另行解决。

对于原告要求被告支付房屋使用费给第三人的诉讼请求,因原告提交的证据不足以证明被告利用涉案房屋的具体收益情况,且被告依据生效调解书取得涉案房屋使用,现虽因原告提起股东权益受损诉讼追回第三人的公司资产,但并不能溯及房产追回之前的使用收益。

西部智库公司的章程虽然没有规定对于公司资产的处分应该经过何种程序,但规定了公司资产抵押应"由出席董事会会议的全体董事一致通过方可作出通过决定",故可类推在涉及合营企业资产处置、转移的重大事项也应适用上述规定。涉案房产虽然登记在金某名下,但应属于公司资产。持有西部智库公司公章的相关人员以公司名义委托律师向法院起诉金某，并与金某达成调解协议，被法院确认后形成调解书，金某因此取得了涉案房屋的所有权。金某与西部智库公司达成对转移公司资产所有权这一重大事项时，应当了解公司章程的规定是须由出席董事会会议的全体董事一致通过方可决定，但其在明知公司没有对处置涉案房屋召开董事会的情况下，与公司达成资产转移的调解协议，违反了公司章程和《公司法》规定的公司董事、高级管理人员应尽的忠实勤勉义务，无视涉案房屋已升值的事实，以支付与房价相比较低的对价的承诺获得涉案房屋的所有权，损害了西部智库公司的财产权益，进而也实质损害了科技创业公司作为股东的合法财产权益，应返还西部智库公司涉案房屋。

专业点评

公司作为独立营利性法人，利益最大化应当是公司经营的目标，但是由于经营者和所有者往往分离，所以，代表经营者的经营阶层可能罔顾股东权益，只求自身利益。为了在自身利益与公司利益之间取一个平衡点，就会通过公司治理结构的权力制衡和赋予经营者一定自由裁量权同时存在。作为公司高级管理人员和员工，对于受托从事公司业务，都有受托义务，由此衍生忠实义务和善良管理人之注意义务。忠实义务主要是处理公司受任人与公司之间发生利益冲突的问题。注意义务则以商业判断原则作为重要的判断标准。商业判断原则，是指当股东质疑公司所作的决定时，该原则会假设公司受任人所作的商业决定系出于获得充分资讯下所作的独立判断，并推定其为善意且基于公司最佳利益。我国《公司法》第147条规定“董事、监事、高级管理人员……对公司负有忠实义务和勤勉义务”，但没有明确勤勉义务的具体内容是什么，法律也没有作出进一步规定，多数案例只是从形式上审查董事和高级管理人员的行为有没有违反法律规定、公司章程和其他具体的规定。很少有案例会在不具备此类规定情形下，从董事和高级管理人员的具体作为或者不作为出发从实体上对勤勉义务进行界定。对公司董事的行为适用注意义务标准的前提条件就是董事在决策中没有个人利益，如果有个人利益牵涉其中，那么因为个人利益与公司存在利益冲突，则注意义务标准不适用，商事判断规则也不适用，而改用忠诚义务标准，要求实施交易的董事或者高级管理人员证明所作交易对公司公平。①

本案中，科技创业公司以股东身份依据《公司法》第 152 条规定提起的股东权益受损的诉讼，首先要确定被告金某是否具备该条规定的董事或高级管理人员的身份，其次再判断其是否应向西部智库公司返还侵权标的物。在前案存在生效调解书的情况下，本案处理结果是否会与前案调解结果存在冲突。案例从损害公司利益责任诉讼的法律依据入手，对公司董事兼高级管理人员违反公司章程和《公司法》规定的忠实勤勉义务，侵犯公司的合法权益的情况下，分析评判该类诉讼并不局限于产生侵权损害赔偿的结果。在原告主张返还的财产属于侵权之诉的标的物且具备返还条件的情况下，应判决予以返还，对于保护公司财产和股东的权益起到较好的法律效果。并且，通过分析本案判决返还产生的是新的法律后果，并不溯及之前的生效调解书，较好地解决了本案判决结果与前案生效调解书可能构成冲突的问题。本案的另一个亮点在于类推适用公司章程中公司资产抵押的规定，明确公司资产处置、转移也需满足特定的程序条件，此一类推适用有效保护了公司利益，进而保护了其他股东利益。

法条链接

《公司法》(2013 年)②

第十一条　设立公司必须依法制定公司章程。公司章程对公司、股东、董事、监事、高级管理人员具有约束力。

第一百四十七条　董事、监事、高级管理人员应当遵守法律、行政法规和公司章程，对公司负有忠实义务和勤勉义务。

董事、监事、高级管理人员不得利用职权收受贿赂或者其他非法收入，不得侵占

① 参见朱锦清：《公司法学》，清华大学出版社 2019 年版，第 636 页。

② 现已修改为《公司法》(2018 年)第 11 条、第 147 条、第 148 条、第 149 条、第 152 条、第 216 条。

公司的财产。

第一百四十八条　董事、高级管理人员不得有下列行为:

(一)挪用公司资金;

(二)将公司资金以其个人名义或者以其他个人名义开立账户存储;

(三)违反公司章程的规定,未经股东会、股东大会或者董事会同意,将公司资金借贷给他人或者以公司财产为他人提供担保;

(四)违反公司章程的规定或者未经股东会、股东大会同意,与本公司订立合同或者进行交易;

(五)未经股东会或者股东大会同意,利用职务便利为自己或者他人谋取属于公司的商业机会,自营或者为他人经营与所任职公司同类的业务;

(六)接受他人与公司交易的佣金归为己有;

(七)擅自披露公司秘密;

(八)违反对公司忠实义务的其他行为。董事、高级管理人员违反前款规定所得的收入应当归公司所有。

第一百四十九条　董事、监事、高级管理人员执行公司职务时违反法律、行政法规或者公司章程的规定,给公司造成损失的,应当承担赔偿责任。

第一百五十二条　董事、高级管理人员违反法律、行政法规或者公司章程的规定,损害股东利益的,股东可以向人民法院提起诉讼。

第二百一十六条　本法下列用语的含义:(一)高级管理人员,是指公司的经理、副经理、财务负责人,上市公司董事会秘书和公司章程规定的其他人员。(二)控股股东,是指其出资额占有限责任公司资本总额百分之五十以上或者其持有的股份占股份有限公司股本总额百分之五十以上的股东;出资额或者持有股份的比例虽然不足百分之五十,但依其出资额或者持有的股份所享有的表决权已足以对股东会、股东大会的决议产生重大影响的股东。(三)实际控制人,是指虽不是公司的股东,但通过投资关系、协议或者其他安排,能够实际支配公司行为的人。(四)关联关系,是指公司控股股东、实际控制人、董事、监事、高级管理人员与其直接或者间接控制的企业之间的关系,以及可能导致公司利益转移的其他关系。但是,国家控股的企业之间不仅因为同受国家控股而具有关联关系。

三、公司高级管理人员违反竞业限制义务的责任认定

案件名称

铭泰热力公司诉吕某厚损害公司利益责任纠纷案①

案号

一审:(2014)朝民初字第17746号;二审:(2017)京03民终13040号

裁判要旨

公司请求高级管理人员承担违反竞业限制义务的责任,应明确请求权基础。公司依据《公司法》关于高级管理人员竞业限制的规定要求其承担赔偿责任的,人民法院应依照赔偿责任构成要件进行审查。公司依据《劳动合同法》关于高级管理人员竞业限制的约定要求其承担违约责任的,判决驳回诉讼请求。

案情简介

上诉人(原审被告):吕某厚

被上诉人(原审原告):铭泰热力公司

被上诉人(原审原告):铭泰设备公司

2007年8月31日,吕某厚与铭泰热力公司签订《聘用协议书》,双方约定:"聘用方(甲方)为铭泰热力公司、受聘方(乙方)为吕某厚,乙方接受甲方聘任,担任甲方总经理一职,乙方聘期为三年,本协议期限为一年,自2007年10月1日至2008年9月30日止……乙方应当全面、忠诚、勤勉地履行其工作职责,在职期间不得自营或为他人经营与甲方相同或不相同的其他企业、事业单位、社会团体,在合同期内不得从事任何与甲方利益相冲突的活动……在本合同终止后一年内,乙方不得直接或间接聘用甲方集团辖下的员工,否则构成违约;若违约给对方造成损失的,应赔偿对方全部损失并支付对方相当于乙方年薪50%的违约金。"同时,双方签订《保密及竞业禁止协议》,约定:"竞业禁止方面,乙方承诺在离职后一年内不得为竞争对手(非国有控股具

① 参见最高人民法院发布《全国法院系统2018年度优秀案例》。

有一级资质、二级资质物业管理企业）经营物业管理企业以及虽不是物业管理企业但却从事物业管理活动（具有物业管理一级资质）的其他企业；此部分的竞业补偿费用，乙方认可是已包含在乙方的月薪中的。乙方承诺在离职后不得诱使其他知悉甲方商业秘密的员工离职以及不得劝诱甲方的客户与甲方解约或影响甲方客户与甲方续约，乙方承诺在离职后不得进入与甲方有合同关系的公司（合同相对方）任职包括不得进入合同相对方参股的公司任职。乙方承诺在离职后不得向公众传媒以及外界披露甲方之内部全部信息，不得诋毁甲方之企业声誉、信誉。乙方有违反本协议的，违约方应承担违约责任并支付相当于乙方年薪50%的违约金给付协议相对方，不足以弥补相对方损失的，还应当赔偿相对方损失；本协议作为《聘用协议书》的有效附件。”

吕某厚同时为铭泰热力公司、铭泰设备公司工作，其个人所得税完税证明显示铭泰热力公司、铭泰设备公司均为吕某厚代扣代缴了个人所得税且铭泰热力公司与铭泰设备公司为关联企业，故两公司对吕某厚形成混合用工。当事人均认可吕某厚在铭泰热力公司的年收入为12万元，在铭泰设备公司的年收入为10万元。

2011年，铭泰设备公司与港铁公司北城二分公司签订服务合同，合同额为275万余元。吕某厚认可其于2011年7月31日从铭泰热力公司离职。铭泰设备公司的股东于某新对吕某厚作出“你的任职在本年度也就是2011年12月31日截止”的解除劳动关系的表示，吕某厚于2012年2月底签署离职结算单为吕某厚对解除劳动关系表示同意。因此，吕某厚与两公司就劳动关系的解除达成一致意见。

万博新昌公司于2012年4月27日成立，法定代表人为吕某厚。港铁公司北城二分公司提交的《说明》，内容为“应贵院要求，我公司查询了公司存档资料，查询到我公司与万博新昌公司签订的《工程运营维修服务合同》”。

诉讼过程

铭泰热力公司、铭泰设备公司以吕某厚违反公司高级管理人员忠实义务、损害公司利益责任为由，诉至北京市朝阳区人民法院，请求判令按照吕某厚与铭泰热力公司的《聘用协议书》，违约时应支付年薪50%的违约金。北京市朝阳区人民法院一审判决部分支持原告诉讼请求。吕某厚不服，向北京市第三中级人民法院提起上诉，被判决撤销一审判决。

裁判结果

一审判决：（1）吕某厚于判决生效之日起10日内向铭泰热力公司支付违约金6

万元;(2)驳回铭泰热力公司、北京均豪物业管理股份有限公司的其他诉讼请求。

二审判决:(1)撤销北京市朝阳区人民法院(2014)朝民初字第17746号民事判决;(2)驳回铭泰热力公司、铭泰设备公司的诉讼请求。

主要争点

铭泰热力公司与铭泰设备公司起诉认为:铭泰热力公司与铭泰设备公司均为北京均豪物业管理股份有限公司的下属公司,吕某厚在两公司兼任总经理。在铭泰热力公司的任职期间为2007年10月1日至2011年7月31日;在铭泰设备公司的任职时间为2008年1月22日至2012年2月29日。吕某厚自2012年2月铭泰设备公司离职后,于2012年4月27日成立北京万博新昌楼宇科技有限公司(原名为北京万博新昌机电设备维修有限公司,于2016年5月31日经原北京市工商行政管理局朝阳分局核准公司名称变更为北京万博新昌楼宇科技有限公司,以下简称万博新昌公司),以不正当手段与铭泰设备公司进行同业竞争。2012年5月,铭泰设备公司的合作对象港铁公司北城二分公司正式通知铭泰设备公司不再续签合同,原合作项目由万博新昌公司承接。2012年6月,铭泰设备公司自项目地点撤回员工时,33名员工全部离职并表示会继续留在港铁公司北城二分公司工作,后铭泰设备公司发现其已转为万博新昌公司员工。根据商业常理推断,吕某厚应在在职期间已准备成立万博新昌公司及办理项目承接事宜。吕某厚与铭泰热力公司曾签署《聘用协议书》,承诺合同终止后一年,不直接或间接聘用铭泰热力公司所属集团辖下的员工,否则吕某厚应向铭泰热力公司支付年薪50%的金额作为违约金并赔偿公司损失。北京市第三中级人民法院(2014)三中民终字第03139号民事判决书认定铭泰设备公司和铭泰热力公司为关联企业,对吕某厚存在混合用工,劳动关系合法有效,故吕某厚应对铭泰热力公司、铭泰设备公司遵守相同的义务,遵守《聘用协议书》和《保密及竞业禁止协议》。综上所述,吕某厚违背商业信誉,与港铁公司北城二分公司串谋,利用其任职期间获取的客户信息、员工信息,不正当获取业务,并唆使铭泰设备公司员工离职至万博新昌公司工作,其行为已违反其与铭泰热力公司和铭泰设备公司的约定,亦违背其作为两公司高级管理人员的忠实义务,给铭泰热力公司和铭泰设备公司造成严重经济损失,故铭泰热力公司和铭泰设备公司要求吕某厚赔偿铭泰热力公司和铭泰设备公司经济损失11万元。

吕某厚答辩认为:铭泰热力公司与铭泰设备公司的诉讼请求不能成立。主要理由:(1)吕某厚与铭泰热力公司之间的《聘用协议书》自2008年10月1日起已经到期且没有续签新合同;(2)吕某厚与铭泰设备公司从未签署任何包括但不限于《聘用协议书》《劳动合同》《保密及竞业禁止协议》等协议，吕某厚曾担任铭泰热力公司总经理，但没有担任铭泰设备公司总经理，不认可铭泰热力公司和铭泰设备公司认为构成交叉用工即视为同时在两公司担任高级管理人员的意见；(3)吕某厚与两公司之间不存在任何基于双方协议的竞业禁止义务，同时按月支付竞业禁止补偿金是《劳动合同法》规定的法定义务，吕某厚离职后两公司都未按月支付过任何竞业禁止补偿金，也就没有基于劳动关系的法定竞业禁止义务；(4)铭泰热力公司、铭泰设备公司要求的经济损失没有事实依据及合乎证据规则要求的证据证明。铭泰热力公司没有提供任何直接证据及间接证据，所以无法证明铭泰热力公司的实际损失；铭泰设备公司要求赔偿损失，但只提供合同、人员工资单价等，未提交可以计算出公司在涉案项目实际利润的任何直接、必要证据。

一审法院认为：(1)吕某厚对铭泰热力公司违反了竞业禁止义务的约定。理由在于：一方面，吕某厚于2011年7月31日从铭泰热力公司离职，虽然《聘用协议书》《保密及竞业禁止协议》的期限为1年，鉴于双方均未举证之后签订过新的劳动合同，但双方劳动关系持续至2011年7月31日，故吕某厚在劳动关系存续期间均应受《聘用协议书》《保密及竞业禁止协议》的约束，法院予以确认。此外，《保密及竞业禁止协议》中明确约定"此部分的竞业补偿费用，吕某厚认可是已包含在其月薪中"，法院对此亦予以确认。另一方面，(2014)三中民终字第03139号民事判决认定铭泰热力公司与均豪物业管理股份有限公司系关联企业，对吕某厚构成混合用工，故虽然吕某厚与铭泰热力公司、均豪物业管理股份有限公司形成了两个独立的劳动关系，但"混合用工"表明铭泰热力公司和均豪物业管理股份有限公司作为关联企业在业务上是有交叉的，现均豪物业管理股份有限公司与港铁公司北城二分公司签订服务合同在前，而吕某厚在离职后担任万博新昌公司的法定代表人，且万博新昌公司与港铁公司北城二分公司签订了服务合同。因此，吕某厚的行为违反了其与铭泰热力公司"离职后一年内不得为竞争对手经营物业管理企业以及虽不是物业管理企业但却从事物业管理活动的其他企业；在离职后不得进入与甲方有合同关系的公司(合同相对方)任职"的承诺，其行为违反了对铭泰热力公司的竞业禁止义务。(2)均豪物业管理股份有限公司认为吕某厚违反了竞业禁止义务的约定，法院认为，该意见缺乏事实依据，故不予采信。理由如下：虽然(2014)三中民终字第03139号民事判决认定均豪物业管理股份有限公司、铭泰热力公司对吕某厚构成混合用工，但根据我国《劳动合同法》的相关规定，当事人可以在劳动合同或者保密协议中约定竞业限制条款，并约定在解除或者终止劳动合同后在竞业限制期限内按月给予劳动者经济补偿，故关于劳动关系解除后的竞业禁止业务应当是明确约定且有经济补偿。而本案中,均豪物业管理股份有限公司并未举证证明其与吕某厚就解除劳动关系后的竞业禁止及经济补偿有明确约定,鉴于吕某厚与铭泰热力公司、均豪物业管理股份有限公司的劳动关系是两个独立的法律关系,吕某厚与铭泰热力公司关于竞业禁止的相关约定并不能当然适用于吕某厚与均豪物业管理股份有限公司。关于铭泰热力公司、均豪物业管理股份有限公司的诉讼请求,鉴于《保密及竞业禁止协议》中关于"吕某厚违反本协议的,应承担违约责任并支付相当于吕某厚年薪 50%的违约金给付协议相对方"的约定,以及(2014)三中民终字第 03139 号民事判决查明"吕某厚称其在铭泰热力公司的年收入为 12 万元,在均豪公司的年收入为 10 万元,铭泰热力公司和均豪公司对此予以认可",故铭泰热力公司有权要求吕某厚支付违约金 6 万元,其超出部分的诉讼请求缺乏事实依据,该院不予支持;均豪物业管理股份有限公司要求吕某厚支付违约金缺乏事实依据,该院不予支持。

吕某厚上诉请求:(1)撤销一审判决;(2)改判驳回铭泰设备公司与铭泰热力公司的全部诉讼请求;(3)本案一审、二审诉讼费用均由铭泰设备公司与铭泰热力公司承担。事实和理由:(1)一审判决认定,"《保密及竞业禁止协议》中明确规定此部分的竞业补偿费用,吕某厚认可是已包含在其月薪中",该部分认定事实错误。(2)吕某厚与铭泰热力公司签署的《高级管理人员聘用协议书》及作为附件的《保密及竞业禁止协议》合同期限为 2007 年 7 月 1 日至 2008 年 9 月 30 日。合同到期后,双方并没有续签协议,则原协议内容不再适用。一审判决无端延长合同期限及合同约定,既无合同依据,也无法律依据,显然属于法律适用错误。(3)吕某厚与铭泰热力公司之间的《保密及竞业禁止协议》所定义、约定的违反竞业禁止条件不具备。

铭泰热力公司辩称:同意一审判决,不同意吕某厚的上诉请求及事实和理由。根据《保密及竞业禁止协议》第 9 条约定,吕某厚承诺离职后不诱使其他知悉铭泰热力公司商业秘密的员工以及客户解约,吕某厚违反了约定的内容。关于铭泰设备公司与铭泰热力公司混合用工的问题,已经在生效判决中作出认定。

铭泰设备公司辩称:同意一审判决,不同意吕某厚的上诉请求及事实和理由。吕某厚在铭泰设备公司自 2008 年 1 月 22 日入职到 2012 年 2 月 29 日离职,在此期间铭泰设备公司与港铁公司北城二分公司有业务往来,为其提供日常维修工作。合同期为 2010 年 7 月 1 日至 2012 年 6 月 30 日,在此期间铭泰设备公司每年的利润大约为 23 万元。吕某厚于 2012 年 2 月离职以后,在 2012 年 4 月 27 日成立了万博新昌公司。万博新昌公司以不正当竞争的手段与铭泰设备公司进行同业竞争,造成港铁北城二分公司于 2012 年 5 月与铭泰设备公司解约,万博新昌公司承接了上述项目,直接导致铭泰设备公司相关项目的33名员工离职并且与万博新昌公司建立了劳动关系。铭泰设备公司认为吕某厚违反商业信誉,也违反了合同的约定,给铭泰设备公司与铭泰热力公司造成直接的经济损失及员工流失。

综上所述,本案争议焦点为:吕某厚是否对铭泰热力公司和铭泰设备公司违反了竞业禁止义务。

裁判说理

公司董事、监事、高级管理人员损害公司利益责任纠纷,是指董事、监事、高级管理人员执行公司职务时违反法律、行政法规或者公司章程的规定,给公司造成损失而发生的纠纷。我国《公司法》第147条规定:董事、监事、高级管理人员应当遵守法律、行政法规和公司章程,对公司负有忠实义务和勤勉义务。董事、监事、高级管理人员的忠实义务是指董事、高级管理人员管理公司、经营业务、履行职责时应当代表全体股东为公司重大利益而工作,不得为个人利益损害公司利益。

本案中,铭泰设备公司、铭泰热力公司主张吕某厚离职之后成立了存在竞争关系的万博新昌公司并聘用了原铭泰设备公司的员工造成了公司损失。在一审诉讼过程中,铭泰设备公司、铭泰热力公司明确表示其起诉是基于《公司法》,吕某厚违反高级管理人员义务。故铭泰设备公司、铭泰热力公司在本案中的请求权基础是《公司法》规定的高级管理人员履行职务存在过错。

公司高级管理人员损害公司利益责任有四个构成要件:(1)主体要件。责任主体为高级管理人员,按照《公司法》第216条第1款的规定,高级管理人员,是指公司的经理、副经理、财务负责人,上市公司董事会秘书和公司章程规定的其他人员。(2)损害行为要件。即在执行职务过程中作出了违反了法律、行政法规或者公司章程规定的行为。(3)损害事实要件。即公司发生了损失,损失包括既存利益积极减少和利益应该增加而没有增加两种形式,即分为直接损失和可得利益损失。(4)因果关系要件。损害行为与受到损失两者之间具有直接并且密切的联系。

在本案中,铭泰设备公司、铭泰热力公司起诉主张的吕某厚于2012年2月离职并于2012年4月成立万博新昌公司的行为已不属于履行高级管理人员管理公司、经营业务、履行职责的行为,不符合关于上述构成要件中的主体要件及损害行为要件。故铭泰设备公司、铭泰热力公司以《公司法》高级管理人员履职存在过错为由要求其承担赔偿责任不符合法律规定,就其上述诉讼请求法院不予支持,一审法院依据《公司法》第147条、第148条关于高级管理人员违反忠实义务判决吕某厚向铭泰热力公司支付违约金属于法律适用错误,应予纠正。

关于一审法院适用《劳动合同法》第 23 条、第 24 条关于违反竞业限制义务的规定，对此，法院认为，一方面，《劳动合同法》关于违反竞业禁止义务不属于本案的请求权基础。一审诉讼过程中，铭泰热力公司、铭泰设备公司明确表示起诉基于《公司法》而非一审法院适用的《劳动合同法》。另一方面，违反竞业禁止义务属于劳动争议纠纷，本案未经《劳动合同法》第 79 条与《中华人民共和国劳动争议调解仲裁法》第 48 条规定的仲裁前置程序，本院对此不应支持，各方应另行解决。

专业点评

根据《劳动合同法》第 23 条、第 24 条的规定，竞业限制是用人单位对负有保守用人单位商业秘密的劳动者，在劳动合同、知识产权权利归属协议或技术保密协议中约定的竞业限制条款。具体来说，竞业限制，是指用人单位和知悉本单位商业秘密或者其他对本单位经营有重大影响的劳动者在终止或解除劳动合同后的，一定期限内不得在生产同类产品、经营同类业务或有其他竞争关系的用人单位任职，也不得自己生产与原单位有竞争关系的同类产品或经营同类业务。限制时间由当事人事先约定，但不得超过 2 年。竞业限制条款在劳动合同中为延迟生效条款，也就是劳动合同的其他条款法律约束力终结后，该条款开始生效。《公司法》第 148 条第 5 项规定董事高管不得“未经股东会或者股东大会同意，利用职务便利为自己或者他人谋取属于公司的商业机会，自营或者为他人经营与所任职公司同类的业务”，换句话说，如果得到了股东会的同意，就可以进行同业竞争。美国法院有判决认为，只要董事、高级管理人员怀有善意并且不损害公司利益，就可以进行同业竞争；有的法院判决认为，如果董事、高级管理人员的同业竞争得到了无利害关系董事的批准，就不违反忠诚义务。也就是说，无论中外，都没有绝对禁止同业竞争。

违反竞业禁止义务属于劳动争议纠纷，而公司高级管理人员损害公司利益责任则是基于《公司法》规定的董事、监事、高级管理人员的信义义务，两者的请求权是完全不同的。大陆法系国家一般认为,董事与公司之间存在委托关系,董事对公司负有民法上的注意义务;英美法系国家认为,董事是公司的代理人或信托受托人,董事对公司负有受托义务。两大法系国家的共识是董事应当忠实、谨慎地办理受托事务,不得从事有违公司利益的行为。显然,从契约及公平原则的角度出发,这种高级管理人员的信义义务随着任职结束而结束,换句话说,一旦离职就不可依据该条追究高级管理人员的违信责任。

公司高级管理人员损害公司利益责任因其本质上属于侵权责任,故其责任追究须满足四个构成要件即主体要件、损害行为要件、损害事实要件以及因果关系要件。在本案中,如果原告要胜诉,就必须举证证明被告在公司任职期间违反忠实勤勉义务给公司造成损害,而不能仅仅举证证明离职后有损害公司利益的违反竞业限制义务的行为。

法条链接

1.《公司法》(2013 年)①

第一百四十七条　董事、监事、高级管理人员应当遵守法律、行政法规和公司章程,对公司负有忠实义务和勤勉义务。董事、监事、高级管理人员不得利用职权收受贿赂或者其他非法收入,不得侵占公司的财产。

第一百四十八条　董事、高级管理人员不得有下列行为:

(一)挪用公司资金;

(二)将公司资金以其个人名义或者以其他个人名义开立账户存储;

(三)违反公司章程的规定,未经股东会、股东大会或者董事会同意,将公司资金借贷给他人或者以公司财产为他人提供担保;

(四)违反公司章程的规定或者未经股东会、股东大会同意,与本公司订立合同或者进行交易;

(五)未经股东会或者股东大会同意,利用职务便利为自己或者他人谋取属于公司的商业机会,自营或者为他人经营与所任职公司同类的业务;

① 现已修改为《公司法》(2018 年)第 147 条、第 148 条。

（六）接受他人与公司交易的佣金归为己有；

（七）擅自披露公司秘密；

（八）违反对公司忠实义务的其他行为。

董事、高级管理人员违反前款规定所得的收入应当归公司所有。

2.《劳动合同法》（2012 年）

第二十三条　用人单位与劳动者可以在劳动合同中约定保守用人单位的商业秘密和与知识产权相关的保密事项。

对负有保密义务的劳动者，用人单位可以在劳动合同或者保密协议中与劳动者约定竞业限制条款，并约定在解除或者终止劳动合同后，在竞业限制期限内按月给予劳动者经济补偿。劳动者违反竞业限制约定的，应当按照约定向用人单位支付违约金。

第二十四条　竞业限制的人员限于用人单位的高级管理人员、高级技术人员和其他负有保密义务的人员。竞业限制的范围、地域、期限由用人单位与劳动者约定，竞业限制的约定不得违反法律、法规的规定。

在解除或者终止劳动合同后，前款规定的人员到与本单位生产或者经营同类产品、从事同类业务的有竞争关系的其他用人单位，或者自己开业生产或者经营同类产品、从事同类业务的竞业限制期限，不得超过二年。

四、公司高级管理人员违反勤勉义务的司法认定

案件名称

农银台州公司诉於某国损害公司利益责任纠纷案

案号

一审：（2018）浙 1003 民初 4397 号；二审：（2018）浙 10 民终 2089 号

裁判要旨

认定公司高级管理人员是否违反勤勉义务，应通过公司章程或其他规章制度来审查高级管理人员的职责范围及应负的合理监督义务，确定公司高级管理人员勤勉义务的具体内容，再根据认定的勤勉义务内容，来审查该违反行为是否给公司造成损失，从而确定其是否应当承担相应的赔偿责任。

案情简介

原告（上诉人）：农银台州公司

被告（被上诉人）：於某国

嘉禾人寿保险股份有限公司台州中心支公司（以下简称嘉禾台州公司）于2008年8月14日成立，并于2013年1月22日更名为农银台州公司。於某国于2008年8月13日被嘉禾人寿保险股份有限公司浙江分公司（以下简称嘉禾浙江公司）任命为嘉禾台州公司总经理，并于2010年9月6日被嘉禾浙江公司免去该职务。

2008年5月17日，嘉禾浙江公司与方鑫公司就嘉禾台州公司办公楼装饰工程签订建设工程施工合同书，合同约定“预算价159,100元；对合同约定的工程内容如需变更，双方应协商一致签订书面变更协议”等内容。2008年6月8日，方鑫公司就嘉禾台州公司办公楼装饰工程出具施工联系单，约定在合同外增加工程量85,555元；2008年6月9日，於某国在建设单位答复意见上确认情况属实并在负责人一栏签名，同时在联系单附件上签字确认“以上情况属实，於某国”。2008年8月16日、18日，嘉禾台州公司与方鑫公司分别就嘉禾台州公司临海营业部办公楼装修工程、黄岩营业部办公楼装饰工程签订施工合同书，分别约定合同预算价为40,900元、39,870元。2008年8月26日，方鑫公司就嘉禾台州公司临海营业部办公楼装修工程、黄岩营业部办公楼装饰工程分别出具施工联系单，约定在合同外分别增加工程量31,729元、24,046元；2008年8月27日，於某国对上述联系单签字确认。另外，嘉禾台州公司与方鑫公司还就嘉禾台州公司仙居营业部办公楼装修工程签订了施工合同书，合同书约定预算价为20,000元。2008年8月12日，方鑫公司就嘉禾台州公司仙居营业部办公楼装饰工程出具施工联系单，约定在合同外增加工程量26,449元；2008年8月13日，於某国对该份联系单签字确认。2008年11月27日，方鑫公司出具嘉禾台州公司办公室、临海营业部、黄岩营业部装修工程决算书，於某国作为嘉禾台州公司负责人对上述三份决算书签字确认。

上述装修工程的工程量增加后，方鑫公司要求农银台州公司支付工程款422,097元，因新增工程量未能获得上级公司审核通过，农银台州公司在支付314,907元后未清偿余款，方鑫公司遂诉至法院要求其支付工程款及违约金。案经一审、终审，浙江省台州市中级人民法院于2017年1月22日终审判决农银台州公司支付方鑫公司工程款107,190元及利息。2017年3月6日，农银台州公司偿付129,950.7元（其中工程款107,190元）。

诉讼过程

因工程款支付纠纷，农银台州公司以损害公司利益责任纠纷诉於某国至浙江省台州市黄岩区人民法院，请求判令於某国承担赔偿责任，浙江省台州市黄岩区人民法院一审判决驳回原告诉讼请求。后农银台州公司向浙江省台州市中级人民法院提起上诉，被判决驳回上诉，维持原判。

裁判结果

一审判决：驳回原告农银台州公司的诉讼请求。

二审判决：驳回上诉，维持原判。

主要争点

原告农银台州公司认为：2008 年 8 月 13 日，嘉禾浙江公司聘任被告为嘉禾台州公司总经理。2008 年 8 月 14 日，嘉禾台州公司与被告签订《劳动合同》约定被告在嘉禾台州公司从事管理类岗位，劳动合同期限为 2008 年 8 月 14 日至 2011 年 12 月 31 日。因办公楼装修需要，经嘉禾浙江公司批准，被告作为嘉禾台州公司负责人与方鑫公司分别签订四份施工合同书，合同中约定四个项目预算工程总量为 259, 870 元。被告作为嘉禾台州公司的总经理，在上述工程实际施工过程中，负有向嘉禾浙江公司汇报工程量增加并取得同意的责任，但在其没有完全取得嘉禾浙江公司同意时，超费用装修、擅自承诺合同约定外工程款，并在施工联系单上签字确认了增加的工程量，致使整个工程量被确认为 422, 097 元，实际上经嘉禾浙江公司批准同意的工程量为 314, 907 元。2013 年 1 月 22 日，嘉禾台州公司变更名称为农银台州公司。工程款差额部分因双方协商未成，方鑫公司起诉要求农银台州公司支付，此案经一审、二审，最终，浙江省台州市中级人民法院判决由农银台州公司支付给方鑫公司工程款差额部分 107, 190 元及利息。被告在劳动合同履行过程中，未按照其岗位职责履行义务，对于工程量增加部分，未得到上级公司的批准，擅自承诺合同约定外工程款，造成原告额外支出工程款 107, 190 元及利息 22, 760. 7 元的损失。原告向方鑫公司支付工程款后，有权向被告追偿，故起诉要求被告赔偿原告损失 129, 950. 7 元。本案实质为侵权责任纠纷，在上级公司与方鑫公司关于新增工程量未协商一致时，被上诉人作为上诉人的负责人，未尽审慎义务，明知应将支出向上级公司报批，却擅自对方鑫公司承诺新增工程量，并在《工程联系单》及《决算单》上签署“情况属实”，违反了公司高级管理人员的勤勉、忠实义务。根据《公司法》第 147 条、第 149 条的规定,被上诉人的行为存在违法性,应当承担赔偿责任。

被告於某国辩称:原告的起诉缺乏事实和法律依据,不能成立。被告於某国任嘉禾台州公司总经理期间,嘉禾台州公司以及下属的营业部办公楼装修需要,被告作为法定代表人在合同上签字,本身是履职行为。合同的工程量变更,当时是因为消防验收等需要而增加了部分工程量。而消防验收合格是办公楼投入使用、按时开业的前提。其目的是嘉禾台州公司的利益,并不存在被告滥用职权、违反法律法规规定义务,履行失职的情形。在装修完成后,嘉禾台州公司已经接收了装修工程,并投入使用。所以,再以超费用装修拒绝付款并要求被告承担赔偿责任,不能成立,要求驳回原告的诉讼请求。

综上所述,本案争议焦点为:於某国有无违反忠实、勤勉义务给农银台州公司造成损失。

裁判说理

本案为损害公司利益责任纠纷,《公司法》第 147 条第 1 款规定,董事、监事、高级管理人员应当遵守法律、行政法规和公司章程,对公司负有忠实义务和勤勉义务。该法第 149 条规定,董事、监事、高级管理人员执行公司职务时违反法律、行政法规或者公司章程的规定,给公司造成损失的,应当承担赔偿责任。综上所述,公司高级管理人员对公司负有忠实义务和勤勉义务,其在履职过程中,违反法律、行政法规或者公司章程的规定,给公司造成损失的,承担赔偿责任。

在本案中,农银台州公司主张,於某国在签订嘉禾台州公司及其临海、黄岩、仙居营业部办公楼建设工程施工合同书后,未经嘉禾浙江公司同意,擅自与方鑫公司约定在合同外增加工程量,造成农银台州公司额外支出工程款 107, 190 元及利息 22, 760. 7 元;而於某国则主张其为正当履职行为。故本案的争议焦点是於某国有无违反忠实、勤勉义务给农银台州公司造成损失。

首先,根据农银台州公司提供的嘉禾人寿保险股份有限公司章程,该章程第 102 条规定,总经理应当根据董事会或者监事会的要求,向董事会或者监事会报告公司重大合同的签订、执行情况、资金运用和盈亏情况。但於某国作为嘉禾台州公司的负责人,其与方鑫公司签订的四份施工合同书的预算价合计 259, 870 元,应当不属于该章程第 102 条规定的情形。

其次,《浙江分公司中心支公司财务预算审批授权管理规定》列明了中心支公司需上报分公司审批的具体项目,但该规定于 2008 年 8 月 26 日下发,晚于於某国在施工联系单上签字确认的时间。因此,农银台州公司主张於某国执行职务时违反法律、行政法规或者公司章程的规定，依据不足。

最后，在建设工程施工过程中，设计文件、技术规范的改变及业主的需求变动等均会引起合同内容、范围发生变更。虽然案涉装修工程在合同外增加的工程量占比较高，但在农银台州公司未提供证据（如委托有审价资质的机构审定最终工程造价）证明合同外增加工程量不合理的情况下，法院难以认定於某国与方鑫公司约定在合同外增加工程量的行为给农银台州公司造成损失。据此，农银台州公司主张於某国违反忠实、勤勉义务给农银台州公司造成损失，缺乏事实和法律依据，不应得到支持。

专业点评

本案的裁判主要涉及高级管理人员违反勤勉义务的具体司法认定问题。勤勉义务，是指公司董事、监事、高级管理人员根据法律、行政法规、公司章程的规定，勤勉履行职责，以维持公司正常经营活动的谨慎和合理性注意义务。我国现有法律对公司高级管理人员的勤勉义务缺少统一明确的履行标准，实践中裁判分歧较大。实践中，高级管理人员勤勉义务的内容源于公司章程、内部规章制度以及高级管理人员与公司签订的合同。根据公司内部管理的需要，高级管理人员职责范围不同，导致不同法人主体所要求的勤勉义务内容存在差异。在本案中，於某国在履职期间，有无违反法律、行政法规或者公司章程的规定，有无尽到履责义务，要审查其在履职过程中，有无尽到监督义务，即其是否对引起合理怀疑的公司经营管理活动作出监督。而公司工程建设项目预算价与实际施工价不一致应该是一个常识性的概念，不足以引起一个理性经济人的合理注意并产生合理怀疑。原告公司制定的章程对於某国的职责范围进行了概述，并未涵盖具体事宜，而其他证据也无法证明於某国违反了其作为高管应负的履责义务而造成公司损失。法院之所以判决驳回原告公司的诉讼请求，主要出于对双方证据的认定。因为原告公司提交的证据不能证明於某国违反了对公司的勤勉义务，也不能证明於某国的行为给公司带来了损失，所以法院不认定其应承担赔偿责任。

法条链接

《公司法》(2013 年)①

第一百四十七条　董事、监事、高级管理人员应当遵守法律、行政法规和公司章程，对公司负有忠实义务和勤勉义务。

董事、监事、高级管理人员不得利用职权收受贿赂或者其他非法收入，不得侵占公司的财产。

第一百四十八条　董事、高级管理人员不得有下列行为：

(一)挪用公司资金；

(二)将公司资金以其个人名义或者以其他个人名义开立账户存储；

(三)违反公司章程的规定，未经股东会、股东大会或者董事会同意，将公司资金借贷给他人或者以公司财产为他人提供担保；

(四)违反公司章程的规定或者未经股东会、股东大会同意，与本公司订立合同或者进行交易；

(五)未经股东会或者股东大会同意，利用职务便利为自己或者他人谋取属于公司的商业机会，自营或者为他人经营与所任职公司同类的业务；

(六)接受他人与公司交易的佣金归为己有；

(七)擅自披露公司秘密；

(八)违反对公司忠实义务的其他行为。

董事、高级管理人员违反前款规定所得的收入应当归公司所有。

第一百四十九条　董事、监事、高级管理人员执行公司职务时违反法律、行政法规或者公司章程的规定，给公司造成损失的，应当承担赔偿责任。

五、公司高管的经营行为在未超越公司章程规定的职责范围，且向股东请示的情况下，不应认定违反忠实勤勉义务

案件名称

海之杰公司诉某博损害公司利益责任纠纷案

① 现已修改为《公司法》(2018 年)第 147 条、第 148 条、第 149 条。

案号

一审:(2015)枣民二商初字第78号;二审:(2019)鲁民终615号;再审(2020)最高法民申640号

裁判要旨

忠实义务,是指公司高级管理人员应当忠实履行职责,其自身利益与公司利益发生冲突时,应当维护公司利益,不得利用高级管理人员的地位牺牲公司利益为自己或者第三人牟利。勤勉义务,是指公司高级管理人员履行职责时,应当为公司的最佳利益,具有一个善良管理人的细心,尽一个普通谨慎之人的合理注意。勤勉义务所要求的尽一个普通谨慎之人在类似情况下应尽到的合理注意,是一个经过实践而被逐渐总结出来的标准。面对市场不断变化的商事交易实践,如果要求每一个经营判断都是正确的,其结果会使公司高级管理人员过于小心谨慎,甚至裹足不前,延误交易机会,降低公司经营效率,最终不利于实现公司和股东权益。特别是在不涉及公司高级管理人员个人利益与公司利益冲突等可能违反忠实义务的情形中,公司高级管理人员依照法律和公司章程履行经营管理职责的行为,应受到法律的认可和保护。

案情简介

再审申请人(一审原告、二审上诉人):海之杰公司

被申请人(一审被告、二审被上诉人):某博

海之杰公司系阿布杜拉兄弟公司投资的独资公司。某博自2011年1月起在海之杰公司任总经理职务,其主要职责为:按照公司的章程,根据董事会会议通过的各项决议、规定和一系列制度,组织公司的生产经营活动;全权处理董事会授权范围内的有关正常业务,以公司的名义签发各种文件等。

2011年1月8日,祥辉公司向海之杰公司传真一份合同,载明:以下资料乃我公司向贵公司订购货品之内容,请核对有关资料,核对无误后请盖章签署后做实,双方各一份正本留存。合同约定,货品为男装长袖衬衫,总数量65,280件、总价款647,557.60美元,交货期为2011年4月29日。海之杰公司在该合同上加盖公司印章,祥辉公司未加盖公司印章。

为履行上述合同,某博指示海之杰公司的计划部经理MO分别于2011年1月20日、2月22日与金律公司签订产品采购合同各一份。约定海之杰公司向金律公

司采购亚麻棉交织提花染色布,合同总价款 2,949,344.31 元。经海之杰公司的计划部经理 MO 向海之杰公司的投资人阿布杜拉兄弟公司请示后,安排将祥辉公司订购的男装长袖衬衫全部生产完毕。祥辉公司在验货时,提出衬衫的包装纸箱层数不够、吊牌的厚度不够等问题,因而不予提货。后海之杰公司无法联系上祥辉公司,该批衬衫未能出售成功。

2013 年 12 月 23 日至 31 日,某博带领公司采购人员到广州库存市场采购、验收和运输光坯布,向周某等 15 位供应商采购布匹,价款(含运费)共计 1,283,892 元。

诉讼过程

2015 年,海之杰公司以损害公司利益责任纠纷诉某博至山东省枣庄市中级人民法院,请求判令某博赔偿给海之杰公司造成的损失共计人民币 200 万元,山东省枣庄市中级人民法院一审判决驳回原告诉讼请求。后海之杰公司不服,向山东省高级人民法院提出上诉,二审判决驳回上诉,维持原判。海之杰公司仍不服,向最高人民法院申请再审,被裁定驳回再审申请。

裁判结果

一审判决:驳回海之杰公司的诉讼请求。

二审判决:驳回上诉,维持原判。

再审裁定:驳回再审申请。

主要争点

海之杰公司上诉请求:撤销一审判决,改判支持其一审诉讼请求。事实与理由:(1)一审认定事实不正确。海之杰公司向阿布杜拉兄弟公司请示生产衬衫事宜,仅是形式上报备,并非实质审查。阿布杜拉兄弟公司在全球有几十家投资公司,不可能对下属公司的海量生产进行实质审查。因此,请示不能减免某博作为签署合同的决策人应负的责任。(2)祥辉公司从未到海之杰公司提货或验货,祥辉公司已于 2009 年 5 月 1 日退出营业,以祥辉公司名义传真给海之杰公司的合同没有公章,无法确定传真的发送主体,海之杰公司没有关于祥辉公司提货或验货的凭证、记录,某博也没有提交相关证据证实。一审认定祥辉公司提货的事实,证据不足。(3)某博违反了公司法规定的高级管理人员应尽的忠实和勤勉义务,情形严重,给海之杰公司造成巨大损害,应予赔偿。根据海之杰公司内部规定,公司履行销售合同时,首先由计划部审查合同,并向采购部下达指示,然后采购部拟定采购合同,经公司内部人员审核,由总经理签字后,公司盖章,财务部根据合同约定,经财务部负责人同意,会签后付款。如果依照上述公司内部流程审查,祥辉公司的传真合同不符合规定而不应履行。但某博故意不履行上述内审程序,直接指示履行该合同,并在祥辉公司未付定金或预付款的情况下,采购特定对象金律公司的布匹并安排生产,生产后却无法联系到祥辉公司从而造成损失。在广州采购光坯布时,某博完全摒弃了全部内审流程,指示财务部门提前在空白票据上签章,自行带领采购人员到广州现场采购、验收、违规付款,所采购的布匹因质量低劣无法使用,造成公司损失。

综上所述,本案争议焦点为:某博是否违反公司高级管理人员的忠实义务和勤勉义务而给海之杰公司造成损失。

裁判说理

一审法院认为,《公司法》第 147 条规定,董事、监事、高级管理人员应当遵守法律、行政法规和公司章程,对公司负有忠实义务和勤勉义务。某博作为海之杰公司的总经理,对海之杰公司应负有忠实和勤勉义务。海之杰公司主张某博在担任海之杰公司总经理期间,严重违反公司财务制度,采购低劣产品,且在祥辉公司未付定金和预付款情况下,指示海之杰公司采购金律公司产品,后衬衫无法出售,给公司造成经济损失 200 余万元。对此,法院认为,某博作为海之杰公司的总经理,其与祥辉公司签订衬衫销售合同,与金律公司签订布匹采购合同,以及带领人员到广州采购光坯布的行为,均是其为开展公司经营而履职的行为。虽然其在履职过程中,在对合同相对方的资格审查、对采购标的物的质量审查方面存在瑕疵,仅能说明其经营判断行为存在过失,但是并无证据证明其主观上具有损害公司利益的过错,并不能因此认定某博的行为违反了对公司的忠实和勤勉义务,因此而造成的损失,不应由某博承担。并且在履行与祥辉公司的衬衫销售合同过程中,经由海之杰公司的计划部经理 MO 向海之杰公司的投资人阿布杜拉兄弟公司请示后才安排生产。衬衫生产完毕后未能出售成功,是因祥辉公司对衬衫的包装纸箱层数、吊牌的厚度等提出异议,拒不收货造成。海之杰公司可向祥辉公司主张违约责任,要求其赔偿损失,某博不应负有赔偿责任。

二审法院认为,2011 年 1 月至 2014 年 3 月,某博在海之杰公司任总经理职务。2011 年 1 月 8 日,祥辉公司向海之杰公司传真 1 份合同,约定订购男装衬衫。海之杰公司在合同上加盖公司印章,祥辉公司没有支付定金,也未在合同上签章。为履行上述合同,某博指示公司计划部经理于 2011 年 1 月 20 日和 2011 年 2 月 22 日与金律公司签订产品采购合同各 1 份，采购亚麻棉交织提花染色布。经海之杰公司计划部经理向其投资人阿布杜拉兄弟公司请示后，安排将祥辉公司订购的男装衬衫全部生产完毕，但该批衬衫未能出售成功。2013 年 12 月 23 日至 31 日，某博带领海之杰公司采购人员到广州库存市场采购、验收和运输光坯布，共向周某等 15 名供应商采购布匹，价款（含运费）共计 1, 283, 892 元。对于上述事实，海之杰公司予以认可。但是，海之杰公司主张，某博在担任海之杰公司总经理期间，严重违反公司财务制度，在祥辉公司未付定金和预付款情况下，指示公司计划部采购金律公司产品，后衬衫无法出售，从广州采购的光坯布存在严重质量问题，某博违反公司高级管理人员忠实、勤勉义务，给公司造成严重经济损失。

《公司法》第 147 条规定，董事、监事、高级管理人员应当遵守法律、行政法规和公司章程，对公司负有忠实义务和勤勉义务。据此，某博在担任海之杰公司总经理职务期间，对公司负有忠实义务和勤勉义务。忠实义务，是指高级管理人员应以公司利益最大化为目的，诚信履职，不得掺杂个人私利或为第三人谋利；勤勉义务，是指高管人员应尽到普通人在类似情况下应有的谨慎、注意义务，尽职维护公司利益。在本案中，根据海之杰公司提交的公司章程第 37 条、第 43 条的规定，某博与祥辉公司签订衬衫合同，与金律公司签订布匹采购合同，以及带领人员到广州采购光坯布的行为，均是其为开展公司经营而履职的行为，没有超越海之杰公司章程规定的职责范围。一审证人 MO 作为负责与金律公司签订涉案采购合同的海之杰公司的计划部经理，出庭作证称，其在生产涉案衬衫前，请示了投资人阿布杜拉兄弟公司，生产完成后，祥辉公司的验货员已验货，但因包装纸、吊牌的问题，未予提货。据此可以认定，在涉案衬衫生产前，海之杰公司向投资人作了请示，无论投资人对请示是形式审查还是实质审查，都可以证实投资人对海之杰公司生产涉案衬衫是知情的，某博没有隐瞒或规避内部审批的主观故意；生产完成后，祥辉公司派人验货，未能提货的原因是对包装、吊牌有异议，拒不收货造成的，并非因为海之杰公司主张的祥辉公司没有验货或祥辉公司已经停止经营。海之杰公司提交的证明祥辉公司已于 2009 年 5 月 1 日退出经营的调查资料，因该证据未经过公证和转递，不能作为认定本案事实的依据。关于在广州购买的光坯布的质量是否存在问题，海之杰公司没有提交相应的鉴定报告，其提交的《损失价值公估报告》由海之杰公司单方委托保险评估机构作出的，该机构不具有鉴定光坯布质量的资质，不能作为认定涉案光坯布存在质量问题的依据。海之杰公司主张，某博违反公司内部审核、财务等制度，但没有提供相关的财务制度。即便如海之杰公司所主张的，某博在与祥辉公司签订、履行合同以及采购产品的质量审查方面存在问题，仅说明某博的经营判断行为存在瑕疵，不能证明某博存在主观上故意违反公司的内部审核制度，损坏公司利益，行为上存在未尽职履行的情形；且海之杰公司也没有证据证实某博在履行总经理职务期间，存在获利的情况。因此，海之杰公司主张某博违反高级管理人员的忠实、勤勉义务，没有事实根据和法律依据，法院不予支持。海之杰公司如认为公司遭受损失，可向祥辉公司以及周某等15名供应商主张违约责任，要求其赔偿损失，某博不应负有赔偿责任。

最高人民法院认为，从《公司法》的规定看，第147条第1款规定："董事、监事、高级管理人员应当遵守法律、行政法规和公司章程，对公司负有忠实义务和勤勉义务。"第148条列举了董事、高级管理人员违反对公司忠实义务的具体情形。从上述法律的规定看，忠实义务，是指公司高级管理人员应当忠实履行职责，其自身利益与公司利益发生冲突时，应当维护公司利益，不得利用高级管理人员的地位牺牲公司利益为自己或者第三人牟利。勤勉义务，是指公司高级管理人员履行职责时，应当为公司的最佳利益，具有一个善良管理人的细心，尽一个普通谨慎之人的合理注意。从海之杰公司的具体诉请和依据的事实看，其并未提供证据证明某博在履行总经理职务期间存在获利情况，故其实际上针对的是某博违反勤勉义务而非忠实义务。因此，本案审查的重点问题是：某博在海之杰公司案涉交易中是否违反勤勉义务以及是否应当对海之杰公司在案涉交易中的损失承担赔偿责任。

从法律规定看，《公司法》仅原则性规定了公司高级管理人员的勤勉义务，并未规定违反勤勉义务的具体情形。综观公司法实践，勤勉义务所要求的尽一个普通谨慎之人在类似情况下应尽到的合理注意，是一个经过实践而被逐渐总结出来的标准。面对市场不断变化的商事交易实践，如果要求每一个经营判断都是正确的，其结果会使公司高级管理人员过于小心谨慎，甚至裹足不前，延误交易机会，降低公司经营效率，最终不利于实现公司和股东权益。特别是在不涉及公司高级管理人员个人利益与公司利益冲突等可能违反忠实义务的情形中，公司高级管理人员依照法律和公司章程履行经营管理职责的行为，应受到法律的认可和保护。某博作为海之杰公司的总经理，具有依照法律和公司章程主持公司生产经营管理工作的职权。从海之杰公司在原审中提交的《海之杰公司章程》的具体内容看，海之杰公司赋予了总经理组织领导公司日常生产技术和经营管理工作的广泛职权。案涉交易中，海之杰公司与祥辉公司签订衬衫供货合同、与金律公司签订产品采购合同、在广州采购光坯布，均系某博为开展公司日常经营而履行总经理职权的行为，并未超越海之杰公司章程规定的职责范围。原判决认定某博未违反公司高级管理人员的忠实义务和勤勉义务，并无不当。海之杰公司主张某博承担因案涉交易给海之杰公司造成的损失,不符合《公司法》第 149 条关于"董事、监事、高级管理人员执行公司职务时违反法律、行政法规或者公司章程的规定,给公司造成损失的,应当承担赔偿责任"的规定。

其一,在案涉衬衫生产前,海之杰公司已请示其股东阿布杜拉兄弟公司。无论阿布杜拉兄弟公司对请示是形式审查还是实质审查,都可以证明其对海之杰公司生产案涉衬衫是知情的。且根据海之杰公司一方的证人在原审庭审中的证言,案涉衬衫未能出售成功的原因是祥辉公司对包装、吊牌有异议而拒绝收货。原判决认定并非因祥辉公司没有验货或者祥辉公司已经停止经营导致衬衫未能出售成功,具有事实依据。

其二,对于某博任职期间在广州所采购的光坯布,因海之杰公司所提交《损失价值公估报告》的保险评估机构不具有光坯布质量鉴定的资质,故不能依据该公估报告认定案涉光坯布存在质量问题,也就不能因此证明某博采购光坯布的行为导致海之杰公司发生的具体损失。海之杰公司虽主张某博违反公司内部审核、财务等制度以及存在虚假陈述、推卸责任行为,但没有提供相关的财务制度等证据。故原判决认定某博不负赔偿责任,并无不当。

专业点评

勤勉义务要求公司高级管理人员尽一个普通谨慎之人在类似情况下应尽的合理注意义务。在日益复杂的市场环境下,要让高级管理人员的每一个决策判断都客观上符合公司的最佳利益,任何经营行为都给公司带来盈利,确保不给公司带来损失,显然是不符合客观实际的。否则将使高级管理人员失去决策的勇气,变得瞻前顾后、畏首畏尾,反而对公司的发展不利。在勤勉义务的认定中,裁判者要保持宽容,做到"不以成败论英雄"。但是,如果标准规定得过宽,虚化了勤勉义务,不利于督促董事提高经营能力,放纵有过错的董事,最终不利于公司和股东利益的保护。因此,要合理把握勤勉义务认定的尺度。要勇于承认公司经营中的合理风险,确立经营判断规则。英美法系国家判例确定的勤勉义务的三个标准,即善意、注意、合理地相信其行为符合公司的最佳利益。如果行为人对其行为及其后果尽到了适当的注意义务,即可满足善意的要求；如果行为人明知其行为将会对公司或者他人产生不利后果而故意放任或者因为疏忽没有引起足够的重视而使得后果发生，则就不能满足善意的要求；从"注意"这一标准看，如果董事、高级管理人员具有或者应当具有有关方面的知识和能力，而没有运用这种知识和能力，则不能认为他满足了勤勉义务的要求，其只要尽到一个普通人在同样情形下可以注意到的事项即可。董事、高级管理人员等应以一个合理的谨慎的人在相似情形下所应表现的谨慎、注意和技能来履行其义务。如此，方可确保董事、高级管理人员在执行公司职务时最大限度地施展其个人应有的聪明才智。

法条链接

《公司法》(2013 年)①

第一百四十七条第一款　董事、监事、高级管理人员应当遵守法律、行政法规和公司章程，对公司负有忠实义务和勤勉义务。

第一百四十八条　董事、高级管理人员不得有下列行为：

(一)挪用公司资金；

(二)将公司资金以其个人名义或者以其他个人名义开立账户存储；

(三)违反公司章程的规定，未经股东会、股东大会或者董事会同意，将公司资金借贷给他人或者以公司财产为他人提供担保；

(四)违反公司章程的规定或者未经股东会、股东大会同意，与本公司订立合同或者进行交易；

(五)未经股东会或者股东大会同意，利用职务便利为自己或者他人谋取属于公司的商业机会，自营或者为他人经营与所任职公司同类的业务；

(六)接受他人与公司交易的佣金归为己有；

(七)擅自披露公司秘密；

(八)违反对公司忠实义务的其他行为。

董事、高级管理人员违反前款规定所得的收入应当归公司所有。

① 现已修改为《公司法》(2018 年)第 147 条、第 148 条、第 149 条。

第一百四十九条　董事、监事、高级管理人员执行公司职务时违反法律、行政法规或者公司章程的规定,给公司造成损失的,应当承担赔偿责任。

六、担任监事的股东直接提起损害公司利益责任纠纷,应视为监事拒绝起诉而以股东身份直接提起代表诉讼

案件名称

蔡某润诉林某兴、董某明损害股东利益责任纠纷案

案号

一审:(2016)粤0306民初29259号;二审:(2018)粤03民终2083号;重审:(2018)粤0306民初20684号

裁判要旨

在损害公司利益责任纠纷案中,原告既是公司监事又是股东的情形下,其有权选择以公司股东身份提起股东代表诉讼或以监事身份代理公司提起诉讼。公司监事以股东身份提起诉讼的,应视为其拒绝以监事身份提起诉讼,起诉符合法律规定,属于人民法院受理民事诉讼的范围,应当依法审理。

案情简介

原告:蔡某润

被告:林某兴、董某明

第三人:宏创公司

2011年1月13日,案外人凤凰公司成立,注册资金为150万元,其中股东林某兴出资60万元占40%股份,担任公司执行董事;股东董某明出资45万元占30%股份,担任公司总经理;股东蔡某润出资45万元占30%股份,担任公司监事。

2015年4月1日,第三人宏创公司成立,股东为被告林某兴和被告董某明,其中林某兴出资60万元占60%股份,被告董某明出资40万元占40%股份。

宏创公司成立后,全面接管了凤凰公司的员工和凤凰机械交易市场的经营管理业务,“架空”了凤凰公司,将凤凰公司的资产和收益转到宏创公司名下,将商户(租

户)的收益占为己有,使凤凰公司处于歇业状态。凤凰公司从2015年开始没有经营收入,没有再向蔡某润分红。

诉讼过程

2016年,因认为宏创公司的行为严重损害凤凰公司及蔡某润合法权益,蔡某润以损害公司利益责任纠纷为由,诉林某兴、董某明至广东省深圳市宝安区人民法院,请求判令被告承担赔偿责任,广东省深圳市宝安区人民法院一审裁定驳回起诉。后蔡某润不服,向广东省深圳市中级人民法院提起上诉,被裁定指定广东省深圳市宝安区人民法院重新审理。广东省深圳市宝安区人民法院重审判决驳回原告全部诉讼请求。

裁判结果

一审裁定:驳回原告蔡某润的起诉。

二审裁定:(1)撤销广东省深圳市宝安区人民法院(2016)粤0306民初29259号民事裁定;(2)指令广东省深圳市宝安区人民法院审理。

重审判决:驳回原告蔡某润的全部诉讼请求。

主要争点

蔡某润提起上诉请求:撤销原审裁定,指定原审法院审理。第一,林某兴、董某明违反股东、董事和高级管理人员对公司的忠实义务,不仅损害了凤凰公司的合法权益,同时损害了蔡某润的合法权益。蔡某润作为凤凰公司的唯一被害股东,依法有权以股东身份对林某兴、董某明提起"损害公司股东利益责任纠纷"之诉。在本案中,侵权人既是公司董事、监事、高级管理人员,又是公司的股东,身份存在重叠。蔡某润作为凤凰公司股东,根据凤凰公司章程第31条、第32条和《公司法》第21条、第147条、第148条、第152条之规定,有权以"损害股东利益责任纠纷"为由,向人民法院提起诉讼,以维护自身合法权益。

第二,即使本案案由是"损害公司利益责任纠纷",由于蔡某润既是凤凰公司的股东,又是凤凰公司监事,蔡某润仍然有权以股东身份直接提起诉讼。从凤凰公司的股东和董事、监事、高级管理人员的身份可以看出,凤凰公司的股东有3人,同时担任公司董事、监事、高级管理人员职务,如果依据《公司法》第151条的规定,股东应先书面请求监事提起诉讼,在监事拒绝起诉时或收到请求之日起30日内未提起诉讼,股东才能以自己的名义欲提起诉讼。在本案中,蔡某润既是凤凰公司的股东,又是凤凰公司的监事，蔡某润以股东身份提起本案诉讼，应视为蔡某润以行为的方式拒绝自己以监事身份提起诉讼，即蔡某润可以以股东身份直接向法院提起侵权之诉。如果法院认为，即使股东和监事为同一自然人，仍须履行上述书面请求义务，原审法院在庭审时，没有询问作为股东的蔡某润是否给作为监事的蔡某润发出书面请求，无法知道蔡某润有无履行书面请求的前置程序。因此，原审法院主观认为“蔡某润既是公司股东，又是公司监事的情况下，蔡某润只能以监事的身份直接提起诉讼”与该规定之精神不符，在股东与监事身份重叠时，应当赋予公司股东更多更灵活的司法救济方式。

第三，本案情况紧急，不立即提起诉讼，将会使凤凰公司和蔡某润的利益受到难以弥补的损害。如前所述，林某兴、董某明已另行成立公司，以宏创公司的名义全面接管了凤凰公司的员工和凤凰机械交易市场的经营管理业务，与市场商户重新签订了租赁合同，蔡某润如不立即提起本案诉讼，凤凰公司的资产和收益已被吞食，蔡某润已无法从凤凰公司获得股东收益，蔡某润在凤凰公司的股东权益将会受到严重损害，如不及时制止蔡某润被侵权的行为，蔡某润的损失将难以弥补。

第四，如前所述，根据《民事诉讼法》第 119 条之规定，蔡某润在身份选择上，有权选择以股东的身份起诉；在案由选择上，蔡某润有权选择与切身利益相关的“损害股东利益责任纠纷”案由。按照原审法院认为蔡某润起诉的案由“损害股东利益责任纠纷”不适当，应当变更为“损害公司利益责任纠纷”，原审法院应当向蔡某润行使释明权，在当事人不同意变更案由的情况下，方能驳回起诉。在蔡某润具有股东和监事双重身份的情况下，原审法院应当进行释明，让当事人作出以股东身份起诉还是以监事身份起诉的选择，而不是简单驳回起诉处理。

被上诉人林某兴、董某明共同答辩如下：蔡某润没有权利作为原告提起诉讼。如果提起诉讼的话，应当依据法律规定，由公司的监事作为原告提起诉讼。

在重审中，两被告答辩称：其一，原告蔡某润不是本案适格主体，其诉讼依法应予驳回。原告蔡某润起诉指称两被告的“各种行为”，并没有直接损害其个人的股东权利，因此，原告蔡某润要求两被告停止侵权行为没有任何事实及法律依据。即使原告蔡某润提起诉讼，也应先行书面要求凤凰公司的监事或者执行董事提起诉讼，其无权直接作为原告提起诉讼。其二，原告蔡某润的诉讼请求与事实不符，于法无据，依法应予驳回。凤凰公司无法继续经营的根本原因是原告蔡某润的隐名股东孙某旺在附近设立同类交易市场，损害了其他股东的合法权益，在凤凰公司无法正常经营并与出租方解除租赁合同后，两名被告才设立宏创公司，因此，并不存在两被告损害凤凰公司利益的事实。此外，从设立宏创公司到退出公司期间，两被告并未从该公司取得收入。原告蔡某润的诉讼请求，缺乏事实和法律依据，请求予以驳回。

综上所述，本案争议焦点为：担任监事的股东直接提起损害公司利益责任纠纷应如何认定。

裁判说理

一审法院认为，原告主张两名被告设立并经营宏创公司的行为违反了《公司法》第 148 条规定的对公司的忠实义务，给凤凰公司造成损害，应当承担赔偿责任。原告既担任不设监事会的凤凰公司的监事，又是该公司股东，其提起的本案之诉，可视为原告自己以股东的身份请求自己以监事的身份行使《公司法》第 53 条第 6 项规定的职权，原告应以监事的身份直接提起诉讼。原告以股东的身份提起股东代表诉讼，不符合受理条件，本院依法驳回原告的起诉。

二审法院认为，蔡某润同时存在凤凰公司股东及监事身份，其以股东身份提起损害股东利益责任之诉，依法应视为其拒绝以监事身份提起诉讼，而后以股东身份提起诉讼，其起诉符合法律规定，属于人民法院受理民事诉讼的范围，原审依法应当进行审理。原审裁定对本案驳回起诉，适用法律有误。

重审法院认为，原告蔡某润作为凤凰公司的股东，代表该公司对其所主张的因设立宏创公司而损害凤凰公司利益的两名被告提起诉讼，诉请两名被告将经营宏创公司所得收益向凤凰公司支付。原告蔡某润是为凤凰公司利益而提起本案诉请，故本案应为损害公司利益责任纠纷。原告蔡某润以股东身份提起诉讼，依法应视为其拒绝以监事身份提起诉讼，而后以股东身份提起诉讼，其起诉符合法律规定，故原告蔡某润提起诉讼，其原告主体适格。

专业点评

本案的一个特殊之处在于当事人身份的特殊性，其既是公司股东又是不设监事会的公司监事。依据《公司法》的规定，通常情况下，当发生损害公司利益行为时，应由公司作为原告直接向侵权行为人行使请求权，要求其对公司承担赔偿责任。符合持股条件的股东可以书面请求监事会、监事或董事会、董事以公司名义就损害行为提起诉讼，此时原告仍为公司。在特定情况下，当公司怠于通过诉讼追究公司相关成员责任或实现其他权利时，具备法定资格的股东可以作为原告提起股东代表诉讼。此时,损害公司利益责任纠纷的原告就从公司转变为股东。在本案中,蔡某润是以自然人身份提起诉讼,而一审法院认为,其既然作为公司监事,就应按照一般情况以公司监事身份代表公司提起诉讼,因而认为其作为原告是不适格的。一审法院的这种裁判思路确实较为机械,既然蔡某润是监事也是股东,其当然具有选择以何种身份进行诉讼的权利,这是一种由身份重叠而带来的诉讼权利的自由。若以股东身份起诉,则意味着其不再以监事这一公司代理人的身份诉讼。法院如果否认其以股东身份起诉的合法性而直接驳回起诉,显然是对其股东权利的漠视。在此种身份重叠的情形下,蔡某润以书面形式请求自己就侵权行为提起诉讼,而后由自己怠于诉讼,之后再由自己提出股东代表诉讼,这种做法显然是不当的。二审法院纠正了这一不当裁判观点,认为以股东身份提起诉讼实际上就意味着已经以行为的方式表明了监事"怠于行权",这是合理的解释路径。

法条链接

1.《公司法》(2013 年)①

第五十三条　监事会、不设监事会的公司的监事行使下列职权:

(一)检查公司财务;

(二)对董事、高级管理人员执行公司职务的行为进行监督,对违反法律、行政法规、公司章程或者股东会决议的董事、高级管理人员提出罢免的建议;

(三)当董事、高级管理人员的行为损害公司的利益时,要求董事、高级管理人员予以纠正;

(四)提议召开临时股东会会议,在董事会不履行本法规定的召集和主持股东会会议职责时召集和主持股东会会议;

(五)向股东会会议提出提案;

(六)依照本法第一百五十一条的规定,对董事、高级管理人员提起诉讼;

(七)公司章程规定的其他职权。

---

① 现已修改为《公司法》(2018 年)第 53 条、第 151 条。

第一百五十一条　董事、高级管理人员有本法第一百四十九条规定的情形的，有限责任公司的股东、股份有限公司连续一百八十日以上单独或者合计持有公司百分之一以上股份的股东，可以书面请求监事会或者不设监事会的有限责任公司的监事向人民法院提起诉讼；监事有本法第一百四十九条规定的情形的，前述股东可以书面请求董事会或者不设董事会的有限责任公司的执行董事向人民法院提起诉讼。

监事会、不设监事会的有限责任公司的监事，或者董事会、执行董事收到前款规定的股东书面请求后拒绝提起诉讼，或者自收到请求之日起三十日内未提起诉讼，或者情况紧急、不立即提起诉讼将会使公司利益受到难以弥补的损害的，前款规定的股东有权为了公司的利益以自己的名义直接向人民法院提起诉讼。

他人侵犯公司合法权益，给公司造成损失的，本条第一款规定的股东可以依照前两款的规定向人民法院提起诉讼。

2.《民事诉讼法》(2017 年)①

第一百一十九条　起诉必须符合下列条件：

(一)原告是与本案有直接利害关系的公民、法人和其他组织；

(二)有明确的被告；

(三)有具体的诉讼请求和事实、理由；

(四)属于人民法院受理民事诉讼的范围和受诉人民法院管辖。

七、凭法定代表人签字并加盖公司公章的起诉状是否足以认定公司真实起诉意思

案件名称

真功夫公司、潘某海诉蔡某标、蔡某红、王某斌等损害公司利益责任纠纷案

案号

一审：(2016)粤民初 50 号之三；二审：(2021)最高法民终 2 号

裁判要旨

商事登记具有公示效力，但仅凭工商登记的法定代表人签字以及公司公章仍无法认定公司的真实意思表示时，应以公司章程体现出来的股东意思表示为准来确定

① 现已修改为《民事诉讼法》(2021 年)第 122 条。

法定代表人。公章是认定公司意思的基础证据,若有实质性证据否认公章的使用并未体现公司意思,则应切断公章与公司真实意思之间的联系。

案情简介

上诉人(原审原告):真功夫公司

上诉人(原审第三人):潘某海

上诉人(原审第三人):双种子公司

被上诉人(原审被告):蔡某标

被上诉人(原审被告):蔡某红

被上诉人(原审被告):王某斌

原审第三人:润海资本有限公司

原审第三人:中山市联动创业投资有限公司

真功夫公司章程(2007 年 11 月 20 日)第 4.2 条“组成和任期”规定,董事会由五名董事组成,由甲、乙、丙、丁、戊方各任命一名董事。除非各方另有书面协议,否则董事长应由甲方任命,副董事长应由乙方任命,董事长、副董事长或董事的任期为 3 年。经原任命一方继续任命可以连任。如董事会的董事职位出现空缺,应由造成空缺的董事的原任命一方填补。任何一方在任何时候出于任何原因均可解聘由该一方任命的任何或全部董事,并任命他人取代被免职的董事,在相关任期的剩余时间里出任董事。第 4.3 条规定,董事长是合营公司的法人代表,只依照董事会的具体决定、决议和指示行事。当董事长不能履行其职责时,董事长应授权副董事长或另一位董事代表合营公司履行职责。章程中的甲方为蔡某标。第 4.6 条规定,章程的修正应由全体五名董事(本人或派代理人出席)在按规定程序召开的董事会议上一致投赞成票方可通过。2011 年 3 月 17 日,蔡某标出具委托书,委派蔡某红担任真功夫公司董事和董事长职务。2013 年 12 月 9 日,真功夫公司董事会作出《2013 年度真功夫公司第二次临时董事会会议决议》,通过以下议案:(1)就外方股东名称变更而修订章程相应条款的议案;(2)就章程第 4.2 条进行修改的议案;(3)就章程第 4.6 条进行修改的议案;(4)就章程第 4.7 条进行修改的议案;(5)就章程第 4.12 条进行修改的议案;(6)选举潘某海先生为公司董事长的议案。2013 年 12 月 31 日,原广东省东莞市工商行政管理局根据申请将真功夫公司的法定代表人由蔡某标变更为潘某海。2016 年 7 月 20 日,广东省广州市天河区人民法院就蔡某标提起的公司决议撤销纠纷一案,作出(2014)穗天法民二初字第 1246 号民事判决,判决真功夫公司董事会于 2013 年 12 月 9 日作出的《2013 年度真功夫公司第二次临时董事会会议决议》于该判决发生法律效力之日起撤销。广东省广州市中级人民法院(以下简称广州中院)于2018年6月29日作出(2017)粤01民终9139号民事判决,维持广东省广州市天河区人民法院的上述判决。该判决已生效。

诉讼过程

因认为公司利益受损,真功夫公司以损害公司利益责任纠纷诉蔡某标、蔡某红、王某斌至广东省高级人民法院(以下简称广东高院),请求判令蔡某标赔偿因其不当履行公司职务造成真功夫公司损失、公司贬值损失等;判令蔡某标向真功夫公司委派董事长和法定代表人的行为构成侵权并责令其停止侵权行为;判令蔡某红立即停止使用"真功夫董事长"的名义等。广东省高级人民法院一审裁定驳回起诉。后真功夫公司、潘某海等不服,向最高人民法院提起上诉,被裁定驳回上诉,维持原裁定。

裁判结果

一审裁定:驳回起诉。

二审裁定:驳回上诉,维持原裁定。

主要争点

真功夫公司上诉请求:(1)撤销广东高院(2016)粤民初50号之三民事裁定;(2)指令广东高院对本案进行审理。事实和理由:(1)原审裁定认定事实不清,错误认定"潘某海并非真功夫公司合法的法定代表人"。①原审裁定依据广州中院(2017)粤01民终9139号民事判决认定"潘某海并非真功夫公司的合法代表人"。该判决撤销真功夫公司董事会决议系因为董事会召集程序问题,对真功夫公司合法代表人问题没有认定,也没有撤销潘某海作为真功夫公司法定代表人的职务,且在该判决书载明的当事人信息中,真功夫公司的法定代表人就是潘某海。②真功夫公司的章程条款存在实体争议,特别是"董事长由蔡某标任命"的条款。(2)公司外部侵权纠纷诉讼中的法定代表人依法应以登记为准。①蔡某红、王某斌从未在真功夫公司任职,故本案审理的侵权关系中包括了公司外部侵权纠纷;②真功夫公司登记的法定代表人为潘某海,广州中院撤销决议纠纷案的判决结果没有变更真功夫公司登记的法定代表人,亦没有认定真功夫公司登记的法定代表人不合法,至今没有依据该判决变更真功夫公司登记的法定代表人。根据《民事诉讼法解释》的规定,真功夫公司的法定代表人即为潘某海,其作为公司代表向人民法院提交的法律文书符合公司的真实意思表示。(3)本案诉讼符合真功夫公司的真实意思表示且主体适格,符合起诉条件,依法不应驳回起诉。本案系基于真功夫公司利益提出的维权诉讼,被上诉人无任何证据证明该诉讼违反公司《章程》的约定。本案不属于应当裁定驳回起诉的情形。

潘某海上诉请求:(1)撤销广东高院(2016)粤民初50号之三民事裁定;(2)指令广东高院对本案进行审理。事实和理由:潘某海是真功夫公司的创始股东、直接持有真功夫公司41.74%的股权。真功夫公司提起本案诉讼符合公司和股东利益,没有违反公司《章程》《合资经营合同》,是公司面对内外勾结侵害公司权益的侵权者、通过司法途径维权的重要救济手段,对公司及各股东明显有利,有助于解决公司持续多年内忧外患的局面。

双种子公司上诉请求:(1)撤销广东高院(2016)粤民初50号之三民事裁定;(2)指令广东高院对本案进行审理。事实和理由:(1)一审法院(2017)粤01民终9139号撤销公司决议案,并不能认定真功夫公司现在登记的法定代表人不合法;(2)前述判决书生效后,无论是工商登记还是对内对外事务,真功夫公司的法定代表人至今仍未变更,可见真功夫公司本案维权诉讼的法定代表人合法;(3)真功夫公司面对内外勾结侵害公司权益的侵权者提起本案诉讼,符合公司及股东的利益,是以公司发展为本、从公司利益出发,解决公司多年忧患的重要司法救济途径。

综上所述,本案争议焦点为:潘某海能否作为真功夫公司法定代表人提起本案诉讼。

裁判说理

一审法院认为,真功夫公司董事会于2013年12月9日作出的关于选举潘某海为公司董事长和修改公司章程等议题的董事会决议已经被撤销。而真功夫公司现任法定代表人潘某海正是根据该份决议在原广东省东莞市工商行政管理局核准变更为法定代表人。虽然真功夫公司原法定代表人蔡某标因刑事犯罪被羁押而无法行使董事长及法定代表人职责,但其并未授权潘某海作为公司代表。在上述关于任命潘某海为真功夫公司董事长的董事会决议被撤销之后,潘某海作为真功夫公司法定代表人就缺乏合法依据,潘某海不能代表真功夫公司提起本案诉讼。同时,真功夫公司的起诉状虽然加盖了该公司公章,但公司公章的使用是认定公司意思的最基础的初步证据,如有实质性的证据证明公章加盖者无权加盖公章或者公章加盖者不能体现公司的真实意思,由此可以切断公章与公司真实意思的关联,公司公章不能产生代表公司的法律效力,不足以反映公司起诉时的真实意思表示。在本案中,考虑潘某海和蔡某标作为真功夫公司的两个大股东之间的矛盾由来已久,蔡某标被羁押期间真功夫公司实为潘某海控制,包括公司公章亦为潘某海掌管,故在现有证据能够证明潘某海并非真功夫公司合法的法定代表人的情况下,仅根据起诉状加盖真功夫公司公章的事实,不能认定本案诉讼为真功夫公司的真实意思表示。因此,潘某海作为真功夫公司法定代表人提起的本案诉讼不符合法定条件。裁定驳回潘某海作为真功夫公司法定代表人提起的诉讼。

二审法院认为,《民事诉讼法》第 48 条第 2 款规定:“法人由其法定代表人进行诉讼。其他组织由其主要负责人进行诉讼。”由有限责任公司股东会或董事会依据公司章程通过决议授权的人,也有权代表公司进行诉讼。根据《公司法》第 13 条的规定:“公司法定代表人依照公司章程的规定,由董事长、执行董事或者经理担任,并依法登记。公司法定代表人变更,应当办理变更登记。”公司法定代表人的确定是公司通过章程表达全体股东共同意志的结果。《民事诉讼法解释》第 50 条中规定,“法人的法定代表人以依法登记的为准,但法律另有规定的除外”,这并不意味着公司法定代表人是公司登记机关赋予的。公司法定代表人登记只是行政机关对公司全体股东的法定代表人意思表示的确认。公司法定代表人依法登记具有对外公示效力,但不具有确定公司在法定代表人问题上真实意思表示的效力。因此,在对内效力方面,公司法定代表人应当以章程体现出来的股东意志表示为准。在本案中,虽然工商登记资料中载明真功夫公司的法定代表人仍是潘某海,但其被推选为董事长的真功夫公司董事会决议已被生效民事判决撤销。因此,一审判决不认可潘某海为真功夫公司法定代表人,认定事实有证据支持。潘某海关于一审裁定认定其并非真功夫公司合法的法定代表人错误的上诉理由不能成立。

本案起诉状除潘某海签字外,还加盖了真功夫公司公章。但根据已经查明的事实,蔡某标被羁押期间,真功夫公司实为潘某海控制,公司公章亦为潘某海掌管。至二审期间,真功夫公司也没有提交证据证明该公司又召开新的董事会,并形成提起本案诉讼或明确授权潘某海提起本案诉讼的决议。故仅根据起诉状加盖真功夫公司公章的事实,不足以认定本案诉讼为真功夫公司的真实意思表示。

关于本案是否属于公司外部侵权纠纷的问题。在本案中,真功夫公司不仅对股东蔡某标提起诉讼,还对蔡某红、王某斌等股东之外的人员提起诉讼。尽管蔡某红和王某斌不是真功夫公司股东,但蔡某红和王某斌夫妻均为蔡某标的亲属。从真功夫公司的创立、发展及股权构成看,其具有鲜明的家族企业特征。本案的实质仍是公司股东之间的纠纷,且不符合表见代表的适用情形。故本案纠纷不符合公司外部侵权纠纷的本质特征。真功夫公司、双种子公司、潘某海的上诉理由均不能成立,一审裁定认定事实清楚、适用法律正确。

专业点评

这是一起争夺公司控制权的典型案例。无论从蔡某标与潘某海争夺真功夫公司控制权一系列操作的得失分析,还是从广东高院的(2016)粤民初50号之三民事裁定,以及最高人民法院在本裁定中的观点,都值得学习。通常情况认为,具有公司登记机关登记的法定代表人签名的文件,或者加盖公司公章的文件,可视为公司的真实意思表示(越权代表等情形除外)。在本案中,案涉《起诉状》不仅有工商登记资料中载明的真功夫公司法定代表人潘某海的签名,还有真功夫公司加盖的公章,在此情形下,为什么最高人民法院仍坚持认为,不能据此认定本案诉讼为真功夫公司的真实意思表示,本案起诉不符合诉讼的法定条件?法院的裁判有几点值得我们研究:第一,公司法定代表人的资格确认问题。公司法定代表人登记只是行政机关对公司全体股东的法定代表人意思表示的确认,但这并不意味着公司法定代表人是由公司登记机关赋予的;公司法定代表人依法登记后即具有对外公示效力,但登记行为本身并不具有确定公司在法定代表人问题上真实意思表示的效力,公司法定代表人仍应当以章程体现出来的股东意志表示为准进行确定。第二,仅根据起诉状加盖公司公章,无法认定公司参与诉讼的真实意思表示,还需具有提起本案诉讼的有效的公司决议。公司公章的使用是认定公司意思的最基础的初步证据,如果有实质性证据证明公章的使用并未体现公司意思,则切断公章与公司真实意思表示之间的关联。第三,由有限公司股东会或董事会依据公司章程通过决议授权的人,也有权代表公司进行诉讼。

法条链接

1.《民事诉讼法》(2012年)①

第四十八条　公民、法人和其他组织可以作为民事诉讼的当事人。

---

① 现已修改为《民事诉讼法》(2021年)第51条。

法人由其法定代表人进行诉讼。其他组织由其主要负责人进行诉讼。

2.《民事诉讼法解释》(2015年)[①]

第五十条　法人的法定代表人以依法登记的为准,但法律另有规定的除外。依法不需要办理登记的法人,以其正职负责人为法定代表人;没有正职负责人的,以其主持工作的副职负责人为法定代表人。

法定代表人已经变更,但未完成登记,变更后的法定代表人要求代表法人参加诉讼的,人民法院可以准许。

其他组织,以其主要负责人为代表人。

八、股东代表诉讼的诉因范围

案件名称

陈某勇诉万达公司损害公司利益责任纠纷案

案号

一审:(2015)湘高法民一初字第6号;二审:(2019)最高法民终597号

裁判要旨

股东代表诉讼并未排除合同之诉,不能当然认为股东代表诉讼的诉因仅限于侵权之诉。设立股东代表诉讼制度的目的是解决对董事、高级管理人员的监督和制约问题,而非处理合同纠纷或侵权责任。同时,股东代表诉讼是在公司不起诉的情况下,股东代表公司主张权利,诉讼结果归于公司的诉讼方式。

案情简介

上诉人(原审原告):陈某勇

被上诉人(原审被告):万达公司

原审第三人:宏宇公司

宏宇公司系南区项目的建设单位。经招标投标,南区项目由万达公司中标施

① 现已修改为《民事诉讼法解释》(2022年)第50条。

工。2011 年 8 月 28 日,宏宇公司与万达公司签订《南区项目建设工程施工合同》,约定工程总建筑面积 302,103.85 平方米,价款暂定 36,000 万元。合同专用条款第 47 条第 12 项特别约定:“本工程未经发包人同意不得分包,如承包人擅自分包,发包人有权要求承包人按分包工程总价的 20% 支付违约金。”之后,万达公司违反合同约定,将工程分包给没有资质的陈某标、黄某平、张某灿、余某松等个人。按照合同约定,万达公司应当向宏宇公司支付违约金 7200 万元。因为万达公司的法定代表人周某成系宏宇公司的股东之一,双方存在重大利益冲突,所以宏宇公司未提起诉讼追究万达公司的违约责任。《公司法》第 151 条第 1 款规定:“董事、高级管理人员有本法第一百四十九条规定的情形的,有限责任公司的股东、股份有限公司连续一百八十日以上单独或者合计持有公司百分之一以上股份的股东,可以书面请求监事会或者不设监事会的有限责任公司的监事向人民法院提起诉讼;监事有本法第一百四十九条规定的情形的,前述股东可以书面请求董事会或者不设董事会的有限责任公司的执行董事向人民法院提起诉讼。”第 3 款规定:“他人侵犯公司合法权益,给公司造成损失的,本条第一款规定的股东可以依照前两款的规定向人民法院提起诉讼。”宏宇公司不设监事会、董事会,陈某勇于 2014 年 12 月 16 日向宏宇公司执行董事黄某飞、监事周某成分别发出书面函件,请求宏宇公司提起诉讼,追究万达公司违约责任,但执行董事黄某飞、监事周某成至今仍未对万达公司提起诉讼。

诉讼过程

为维护宏宇公司及其股东的合法权益,陈某勇以损害公司利益责任纠纷诉万达公司至湖南省高级人民法院,请求判令被告支付违约金,湖南省高级人民法院一审裁定驳回陈某勇的起诉。陈某勇不服,向最高人民法院提起上诉,被裁定撤销原裁定,指令再审。

裁判结果

一审裁定:驳回陈某勇的起诉。

二审裁定:(1)撤销湖南省高级人民法院(2015)湘高法民一初字第 6 号民事裁定;(2)本案指令湖南省高级人民法院审理。

主要争点

陈某勇向一审法院起诉请求:判决万达公司向宏宇公司支付违法分包的违约金

7200 万元。

陈某勇向最高人民法院上诉称:(1)原审裁定认定《公司法》第 151 条第 3 款不适用于合同之诉,适用法律错误。无论是文义表述还是司法实务,《公司法》第 151 条第 3 款规定的股东代表诉讼皆未禁止合同之诉。同时,原审裁定与该院类案裁判规则相悖。(2)万达公司在履行与宏宇公司签订的合同时,存在重大违约行为,严重侵犯了宏宇公司的合法权益,给宏宇公司造成重大损失。在宏宇公司怠于提起诉讼的情况下,陈某勇为避免宏宇公司的利益受到难以弥补的损害,有权依据《公司法》第 151 条第 3 款的规定提起股东代表诉讼。宏宇公司与万达公司签订的《南区项目建设工程施工合同》专用条款第 47 条第 12 项明确约定:"本工程未经发包人同意不得转分包,如承包人擅自分包,发包人有权要求承包人按分包合同总价的 20% 支付违约金。"而浙江省高级人民法院(2017)浙民终 261 号生效判决中,万达公司自认其将案涉项目分包给案外人陈某标施工。可见,万达公司在履行与宏宇公司签订的施工合同时,确实存在未经宏宇公司同意擅自分包工程的重大违约行为。陈某勇虽然书面请求宏宇公司起诉追究万达公司的违约责任,但宏宇公司始终未依法提起诉讼。在此情况下,陈某勇可作为原告直接提起诉讼。综上所述,原审裁定事实认定和法律适用均有错误。

万达公司口头答辩称:《公司法》第 151 条第 3 款指向的是侵权,它以侵害事实的存在为构成要件。2011 年,最高人民法院关于《民事案件案由规定》对损害公司利益责任纠纷统一归于侵权纠纷,此后案由虽有修改,但仍然以侵权作为上一级事由。该条即便是可以指向合同之诉,其涵摄的范围也只能限于合同违约和侵权的竞合情形。陈某勇主张的有关分包事项均是根据宏宇公司的股东指定或者要求进行,合同项下的行为并没有给宏宇公司造成实际的损失,没有损害后果,不存在《公司法》第 151 条第 3 款确定侵害发生这个构成要件。另外,陈某勇主张违约金的请求事项也不属于损害赔偿类的主张。综上所述,陈某勇的主张不符合《公司法》第 151 条第 3 款构成要件,请求驳回其上诉。

综上所述,本案争议焦点为:陈某勇提起本案诉讼是否符合《公司法》第 151 条第 3 款的规定。

裁判说理

一审法院认为,首先,《公司法》第 151 条规定的股东代表诉讼,是指在公司的合法权益受到董事、监事、高级管理人员或他人不法侵害,而公司怠于或不能行使诉权保护自己的利益时,符合法定条件的股东为维护公司的利益,依照法定程序以自己的名义代公司起诉不法侵害人,所得诉讼利益归于公司的一种制度。依照该条第 3

款规定,他人侵犯公司合法权益,给公司造成损失的,符合条件的股东有权提起诉讼。在本案中,陈某勇可以在符合《公司法》第151条第1款、第2款的资格及程序条件下,就董事、监事、高级管理人员或他人损害公司权益的事由代表公司提起损害公司权益诉讼,但陈某勇在本案中是基于宏宇公司与万达公司之间的建设工程施工合同关系,要求追究万达公司的违约责任,属于合同之诉,不属于《公司法》第151条规定的股东代表诉讼。其次,《公司法》第3条规定,公司是企业法人,有独立的法人财产,享有法人财产权。公司以其全部财产对公司的债务承担责任。在本案中,宏宇公司作为有民事行为能力的独立法人,与其他民事主体发生权利义务关系,并以其法人财产对外独立承担民事责任,均属于其独立从事生产经营活动的民事权利范围。根据合同相对性原则,宏宇公司与合同相对方万达公司之间就合同履行发生的争议,应由合同的双方当事人宏宇公司与万达公司依照法律法规的规定进行处理。陈某勇作为宏宇公司的股东,可以依照法律及公司章程的规定参与公司治理、监管公司运营,而不是通过股东代表诉讼的方式加以介入。综上所述,陈某勇并非涉案建设工程施工合同关系的当事人,与该合同的履行不具有直接的利害关系,其起诉不符合《民事诉讼法》第119条规定的"原告是与本案有直接利害关系的公民、法人和其他组织"的起诉条件,亦不符合《公司法》第151条第3款规定的"他人侵犯公司合法权益,给公司造成损失的"事由,因此,陈某勇依照《公司法》第151条提起诉讼,作为原告的主体不适格。

二审法院认为,《公司法》第151条规定,董事、高级管理人员有本法第149条规定的情形的,有限责任公司的股东、股份有限公司连续180日以上单独或者合计持有公司1%以上股份的股东,可以书面请求监事会或者不设监事会的有限责任公司的监事向人民法院提起诉讼;监事有本法第149条规定的情形的,前述股东可以书面请求董事会或者不设董事会的有限责任公司的执行董事向人民法院提起诉讼。

监事会、不设监事会的有限责任公司的监事,或者董事会、执行董事收到前款规定的股东书面请求后拒绝提起诉讼,或者自收到请求之日起30日内未提起诉讼,或者情况紧急、不立即提起诉讼将会使公司利益受到难以弥补的损害的,前款规定的股东有权为了公司的利益以自己的名义直接向人民法院提起诉讼。

他人侵犯公司合法权益,给公司造成损失的,本条第1款规定的股东可以依照前两款的规定向人民法院提起诉讼。

在本案中,宏宇公司的公司类型为有限责任公司,陈某勇系其股东。因此,陈某勇在申请宏宇公司主张权利而宏宇公司不主张的情况下,有资格代表宏宇公司提起诉讼。关于股东代表诉讼的诉因范围问题,从条文文义看,上述规定并未排除合同之诉,不能当然认为股东代表诉讼的诉因仅限于侵权之诉。从股东代表诉讼制度的设立目的看，是为了解决对董事、高级管理人员的监督和制约问题，而非处理合同纠纷或侵权责任。同时，股东代表诉讼本就是在公司不起诉的情况下，股东代表公司主张权利，诉讼结果归于公司的诉讼方式，因此原审裁定以公司法人人格独立理论来否认股东代表诉讼，亦有不当。

专业点评

依据《公司法》第151条的规定，股东可以在公司高级管理人员违反忠实、勤勉义务，给公司利益造成损害，而公司又不追究其责任时，为维护公司合法权益，可以代表公司以自己的名义提起诉讼。从一般意义上来说，股东代表之诉的对象是公司高级管理人员的侵权行为。在股东代表诉讼的诉因范围问题上，法院的裁判思路也出现过摇摆。在韩某明与上海航盛实业有限公司计算机软件开发合同纠纷一案中[（2017）最高法民申2472号]，最高人民法院明确，股东不能依据股东代表诉讼之规定以自己的名义提起涉案合同之诉。在（2014）金民二（商）初字第808号案件中，上海市金山区人民法院认为股东代表诉讼是公司内部救济的一种方式，一般是侵权赔偿之诉，基于《合同法》规定的违约情形，显然原告是以股东代表诉讼之名而提起合同违约之诉，并不符合《公司法》关于股东代表诉讼的规定。笔者认为，上述法院的裁定是欠缺合理性的。从诉的理论来看，在股东派生诉讼中，股东实际上是代位公司提起诉讼、主张权利的，其诉权缘于公司的诉权。因此，凡公司在直接诉讼中可以提起的诉求、可以行使的诉权，代位诉讼的股东一般皆可行使。因此，股东派生诉讼的案由也应根据原告所主张的具体案件事实及提出的诉讼请求灵活确定，并不局限于损害赔偿纠纷。在本案中，最高人民法院的裁判又为我们提供了一个新的视角，从股东代表诉讼制度是解决对董事、高级管理人员的监督、制约问题这一设立目的出发，跳出传统诉因理论的框架来论证股东代表诉讼的本质，超越了股东代表诉讼究竟是侵权之诉还是违约之诉的一般讨论，具有典型意义。

法条链接

《公司法》(2013 年)[①]

第一百五十一条　董事、高级管理人员有本法第一百四十九条规定的情形的,有限责任公司的股东、股份有限公司连续一百八十日以上单独或者合计持有公司百分之一以上股份的股东,可以书面请求监事会或者不设监事会的有限责任公司的监事向人民法院提起诉讼;监事有本法第一百四十九条规定的情形的,前述股东可以书面请求董事会或者不设董事会的有限责任公司的执行董事向人民法院提起诉讼。

监事会、不设监事会的有限责任公司的监事,或者董事会、执行董事收到前款规定的股东书面请求后拒绝提起诉讼,或者自收到请求之日起三十日内未提起诉讼,或者情况紧急、不立即提起诉讼将会使公司利益受到难以弥补的损害的,前款规定的股东有权为了公司的利益以自己的名义直接向人民法院提起诉讼。

他人侵犯公司合法权益,给公司造成损失的,本条第一款规定的股东可以依照前两款的规定向人民法院提起诉讼。

九、责任主体的身份认定应坚持实质审查与程序审查相结合

案件名称

烨宸公司诉何某平损害公司利益纠纷案

案号

一审:(2021)苏 0812 民初 5799 号;二审:(2021)苏 08 民终 4901 号

裁判要旨

对于责任主体是否属于公司董事、监事、高级管理人员这一身份的认定,应秉持实质审查与程序审查相结合的原则,在实务中往往更注重实质标准,当出现约定不明或者规定职责与实际不符时,应根据实际职责认定。

---

① 现已修改为《公司法》(2018 年)第 151 条。

案情简介

上诉人(原审原告):烨宸公司

被上诉人(原审被告):何某平

烨宸公司于2010年3月2日注册成立,2016年4月26日法定代表人由何某变更为张某为。烨宸公司目前股东为张某为、何某、周某,持股比例分别为40%、40%、20%。

在(2020)苏08民终947号民事判决书中,法院认定事实部分载明:"何某平被聘为公司财务高级主管。"2014年11月至2017年5月,烨宸公司向何某平支付工资。何某系何某平儿子;穆某芳与何某平系夫妻关系,穆某芳现已去世。何某系洪雅公司的股东,持股40%。

祥瑞公司股东为徐某平、张某龙,两股东系夫妻关系;张某龙与烨宸公司现法定代表人张某为系亲兄弟关系。

2014年9月30日,烨宸公司与洪雅公司签订借款协议,约定洪雅公司向烨宸公司出借500万元,年息15%,借款协议上不仅有两公司盖章,还有张某为、何某签名。为此,何某于2014年9月29日向烨宸公司转账4,309,400元,穆某芳于2014年9月30日向烨宸公司转账691,000元。2015年4月3日,烨宸公司向洪雅公司转账500万元,银行回单载明付款用途为"还款"。同时,该笔还款反映在烨宸公司财务账册的2015年4月3日的资金申请单中,该资金申请单载明:"兹因还款需人民币500万元,请用转账方式付款给洪雅公司。"资金申请单上有张某为、何某签名。2015年4月27日,烨宸公司偿还了500万元借款的利息382,000元。

2016年8月8日,烨宸公司通过建设银行向何某平转账500,000元,银行回单载明用途为"付100万元借款",2016年8月8日,烨宸公司通过农业银行向何某平转账500,000元,银行回单载明用途为"付100万元借款",两次转账合计100万元。立案时,烨宸公司还向一审法院提供了日期为2016年8月8日金额为7808.22元的农业银行电子回单,回单载明7802.22元用途为"付100万元借款利息"。

2013年8月30日,祥瑞公司向何某平妻子穆某芳转账100万元、70万元、30万元,合计200万元。2013年12月13日,穆某芳向烨宸公司转账108.4万元。

何某平与烨宸公司曾因民间借贷纠纷诉至一审法院,即(2017)苏0812民初148号案件,何某平为原告,烨宸公司为被告。烨宸公司不服(2017)苏0812民初148号民事判决上诉至江苏省淮安市中级人民法院,即(2017)苏08民终1607号案件。(2017)苏08民终1607号民事判决后,烨宸公司仍不服,向江苏省高级人民法院提起再审。江苏省高级人民法院作出(2018)苏民申685号民事裁定书,裁定驳回烨宸公司的再审申请。

在(2017)苏0812民初148号案件中,烨宸公司辩称691.6万元应视为何某平向烨宸公司的借款,应从何某平主张的借款中扣除,但何某平不认可烨宸公司观点,不同意一并处理。(2017)苏0812民初148号案件对于691.6万元未予理涉,并告知烨宸公司可另案诉讼。

在(2017)苏08民终1607号民事判决书中,法院认为部分载明,对于691.6万元在本案中应否抵扣问题。一审、二审中烨宸公司均表示该款为何某平借款而非还款,同时何某平对该款项性质持有异议,故上诉人在本案中要求将该691.6万元抵扣借款本息没有依据,上诉人可就该款项另案诉讼。

在(2018)苏民申685号民事裁定书中,法院认为部分载明,关于691.6万元是否应予抵销问题,烨宸公司认为,烨宸公司于2015年4月3日向洪雅公司转账500万元、于2016年8月8日向何某平转账两笔各50万元合计100万元、2013年8月30日祥瑞公司向穆某芳付款100万元,均为何某平向烨宸公司的借款,该款项应当在本案中予以抵扣。法院经审查认为,根据烨宸公司提供的转账凭证等证据,烨宸公司所主张抵销的款项中,除转给何某平的100万元外,其余款项均涉及案外人,且转账凭证中载明的款项用途为还款或货款,何某平亦不同意抵销,在此情形下,一审、二审法院对此未予审理,并告知当事人另行解决,并无不当。

诉讼过程

因认为何某平损害公司利益,烨宸公司以损害公司利益责任纠纷诉何某平至江苏省淮安市清江浦区人民法院,请求判令何某平赔偿烨宸公司损失691.6万元,江苏省淮安市清江浦区人民法院一审判决驳回原告诉讼请求。后烨宸公司不服,向江苏省淮安市中级人民法院提起上诉,被判决驳回上诉,维持原判。

裁判结果

一审判决:驳回原告烨宸公司对被告何某平的诉讼请求。

二审判决:驳回上诉,维持原判。

主要争点

原告烨宸公司一审提出诉讼请求:要求被告何某平赔偿原告烨宸公司损失691.6万元。事实和理由:自2010年3月起,何某平在烨宸公司担任财务高级主管期间,利用其与烨宸公司之间存在借贷往来，擅自安排财务人员将烨宸公司691.6万元转入其本人、关联公司、亲属银行卡中。但在双方的民间借贷纠纷案件，即(2017)苏0812民初148号案件中，何某平拒绝将该部分款项进行抵扣。何某平的上述行为直接导致烨宸公司的财产损失。依据《公司法》第147条、第148条、第149条的规定，何某平应向烨宸公司承担赔偿责任。关于691.6万元构成：(1)2015年4月3日，烨宸公司通过洪雅公司转账500万元。何某平儿子何某系洪雅公司股东。(2)2016年8月30日，烨宸公司通过建设银行、农业银行分别向何某平转账50万元，合计100万元。(3)2013年8月30日，烨宸公司委托祥瑞公司向何某平妻子穆某芳转账200万元，扣除穆某芳于2013年12月13日向烨宸公司转入的108.4万元，为91.6万元。

被告何某平辩称：(1)何某平不具备损害烨宸公司利益的职位和权力，烨宸公司起诉何某平，主体不适格。根据《公司法》的规定，损害公司利益责任纠纷一般是指公司股东未按照法律法规或公司章程规定滥用股东权利给公司造成损失，或是公司董事、监事、高级管理人员违反法定义务利用职权损害公司利益而引起的纠纷。损害公司的主体限定在公司股东、担任公司重要职位的董事、监事、高级管理人员。而何某平既非烨宸公司的股东，亦非烨宸公司的董事、监事或者高级管理人员。(2)何某平并未实施对烨宸公司利益造成损失的侵权行为。何某平并非烨宸公司股东，也未在烨宸公司担任重要管理职位，无法接触到烨宸公司内部经营交易信息，当然也无法操纵和安排烨宸公司员工对烨宸公司进行所谓的侵权行为。(3)烨宸公司主张的691.6万元中有591.6万元是其与其他主体的经济往来，与何某平无关。烨宸公司所举证据中备注多为烨宸公司的还款或是支付借款利息。烨宸公司借款、履行还款义务，是合法合理的，不存在侵害公司利益之说。烨宸公司称公司损失是因何某平在与烨宸公司民间借贷中不愿意抵扣，这一说法不成立。何某平不愿意抵扣是因为烨宸公司希望抵扣的款项与双方民间借贷案件无关，这些事实已在民间借贷案件中审理查明。烨宸公司对借款时获得利益避而不谈，还款时却说公司受到损失，将还款责任推卸给何某平，引发一系列诉累。(4)烨宸公司主张的691.6万元中有100万元虽系原被告之间往来，但这100万元是烨宸公司向何某平借款后的还款，在原告烨宸公司立案时提供的银行凭证中可以看出，烨宸公司不仅向何某平偿还100万元借款本金，还支付了100万元借款利息7808.22元。(5)烨宸公司提供的所谓证据均是之前原被告双方民间借贷案件中强行拼凑而来，烨宸公司立案时提供的银行凭据金额合计709.18万元，与其主张的691.6万元并不吻合。综上所述，请求驳回烨宸公司对何某平的诉讼请求。

烨宸公司上诉请求：撤销一审判决，依法改判支持上诉人诉讼请求或发回重审。

事实和理由:(1)一审判决认定,“烨宸公司于2014年9月30日向洪雅公司借款500万元,2015年4月3日烨宸公司向洪雅公司转账还该500万元借款”的事实错误。为了解决烨宸公司资金使用合规问题,2014年3月27日,通达公司(法定代表人张某为)向江苏银行贷款1000万元,后转账至四川省峨眉山市金成炉料有限公司长顺分公司(法定代表人何某,以下简称金成公司)。2014年3月27日和3月31日金成公司分别向祥瑞公司回款350万元和150万元,余款500万元通达公司委托金成公司转入烨宸公司。但实际上,何某未通过金成公司将余款500万元转入烨宸公司,而是在2014年9月29日通过其本人账户向烨宸公司存入4,309,400元、穆某芳(何某母亲、何某平配偶)向烨宸公司存入691,000元,合计5,000,400元。2014年9月30日,借款协议涉及的500万元实质系通达公司出借给烨宸公司的500万元,但何某(此期间为烨宸公司法定代表人)、何某平(此期间为烨宸公司高级财务主管)利用控制公司财务及其家族控制的洪雅公司与烨宸公司存在巨额资金往来的便利条件,将该500万元作为洪雅公司向烨宸公司的借款,利用公司小股东张某为对公司财务不熟悉的情况骗取其在借条上签字。烨宸公司2015年7月31日48号记账凭证及附件亦能证明该事实。在该记账凭证2015年5月5日调账说明中,洪雅公司与通达公司、烨宸公司明确确认,将2014年9月29日洪雅公司借给烨宸公司的500万元借款,调整为烨宸公司向通达公司借款。该调账能够说明,2014年9月29日,何某及其母亲向烨宸公司汇入的500万元,是通达公司向烨宸公司出借的500万元。(2)一审认定,2016年8月8日烨宸公司向何某平转账100万元系用于归还借款,认定事实错误。烨宸公司涉及该100万元的2016年8月11日2号记账凭证及附件显示,2016年8月8日烨宸公司分别向何某平转账的50万元,50万元、7808.22元的记账凭证记载的摘要分别是偿还洪雅公司借款及往来款,但记账凭证中并没有任何证明烨宸公司欠付洪雅公司借款及往来的证据(事实是洪雅公司至今欠付烨宸公司大量款项)。即使烨宸公司欠付洪雅公司该部分款项,该部分款项也应当直接支付给洪雅公司。在没有洪雅公司任何授权材料的情形下,直接转账给何某平,明显不符合财务规则,且款项支出没有烨宸公司任何负责人签字同意支出的手续,明显存在虚假情形。同时,何某平未举证与烨宸公司在总额1亿零8万元借款外还存在该100万元借款。在(2017)苏08民终1607号案件中,陈述100万元的转账也并非为偿还借款。在上诉人与被上诉人涉案1亿零8万元的借款诉讼中,何某平陈述本案争议100万元是烨宸公司向何某平支付的担保费用,并未陈述曾经向烨宸公司出借过该100万元。因此,该部分款项明显是何某平利用担任烨宸公司财务高级主管的便利条件,恶意侵占烨宸公司资产的行为。(3)一审未认定91.6万元损失属认定事实错误。何某平与烨宸公司原法定代表人何某系父子关系,且向烨宸公司出借了大量资金。何某平从2010年烨宸公司成立开始,即担任烨宸公司的财务高级主管。烨宸公司成立初期,因公司无经营收入及何某平个人原因,2014年11月之前其未正式领取工资,但公司重大事项均需其签字确认。同时,2013年8月祥瑞公司根据烨宸公司的委托向穆某芳(何某平配偶)付款200万时,何某平与烨宸公司之间已经发生资金往来。而祥瑞公司从未与穆某芳发生货物买卖行为,无须向其支付货款。烨宸公司因与何某平之间有资金往来,何某平需要使用资金时,烨宸公司无力提供故委托祥瑞公司转款,后何某平以穆某芳的名义向烨宸公司回款108.4万元,亦能说明该部分款项并非货款。何某平以洪雅公司向烨宸公司支付借款,以他人名义订立借款协议,再通过债权转让的方式将借款转至何某平名下,91.6万元实际为何某平与烨宸公司之间的资金往来。

综上所述,本案争议焦点为:被上诉人是否存在损害上诉人公司利益的行为,如果存在,应当承担的损失赔偿数额为多少。

裁判说理

一审法院认为,(1)关于500万元:烨宸公司提供的2014年9月30日的其与洪雅公司签订的借款协议、2014年9月29日、9月30日的转账凭证、2015年4月烨宸公司财务账册中的还款资金申请单形成完整证据链,能够证明烨宸公司于2014年9月30日向洪雅公司借款500万元,于2015年4月3日向洪雅公司转账偿还500万元借款。故而,烨宸公司认为其于2015年4月3日向洪雅公司转账500万元是何某平作为财务主管挪用烨宸公司资金行为的观点不成立。(2)关于100万元:2016年8月8日,烨宸公司通过建设银行向何某平转账50万元,通过农业银行向何某平转账50万元,银行凭证均载明用途为“付100万借款”。烨宸公司立案时,向本院提供的日期为2016年8月8日金额为7808.22元的农业银行电子回单载明7802.22元的用途为“付100万元借款利息”。据此,何某平辩称其曾向烨宸公司出借100万元,烨宸公司于2016年8月8日向何某平转账偿还100万元借款本金及利息7808.22元。烨宸公司对何某平这一辩称表示认可,法院予以确认。故而,该笔款项也不存在何某平损害烨宸公司利益之说。尽管烨宸公司后来又改变说法,但未举证证明,法院对烨宸公司随意变更陈述的行为不予认可。(3)关于916,000元:《公司法》第147条、第148条、第149条规定的义务及责任主体均为董事、监事、高级管理人员。庭审中,原告烨宸公司提供其向被告何某平支付工资的银行凭证,仅能证明被告何某平自2014年11月至2017年5月担任烨宸公司财务主管。而祥瑞公司向穆某芳转账100万元、70万元、30万元(合计200万元)以及穆某芳向祥瑞公司转账108.4万元发生在2013年8月30日以及2013年12月13日。首先,烨宸公司无证据证明此时何某平是烨宸公司财务主管,且何某平也非烨宸公司股东、董事、监事,可见何某平不具备相应职位、权力可以转移烨宸公司款项,无法实施损害烨宸公司利益的行为。其次,200万元并非从烨宸公司转出,而是从祥瑞公司转出,何某平在祥瑞公司并未担任任何职务,亦非祥瑞公司股东。最后,祥瑞公司的股东张某龙与烨宸公司股东、现任法定代表人张某为系亲兄弟关系,何某平也无法操纵祥瑞公司向穆某芳转账200万元。况且,祥瑞公司向穆某芳转账的银行凭证上注明款项用途为"货款"。可见,烨宸公司认为何某平违反公司法规定损害烨宸公司利益的说法不成立。(4)关于烨宸公司辩称,上述691.6万元何某平拒绝在(2017)苏0812民初148号案件中抵扣,直接导致烨宸公司财产损失。法院认为,(2017)苏08民终1607号案件、(2018)苏民申685号案件对此均作出了明确判决,即不予抵扣并无不当,故烨宸公司这一辩称显然不成立。

二审法院认为,《公司法》第147条规定,董事、监事、高级管理人员应当遵守法律、行政法规和公司章程,对公司负有忠实义务和勤勉义务。董事、监事、高级管理人员不得利用职权收受贿赂或者其他非法收入,不得侵占公司的财产。第148条规定:"董事、高级管理人员不得有下列行为:(一)挪用公司资金;(二)将公司资金以其个人名义或者以其他个人名义开立账户存储;(三)违反公司章程的规定,未经股东会、股东大会或者董事会同意,将公司资金借贷给他人或者以公司财产为他人提供担保;(四)违反公司章程的规定或者未经股东会、股东大会同意,与本公司订立合同或者进行交易;……董事、高级管理人员违反前款规定所得的收入应当归公司所有。"第149条规定,董事、监事、高级管理人员执行公司职务时违反法律、行政法规或者公司章程的规定,给公司造成损失的,应当承担赔偿责任。

在本案中,关于500万元款项,2014年9月30日上诉人与洪雅公司签订的借款协议表明,2015年4月3日上诉人向洪雅公司转账500万元,银行回单明确注明付款用途为"还款",在上诉人2015年4月3日还款500万元资金申请单中上亦有张某为、何某签名。可以认定,上述500万元借款、还款行为得到上诉人当时两名股东的确认。上诉人主张,500万元应当是通达公司委托何某的金成公司将该款项转入上诉人,但何某及被上诉人并未直接转给上诉人,而是以洪雅公司的名义与上诉人建立500万元的借款协议。因上述交易主体并不能反映与被上诉人有关,或者受被上诉人所控制,且上诉人提供的调账说明形成于500万元还款之后,在调账说明中亦显示烨宸公司向洪雅公司借款上述500万元的内容,均不能证明被上诉人在明知债权人为通达公司的情况下仍然实施上述行为,故上诉人该主张不能成立。

关于2016年8月8日两笔50万元合计100万元的转账记录,被上诉人主张已经包含在2016年9月2日被上诉人与上诉人法定代表人张某为之间确认的《对账单及抵账办法》中确认的1亿零8万元款项中,而上诉人对此不予认可。法院认为,2016年9月2日《对账单及抵账办法》系形成在后,上诉人主张上述100万元并不包含在1亿零8万元对账金额中,上诉人负有举证责任,而上诉人并未能提供相反的证据。且在前案中,上诉人主张100万元为被上诉人向上诉人的借款,要求抵销,而本案中又主张被上诉人利用担任上诉人财务高级主管的便利条件,恶意侵占上诉人资产的行为,前后主张相矛盾,亦无证据印证,故对其该主张亦不支持。

关于91.6万元,200万元转账及108.4万元转账均发生于2013年,并无证据证明此时被上诉人在上诉人公司担任职务,被上诉人不具备实施侵害上诉人利益的条件。且200万元转账发生在祥瑞公司与穆某芳之间,108.4万元转账发生在穆某芳与上诉人之间,涉及案外人,并无证据显示祥瑞公司与被上诉人有关,祥瑞公司向穆某芳转账的银行凭证上注明款项用途为“货款”。综上所述,现有证据均不能证明被上诉人存在利用其职务身份实施损害上诉人公司利益的行为。

专业点评

损害公司利益的义务及责任主体均为股东、董事、监事、高级管理人员,如被告主体身份不符合上述条件,则其不构成本案由的适格被告。对于责任主体身份的认定,法院应秉持实质审查与程序审查相结合的原则,但实务中往往更注重实质标准。是否属于公司董事、监事、高级管理人员,当出现约定不明或者规定职责与实际不符时,应根据实际职责认定,不能仅以聘书或工商登记为唯一判断依据。从公司规范运营角度看,公司应着力完善自身制度、加强内部管理,应抓好制度的制定和落实工作,对于公司人员股东、董事、监事、高级管理人员的构成、任免程序及职责权限均以制度形式予以明确,并及时将相关内容更新至章程。实务中,法院对于责任主体资格认定的一个重要标准系该主体的实际职务,并非所有处于管理岗位并享有管理职权的人都会被认定为高级管理人员,还要看其是否符合法律或章程规定的高级管理人员身份。损害公司利益的股东往往是控股股东或大股东，其存在损害公司利益的便利条件，股东也通常作为此类案件的适格被告。实际控制人，是指非公司股东，但能通过投资关系、协议或其他安排实际支配公司行为的人。实际控制人的常见身份为隐名股东，既可以是自然人，也可以是法人。实务中，对于某一主体是否构成实际控制人，法院会结合公司的工商登记信息、股权结构、主要人员等信息，公司章程、决议、日常合同、财务会计账簿、上市公司的信息披露文件等书面证据，以及证人证言等进行综合判断。

法条链接

《公司法》(2018 年)

第一百四十七条　董事、监事、高级管理人员应当遵守法律、行政法规和公司章程，对公司负有忠实义务和勤勉义务。

董事、监事、高级管理人员不得利用职权收受贿赂或者其他非法收入，不得侵占公司的财产。

第一百四十八条　董事、高级管理人员不得有下列行为：

(一)挪用公司资金；

(二)将公司资金以其个人名义或者以其他个人名义开立账户存储；

(三)违反公司章程的规定，未经股东会、股东大会或者董事会同意，将公司资金借贷给他人或者以公司财产为他人提供担保；

(四)违反公司章程的规定或者未经股东会、股东大会同意，与本公司订立合同或者进行交易；

(五)未经股东会或者股东大会同意，利用职务便利为自己或者他人谋取属于公司的商业机会，自营或者为他人经营与所任职公司同类的业务；

(六)接受他人与公司交易的佣金归为己有；

(七)擅自披露公司秘密；

(八)违反对公司忠实义务的其他行为。

董事、高级管理人员违反前款规定所得的收入应当归公司所有。

第一百四十九条　董事、监事、高级管理人员执行公司职务时违反法律、行政法规或者公司章程的规定，给公司造成损失的，应当承担赔偿责任。

第二篇

损害股东利益责任纠纷

导 语

损害股东利益责任纠纷,是指公司董事、高级管理人员违反法律、行政法规或者公司章程的规定,损害股东利益,应当对股东承担损害责任而与股东发生的纠纷。因董事、高级管理人员违反法律、行政法规或公司章程的规定所为的行为直接指向的利益主体可能是公司,但该种案由的侵害对象并非公司,而是股东,只要间接地指向股东利益,即可由股东提起损害股东利益纠纷。损害股东利益责任纠纷是司法实践中常见的公司纠纷类型。股东以自己利益受到损害为由提起诉讼的,需要注意区分股东利益受损与公司利益受损两种情形。若因公司利益受损而使得股东间接遭受损失,原则上应由公司作为原告提起损害公司利益责任纠纷之诉;仅当公司无法启动诉讼程序时,股东才可提起股东代表诉讼;只有当股东利益直接遭受损害的情形,股东才能以自己的名义提起损害股东利益责任纠纷之诉。

当股东利益遭受直接侵害时,如何确定损害股东利益责任纠纷之诉的请求权基础,是诉讼中的一个难点。而确定请求权基础的前提,在于确定请求权相对人。一是以公司董事、高级管理人员作为请求权相对人。在人民法院出版社编著的《最高人民法院民事案件案由适用要点与请求权规范指引》中,对于"损害股东利益责任纠纷"的请求权基础规范指向的是《公司法》第 152 条:"董事、高级管理人员违反法律、行政法规或者公司章程的规定,损害股东利益的,股东可以向人民法院提起诉讼。"(1)实践中,有不少法院在裁判时也认为,这类纠纷仅适用公司董事、高级管理人员损害股东利益的情形。(2)在现代公司法实行两权分离(所有权与经营权)制度的前提下,如果董事、高级管理人员不履行忠实、勤勉义务直接侵害股东利益,法律允许股东为保护自己利益而直接对董事、高级管理人员提起诉讼,这是《公司法》第 152 条的理论基础。二是以其他股东作为请求权相对人。实践中,除了公司董事、高级管理人员,其他股东也可能成为损害股东利益责任纠纷的请求权相对人,此时,无法以《公司法》第 152 条作为这一诉讼的请求权基础。对此,可以考虑《公司法》第 20 条第 2 款的规定:"公司股东滥用股东权利给公司或者其他股东造成损失的,应当依法承担赔偿责任。"《〈中华人民共和国公司法〉释义》①对《公司法》第 20

① 参见邹国升:《〈中华人民共和国公司法〉释义》,中国大百科全书出版社 2005 年版,第 84 ~ 85 页。

条第 2 款进行解释时,提到的几种股东滥用权利情形都是直接损害公司利益,间接损害股东利益,如股东在该回避表决时不回避且强行表决、以窃取公司商业秘密为目的的查账、控股股东不经决议程序擅自处分公司重大资产等。而根据前文的论述,在股东利益间接受损的情形,股东不得直接提起诉讼。因此,在以本条款作为请求权基础时,应限于股东利益直接受损的情形。从请求权基础的角度上看,该条款并没有包含完整的构成要件。从请求权的性质上看,应将其界定为侵权损害赔偿请求权。原告股东须证明自己的权利受到侵害,并因此遭受损失。此外,从性质上看,该条款作为保护性法律,其他股东滥用股东权利的,违反这一保护性法律,也能产生侵权损害赔偿请求权。因此,该诉也应适用《侵权责任法》的相关规定及规则。例如,适用侵权请求权的诉讼时效,即权利人可自知道或应当知道权益被侵害之日起 3 年内提起诉讼。

在损害股东利益责任纠纷之诉中,原告首先需要选定其依据的请求权基础规范,是以《公司法》第 152 条的规定为依据还是以第 20 条的规定为依据。选定具体的请求权基础之后,原告需要以该条文为依据,并结合侵权责任法构成要件的相关规定,分析构成要件并举证证明。原告如果以《公司法》第 152 条的规定为请求权规范基础,则需证明公司董事或高级管理人员有违反法律、行政法规或者公司章程规定的行为(主要依据为《公司法》第 148 条的规定及公司章程规定),且主观有过错,并导致股东利益直接受损。被请求人过错与损失之间具有法律上因果关系等,如果是以《公司法》第 20 条的规定为请求权规范基础,则需证明股东有滥用股东权利的行为,并且该行为对其他股东直接造成损失。

一、股东会决议按股东人头平均分配巨额补偿金属于变相分红,因分红不按出资比例被确认无效

案件名称

谢某、刘某祥诉兴达公司损害股东利益责任纠纷案①

案号

一审:(2013)包民二初字第 01184 号;二审:(2014)合民二终字第 00036 号

① 参见安徽省高级人民法院第二批参考性案例 11 号。

裁判要旨

股东会决议效力的审查，一方面是程序的合法性审查，另一方面是决议内容的合法性审查。公司股东会决议以补偿金名义对股东发放巨额款项，但公司并无实际补偿事由，且无法明确款项来源的情形下，此类补偿金不符合《公司法》的分红程序，也超出福利的一般数额标准，属于变相分配公司资产，有可能影响债权人的利益，对该股东会决议应依法认定为无效。

案情简介

上诉人（原审原告）：谢某

上诉人（原审原告）：刘某祥

被上诉人（原审被告）：兴达公司

兴达公司是改制企业，成立于2004年6月23日，注册资本为273.98万元，有25名自然人股东，法定代表人为鲍某群。谢某、刘某祥系该公司的股东，分别持有兴达公司14.54%和13.38%的股权。

在本案之前，谢某、刘某祥因认为公司法定代表人及其他一些管理人员侵害公司及其他股东的利益，双方发生纠纷及诉讼。在此前的诉讼过程中，谢某、刘某祥提出由兴达公司给谢某、刘某祥各发放40万元赔偿或补偿款的调解方案。兴达公司决定为此召开股东会议。2012年10月10日，兴达公司办公室短信通知谢某、刘某祥，兴达公司定于2012年10月12日下午5点召开股东会会议。谢某、刘某祥接到通知后，以程序违法为由，反对召开股东会会议。2012年10月12日，股东会如期召开，包括谢某、刘某祥在内的兴达公司的全体股东均到会。股东会以占股权67.92%的表决权通过股东会决议，决议内容为兴达公司给每位股东发放补偿款40万元。

谢某、刘某祥及另一位股东邢某国在上述股东会决议上签字表示不同意，后兴达公司通过转账方式向每位股东支付40万元。谢某、刘某祥起诉兴达公司，请求安徽省合肥市包河区人民法院确认2012年10月12日兴达公司作出的公司股东会决议（决议内容为公司给予每位股东发放补偿款40万元）无效。

诉讼过程

2013年7月19日，因对“补偿款”性质认定产生争议，谢某、刘某祥以损害股东利益责任纠纷诉兴达公司至安徽省合肥市包河区人民法院，请求判令确认2012年10月12日兴达公司作出的公司股东会决议无效，安徽省合肥市包河区人民法院一审判决驳回原告诉讼请求。后谢某、刘某祥不服，向安徽省合肥市中级人民法院提起上诉，被判决支持上诉请求。

裁判结果

一审判决：驳回谢某、刘某祥的诉讼请求。

二审判决：(1)撤销一审判决；(2)确认兴达公司于2012年10月12日作出的同意给予每位股东发放补偿款40万元的股东会决议无效。

主要争点

诉讼中，谢某、刘某祥认为，兴达公司发放的40万元是分红款。兴达公司认为，40万元不是分红款，是补偿款，补偿款与分红款不同，是一种福利。

谢某、刘某祥上诉认为：(1)原审判决将股东会决议中的补偿款40万元认定为员工福利性质是不能成立的。股东会决议分配资金总额达到1000万元，远远大于兴达公司的注册资本。如果兴达公司经营亏损，全体股东无权分配公司资产；如果公司经营良好，有可供全体股东分配的利润，该资产应当认定为红利。兴达公司在作出该股东会决议的同时还作出了解散公司的决议，兴达公司在为每位股东发放福利的同时却将兴达公司一并解散，将补偿款定性为福利性质不符合常理。从决议的内容看，分发补偿款的对象也只是兴达公司的股东。原审判决将补偿款认定为员工福利款的定性不顾客观事实，不能成立。(2)原审法院认为，《公司法》及兴达公司的章程均规定了公司有权发放福利，章程未规定发放福利的上限和下限，在每年按出资比例给股东分配利润之外，经股东大会以超2/3表决权通过决议给每位股东发放补偿费40万元的性质为员工福利，属于公司自治范畴，司法不宜主动干涉，属于法律适用错误，且逻辑推理也让人无法理解和信服。首先，原审法院没有查明兴达公司是否存在员工福利制度以及福利制度形式，兴达公司也未提供任何公司福利制度的证据。其次，按照原审法院的逻辑，公司在章程未规定发放福利的上限和下限，在每年按出资比例给股东分配利润后，便可经股东大会超过2/3表决权通过任何内容的福利发放决议，不用理会1/3表决权其他股东的意见。兴达公司的行为违反《公司法》的规定，也直接侵害了部分股东的合法权益。(3)兴达公司应当按出资比例分配利润，不经全体股东一致同意，在公司章程又无特别规定的情况下，为每位股东发补偿款40万元的行为直接侵害了部分股东的合法权益。谢某、刘某祥及另一股东邢某国都在决议上签字表示不同意，该决议没有得到全体股东的一致同意。根据《公司法》的规定，股东按照实缴的出资比例分取红利，但是，全体股东约定不按照出资比例分取红利或者不按照出资比例优先认缴出资的除外。《公司法》同时规定，公司弥补亏损和提取公积金后所余税后利润，有限责任公司依照本法第 35 条的规定分配；股东会、股东大会或者董事会违反前款规定，在公司弥补亏损和提取法定公积金之前向股东分配利润的，股东必须将违反规定分配的利润退还公司。股东会决议给予每位股东发补偿款 40 万元，实际上是平均分配利润，谢某、刘某祥及其他股东签字表示反对时，该决议应当不具有法律效力。即使作为补偿款名义发放，没有得到全体股东的一致同意，也是违反《公司法》规定的行为，也不能产生法律效力。综上所述，请求二审法院撤销原审判决，改判支持谢某、刘某祥的原审诉讼请求。

兴达公司答辩称：(1)兴达公司分发 40 万元补偿款不是进行利润分红。该决议表决的提起及内容均未涉及利润分红，而是兴达公司对股东多年辛苦经营公司的补偿。(2)40 万元补偿款的决议内容不违反公司法的任何规定。在本案中，补偿款是公司的一种福利，《公司法》没有禁止公司对公司股东或职工发放福利。本次福利发放对象均具有兴达公司股东和职工的双重身份。《公司法》没有任何条款禁止公司分发补偿款，也没有任何条款给公司分发福利设定上限，同时，兴达公司的公司章程对此也没有任何限制。(3)40 万元补偿款的决议不影响公司正常经营及降低公司的偿债能力。兴达公司在分发 40 万元补偿款后，公司账户资金充裕，经营周转良好，各项资产及现金远远大于注册资本的数额，财务状况未出现任何问题，不存在可能侵害公司债权人利益的行为。此外，兴达公司对外没有负债。综上所述，本案的股东会决议不违反《公司法》及公司章程的规定，应合法有效。请求二审法院驳回上诉，维持原判。

综上所述，本案争议焦点为：兴达公司分发 40 万元的性质。

裁判说理

一审法院认为，兴达公司每年按出资比例给股东分配利润，在分红之外，经股东大会以超 2/3 表决权通过决议给每位股东发放补偿费 40 万元，补偿费应定性为福利性质，不应认定为分红款。《公司法》与兴达公司章程均规定了公司有权发放福利，公司章程也未规定发放福利的上限与下限，公司发放福利属于公司自治权范畴，司法权不宜主动干涉。兴达公司虽未在 15 日前通知全体股东，但系按照以往惯例操作通知，且该通知方式并未影响全体股东到会行使实体权利，可视为对通知方式的认可。

二审法院认为，兴达公司于 2012 年 10 月 12 日作出同意给予每位股东发放补偿款40万元整的股东会决议，谢某、刘某祥为兴达公司的股东，与案涉股东会决议内容有直接利害关系，有权提起公司决议效力确认之诉，请求法院确认该决议无效。案涉股东会决议分配的款项是兴达公司在未按照《公司法》规定进行补亏以及留存相应比例公积金的情况下作出的分配，亦未按照出资比例分配，而是对每位股东平均分配，也与兴达公司所称的福利不符。兴达公司的行为贬损了公司的资产，使公司资产不正当流失，损害了部分股东的利益，亦有可能影响债权人的利益。案涉股东会决议是公司股东滥用股东权利形成的，违反了《公司法》的强制性规定，应为无效。

专业点评

我国《公司法》第41条第1款规定了有限公司召开股东会会议的通知时间为会议召开15日前，同时，允许公司章程或者全体股东另行约定。但对于公司章程（或全体股东）约定是否可以缩短法定的通知时间或者规定更长的通知时间却没有明确。如果通知时间过短，将不利于股东充分准备出席会议；而过长的通知时间则容易导致股东遗忘而错过开会时间，不利于股东行使权利。然而，通知时间的瑕疵并不一定必然导致决议程序因存在瑕疵而可撤销，在法院的审判实践中，对于按通知参加了股东会并进行了表决，视为通知股东召开股东会的程序符合法定及约定的条件。在本案中，兴达公司召开股东会，未在15日前通知全体股东，在程序上存在瑕疵。但兴达公司系按以往惯例操作通知，且该通知方式并未影响本案股东会议中全体股东到会行使实体权利，可视为对通知方式的认可。本案所涉及的另一个重要问题是公司司法的干预尺度问题。原则上，司法在公司治理面前应保持谦抑性原则，充分尊重公司的独立人格，尊重公司治理的自由。因此，股东会决议以有效为原则，只有违反法律法规的决议才可能被认定无效。在本案中，公司发放福利属于公司自治权范畴，司法权原则上不宜主动干涉，应当说，一审法院是充分尊重了公司治理的自由独立。但二审法院认为，案涉股东会决议是公司股东滥用股东权利形成，决议内容损害公司、公司其他股东等人的利益，违反了《公司法》的强制性规定，应为无效。公司法人自治是基本原则,同时公司体现的是资合的特性。所以,对于利润分配和风险承担通常都是按照出资比例,除非全体股东另有约定,公司法人自治并不是部分股东滥用权利侵害另一部分股东合法权益的借口。《公司法》第34条规定,股东按照实缴的出资比例分取红利,但全体股东约定不按照出资比例分取红利或者不按照出资比例优先认缴出资的除外。在本案中,在全体股东未达成约定的情况下,不按照出资比例分配而是对每位股东平均分配的决议内容违反了上述规定,因此,该决议显然违背了公司法中的分红规定。从分配对象与内容看,其实质上是为股东谋取利益,变相分配公司利益的行为。该行为贬损了公司的资产,使公司资产不正当流失,损害了部分股东的利益,可能影响债权人的利益。

法条链接

《公司法》(2005年)①

第二十条　公司股东应当遵守法律、行政法规和公司章程,依法行使股东权利,不得滥用股东权利损害公司或者其他股东的利益;不得滥用公司法人独立地位和股东有限责任损害公司债权人的利益。

公司股东滥用股东权利给公司或者其他股东造成损失的,应当依法承担赔偿责任。

公司股东滥用公司法人独立地位和股东有限责任,逃避债务,严重损害公司债权人利益的,应当对公司债务承担连带责任。

第三十五条　股东按照实缴的出资比例分取红利;公司新增资本时,股东有权优先按照实缴的出资比例认缴出资。但是,全体股东约定不按照出资比例分取红利或者不按照出资比例优先认缴出资的除外。

第一百六十七条　公司分配当年税后利润时,应当提取利润的百分之十列入公司法定公积金。公司法定公积金累计额为公司注册资本的百分之五十以上的,可以不再提取。

公司的法定公积金不足以弥补以前年度亏损的,在依照前款规定提取法定公积金之前,应当先用当年利润弥补亏损。

---

① 现已修改为《公司法》(2018年)第20条、第34条、第166条。

公司从税后利润中提取法定公积金后,经股东会或者股东大会决议,还可以从税后利润中提取任意公积金。公司弥补亏损和提取公积金后所余税后利润,有限责任公司依照本法第三十五条的规定分配;股份有限公司按照股东持有的股份比例分配,但股份有限公司章程规定不按持股比例分配的除外。

股东会、股东大会或者董事会违反前款规定,在公司弥补亏损和提取法定公积金之前向股东分配利润的,股东必须将违反规定分配的利润退还公司。公司持有的本公司股份不得分配利润。

二、公司与法人股东的董事长同一并不必然导致公司人格混同的司法认定

案件名称

海钢集团诉中冶公司损害股东利益责任纠纷上诉案

案号

一审:(2012)琼民二初字第1号;二审:最高人民法院(2013)民二终字第43号;再审:(2014)民申字第1116号

裁判要旨

"双重职务身份"并不被我国《公司法》及相关法律法规所禁止,在没有证据证明公司与其股东之间存在利益输送的情况下,公司与其法人股东的董事长为同一人并不必然导致两公司的人格混同。

案情简介

申请再审人(一审原告、二审上诉人):海钢集团

被申请人(一审被告、二审上诉人):中冶公司

原审第三人:三亚度假村有限公司

海南钢铁公司(2009年2月27日更名为海钢集团)与中冶公司于1996年9月在海南省三亚市注册成立三亚度假村有限公司(以下简称度假村公司),注册资本6601.9万元。其中,中冶公司出资3961.14万元,占总出资比例的60%,海钢公司出资2640.76万元,占总出资比例的40%。2002年11月,度假村公司进行增资扩股,

扩股后度假村公司的总股本为16,291.89万元,其中,中冶公司出资8097.13万元,占总出资比例的49.70%;海钢公司出资5424.76万元,占总出资比例的33.30%;中海石油化学有限公司(以下简称石化公司)出资1500万元,占总出资比例的9.21%;中国人福新技术有限公司(以下简称人福公司)出资640万元,占总出资比例的3.93%;原海南省三亚市人口与计划生育局(以下简称原三亚市计生局)出资250万元,占总出资比例的1.53%;三亚湾园林花木有限公司(以下简称园林公司)出资380万元,占总出资比例的2.33%。2006年2月,石化公司将其持有的9.21%的股权无偿划转给中海石油投资控股有限公司。

2006年11月9日,度假村公司董事会向各股东致函,要求各股东针对度假村公司与三亚海韵实业发展有限公司(以下简称海韵公司)的合作开发事项进行表决,并将表决结果于2006年11月15日前发送至董事会指定的传真号或邮箱。度假村公司的6家股东除人福公司弃权未表决外,其余5家股东均向度假村公司董事会送达了表决意见。其中,中冶公司、石化公司、园林公司投赞成票,以上3家股东共持有61.24%的股份;海钢公司、原三亚市计生局投反对票,以上2家股东共持有34.83%的股份。根据这一表决结果,形成了《三亚度假村有限公司股东会决议》,通过了度假村公司和海韵公司的合作开发方案。该决议落款为"三亚度假村有限公司董事会,董事长邹某",并加盖度假村公司公章。

2006年11月28日,度假村公司与海韵公司签订《三亚度假村合作开发协议》及《备忘录》,双方又于2007年5月12日签订《补充协议(一)》《补充协议(二)》及第二份《备忘录》。以上协议约定,度假村公司将其70亩(46,667平方米)土地及地上建筑物的所有权和开发权交给海韵公司,作价8033万元;海韵公司向度假村公司支付7181万元用于度假村公司在另一块23.9亩(15,933平方米)土地上建造约12,000平方米的四星级酒店;海韵公司为度假村公司职工解决2130平方米的职工宿舍,按每平方米4000元的价格计算,以及将1350万元用于职工房改安置补偿款一次性付给度假村公司,由度假村公司分别付给职工个人。海韵公司按此约定应向度假村公司支付共计9383万元。双方还约定,如有一方违约,除应赔偿给对方造成的损失外,还应向对方支付违约金1000万元。其后,度假村公司和海韵公司前期合作相互配合,海韵公司将职工宿舍建成(但尚未交付使用)并支付度假村公司职工补偿款1350万元,为度假村公司兴建的四星级酒店支付工程款4111.926614万元。但从2008年3月开始,双方因度假村公司应过户给海韵公司的70亩(46,667平方米)土地是否符合土地转让条件,能否办理项目变更手续等问题产生分歧,于2008年6月和8月分别提起诉讼。其后,对于度假村公司提起的(2009)三亚民一(重)初字第3

号案,海南省三亚市中级人民法院裁定按撤诉处理。对于海韵公司提起的(2009)三亚民一(重)初字第2号案,海南省三亚市中级人民法院于2010年7月13日作出民事判决,判令度假村公司将位于三亚度假村内的“三亚湾国际公馆”1、2号楼项目及其占有的70.26亩(46,840平方米)土地使用权过户到海韵公司的名下,度假村公司于判决生效之日起10日内向海韵公司支付违约金1000万元。度假村公司不服该判决,向海南省高级人民法院提起上诉,该院于2010年12月24日作出(2010)琼民一终字第39号民事判决,驳回度假村公司的上诉,维持原判。“三亚湾国际公馆”1、2号楼项目及其占有的70.26亩(46,840平方米)土地使用权已于该案判决前先予执行过户到海韵公司名下,度假村公司尚未向海韵公司支付违约金1000万元。

海钢集团曾于2009年4月28日向中冶公司发送《律师函》,要求中冶公司与其协商如何承担赔偿责任的问题。中冶公司分别于2010年4月2日和9月28日向海钢集团发(回)函称,就股东权益问题待度假村公司与海韵公司的诉讼有了结论后双方再协商处理办法或通过法律途径解决。

诉讼过程

由于中冶公司不顾其他股东的反对意见决定度假村公司与海韵公司合作,导致度假村公司数亿元的损失,海钢集团以损害股东利益责任纠纷诉中冶公司至海南省高级人民法院,请求判令认定中冶公司滥用股东权利并赔偿损失,海南省高级人民法院一审判决部分支持原告诉讼请求。后海钢集团、中冶公司均不服,向最高人民法院提起上诉,被判决撤销一审判决。海钢集团又不服,向最高人民法院申请再审,被裁定驳回再审申请。

裁判结果

一审判决:被告中冶公司通过的《三亚度假村有限公司股东会决议》过程中滥用股东权利;被告中冶公司向原告海钢集团赔偿经济损失458.139435万元;驳回原告海钢集团的其他诉讼请求。

二审判决:撤销一审判决。

再审裁定:驳回再审申请。

主要争点

度假村公司一审诉称:(1)本案所涉土地为度假村公司名下财产,海钢集团所持有的是度假村公司的股权而非土地使用权,其不应直接诉请赔偿。(2)海钢集团并未提交确凿证据证明其所主张的股权损失,已提交的土地价格评估报告是对部分土地的价格评估而非对海钢集团所持股权损益的评估,与本案并无关联。(3)海钢集团要求以度假村公司的资产直接赔偿其股权损失,侵犯了公司的财产权,实为海钢集团的撤资行为,缺乏法律依据。

上诉人海钢集团不服一审判决,提起上诉称:(1)一审法院对本公司的损失计算方式错误,计算数额不正确。根据我国《侵权责任法》的规定,财产损失按照损害发生时的市场价格计算;2009 年 4 月 28 日海钢集团就如何承担赔偿海韵公司损失问题曾致函上诉人中冶公司,上诉人中冶公司复函,在原审第三人度假村公司与海韵公司之间的诉讼结束后进行商谈或通过法律途径解决此事。因此,应当将海钢集团的财产损失时间确定为另案法院判决生效时间,即 2010 年 12 月。根据《明正评[2012]估字第 0222 号土地估价报告》,2010 年 12 月该块地价格评估为 78,428.0594 万元。(2)鉴于 2007 年与 2012 年的土地价格差距较大,不方便计算,因此,海钢集团请求法院改判中冶公司赔偿同类地段同类价格同等数量的土地使用权,即 23.4 亩(15,600 平方米)的土地使用权。据此,请求二审法院维持原判第 1 项,撤销原判第 2 项、第 3 项,改判上诉人中冶公司赔偿本公司同类地段同类价格同等数量的土地使用权。

上诉人中冶公司答辩称:(1)根据《公司法》的规定,企业法人享有独立的财产权。中冶公司与上诉人海钢集团均系原审第三人度假村公司的出资方,原审第三人度假村公司与海韵公司合作失败造成的经济损失应当由原审第三人度假村公司的财产承担,与中冶公司及上诉人海钢集团无关,即便主张权利也应当由原审第三人度假村公司提出。(2)中冶公司同意上诉人海钢集团的复函中所提到的在诉后对原审第三人度假村公司的损失承担情况进行协商的事项,而非承诺由中冶公司承担所谓的滥用股东权利的责任。(3)上诉人海钢集团列举的两份评估报告是对另案中损失情况的确定,与本案无关,其主张的损失无据可查。

上诉人中冶公司不服一审判决,提起上诉称:(1)中冶公司与上诉人海钢集团等出资人完成出资义务后,原审第三人度假村公司即为独立法人,享有独立财产权。原审第三人度假村公司董事长由于经营决策错误而产生的损失,应当由原审第三人度假村公司的财产来承担。即便上诉人海钢集团起诉,也应当代表原审第三人度假村公司起诉。因此,上诉人海钢集团起诉中冶公司赔偿损失没有任何法律依据。(2)本公司与原审第三人度假村公司的董事长同为一人的情况并不违背我国法律的规定。原审第三人度假村公司致函各个股东,对与海韵公司合作事宜进行投票,最终决定与海韵公司合作系公司的正常经营活动,上诉人海钢集团没有任何证据证明原审第三人度假村公司董事长在此期间与中冶公司存在非正常经济利益往来，不存在滥用股东权利的行为。最终合作失败产生的损失也应当是由原审第三人度假村公司的财产承担，与股东的财产无关。因此，上诉人海钢集团的损失与中冶公司支持原审第三人度假村公司与海韵公司合作之间不存在任何因果关系，不能依此要求中冶公司赔偿上诉人海钢集团的损失。(3)原审第三人度假村公司董事长系通过正常选举产生，其签署股东会协议系正常履行职务行为，而非滥用股东权利的行为。综上所述，中冶公司请求二审法院依法撤销一审判决，驳回上诉人海钢集团的起诉。

上诉人海钢集团答辩称：(1)上诉人中冶公司滥用股东权利损害了海钢集团的合法权益，海钢集团将其诉至法院，另案的撤销股东会决议之诉是否撤诉与本案无关；(2)上诉人中冶公司作为原审第三人度假村公司的控股股东，在其与原审第三人度假村公司董事长同为一人的情况下，上诉人中冶公司完全有能力控制原审第三人度假村公司的经营意图，在不符合公司章程规定的情况下制作股东会决议，以低于市场价格转让原审第三人度假村公司所有土地，促成原审第三人度假村公司与海韵公司的合作，损害了原审第三人度假村公司财产利益的同时，侵犯了海钢集团的合法权益。上诉人中冶公司的行为明显是滥用股东权利，其应当对滥用股东权利给海钢集团造成的损失承担赔偿责任。

原审第三人度假村公司述称：(1)上诉人海钢集团诉称上诉人中冶公司滥用股东权利造成其财产损失，却要求用度假村公司所有的土地进行赔偿，无法可依。(2)上诉人海钢集团作为度假村公司的出资人，享有的是度假村公司的股权，上诉人海钢集团并未提供任何其股权产生损失的证明，其要求赔偿没有法律依据。

综上所述，本案争议焦点为：中冶公司是否滥用了股东权利并由此给海钢集团造成损失。

裁判说理

再审法院认为，关于中冶公司是否擅自制作《三亚度假村有限公司股东会决议》滥用股东权利的问题，经审查，《三亚度假村有限公司股东会决议》产生、签署的过程并非海钢集团所述由中冶公司擅自制作。2006 年 10 月 22 日，度假村公司召开股东会，就该公司与海韵公司合作开发事宜进行讨论，并决定由全体股东就该事项进行书面表决。2006 年 11 月 9 日，度假村公司董事会向公司全部的 6 家股东致函，要求对度假村公司与海韵公司的合作开发项目进行书面表决。6 家股东除人福公司弃权未表决外，其余 5 家均进行了书面表决。表决结果为：中冶公司、石化公司、园林公司投赞成票，该 3 家股东持有 61.24% 的股份；海钢集团、原三亚市计生局投反对票，该2家股东持有34.83%的股份。2006年11月17日，度假村公司董事会根据这一表决结果，制作了《三亚度假村有限公司股东会决议》，通过了度假村公司与海韵公司的合作开发方案。该决议落款为“三亚度假村有限公司董事会，董事长邹某”，并加盖了度假村公司的公章。此后，度假村公司与海韵公司相继签订了《三亚度假村合作开发协议》《补充协议》，并实施了合作开发事项。在度假村公司股东会对与海韵公司进行合作开发进行讨论和之后的表决过程中，中冶公司发表意见并投赞成票，都是正当行使股东依法享有的表决权。度假村公司董事会根据全体股东的表决结果制作了《三亚度假村有限公司股东会决议》，通过了与海韵公司进行合作开发的方案，双方进行了一系列的合作开发活动，均为正常经营行为，没有证据证明上述行为是中冶公司实施的越权行为。尽管中冶公司的法定代表人邹某同时担任度假村公司董事长，但这种情况是我国法律所允许的。并且度假村公司董事长系由度假村公司股东会依公司章程规定选举产生，作为法定代表人根据股东表决结果和董事会授权，代表度假村公司掌管和使用该公司公章，同样符合我国法律规定。中冶公司与度假村公司的董事长虽然为同一人，但两公司财产状况清晰、彼此独立，没有证据证明双方在本案所涉经济往来中存在不正当利益关系。海钢集团主张的中冶公司利用其法定代表人邹某同时担任度假村公司董事长、掌管度假村公司公章的便利条件，擅自制作《三亚度假村有限公司股东会决议》，滥用股东权利，证据不足，法院不予支持。

关于《三亚度假村有限公司股东会决议》的产生是否符合度假村公司章程规定以及是否属于中冶公司违法滥用股东权利的问题，度假村公司的《有限责任公司章程》第8条第6项“议事规则”规定：“股东会一般一年召开一次，股东会的决议，修改章程必须经三分之二以上的股东表决通过。”对于该规定如何理解，海钢集团认为该规定的准确意思是所有股东会决议包括修改章程，都需要经过2/3以上的股东表决通过；中冶公司则认为，该规定的准确意思是股东会决议中，只有修改公司章程才必须经2/3以上的股东表决通过。法院认为，海钢集团和中冶公司对于度假村公司章程相关规定的不同解释，不影响度假村公司董事会执行公司的股东会决议，行使董事会职权。无论是否正确履行了股东会的决议，均由度假村公司董事会承担责任，而不宜据以判断中冶公司在表决中是否滥用了股东权利。在双方对公司章程存在不同解释的情况下，(2013)民二终字第43号民事判决依据《公司法》第44条的规定，认定本案中度假村公司与海韵公司的合作开发项目属于该公司一般性经营活动，无须经过代表2/3表决权的股东通过，并无不妥。所以，海钢集团主张的《三亚度假村有限公司股东会决议》并没有达到公司章程所规定的2/3以上股东表决通过,是中冶公司滥用股东权利的再审申请理由不能成立。

关于海钢集团所主张的损失赔偿问题,(2013)民二终字第43号民事判决认定,海钢集团具有诉讼主体资格,是从程序法角度作出的认定。海钢集团确系度假村公司股东,其以明确的事实理由和诉讼请求向度假村公司另一股东中冶公司主张侵权之诉,符合我国《民事诉讼法》关于原告和被告诉讼主体资格的规定,人民法院应当受理。诉讼利益归于海钢集团,是指无论其胜诉还是败诉,结果都由海钢集团承担。这与审理并认定海钢集团的诉讼请求是否应当得到支持是不同的,无论实体审理结果如何,与程序上认定海钢集团具有原告资格均不矛盾。度假村公司在与海韵公司合作开发过程中是否存在损失,存在多少损失,是否提出损害赔偿,均不应在海钢集团诉中冶公司侵权损害赔偿的案件中审理。因此,(2013)民二终字第43号民事判决认定,海钢集团主张由中冶公司赔偿其相应损失没有事实和法律依据是正确的。

专业点评

公司是法律拟制的独立法人人格,股东的有限责任是现代公司制度的基石,它将股东的可能损失限制在其认缴的投资金额内,把公司经营不善导致的亏损风险从股东身上转移到债权人身上,从而对吸引投资者、筹集社会零散资金、发展社会经济起到了推动作用。但是,公司股东滥用公司法人独立地位和股东有限责任,逃避债务,严重损害公司债权人利益的,应当对公司债务承担连带责任。刺穿公司面纱要区分三种情形:债权人是自愿还是不自愿,股东是积极的还是消极的,公司是封闭的还是公众的。同时,适用"揭开公司面纱"主要是资本不足和主体混同两种情形。

主体混同,是指公司与股东混为同一个主体,违背了公司作为一个独立主体的法律期望,从而导致为维护交易安全,保障公司债权人合法权益考量,而明确公司债务由股东承担连带责任。在实践中,混同并不是法人与股东完全一致,而仅仅是公司法人与公司股东之间在组织形式、交易手续、财产权属和支配的边界之间分不清。《公司法》第45条规定:"有限责任公司设董事会,其成员为三人至十三人。本法第五十一条另有规定的除外。两个以上的国有企业或者其他两个以上的国有投资主体投资设立的有限责任公司,其董事会成员中应当有公司职工代表;其他有限责任公司董事会成员中也可以有公司职工代表。董事会中的职工代表由公司职工通过职工代表大会、职工大会或者其他形式民主选举产生。董事会设董事长一人,可以设副董事长。董事长、副董事长的产生办法由公司章程规定。"该法条是关于公司董事长的规定。董事长系公司的管理者,代表公司利益。一般情况下,董事长的选举产生由公司章程加以规定,法律对此不予干涉。现阶段,我国法律法规并未禁止一人在两家不同的公司同时担任董事长。但是如果公司与股东的董事长同一,则有可能产生公司人格混同的问题。公司人格混同主要表现为:第一,公司的营业场所与股东的营业场所完全一致;第二,公司的账簿与股东的账簿合并记载;第三,公司与股东从事同一业务活动,且客户无法辨别与其交易的主体。

法条链接

1.《公司法》(2005 年)①

第二十条　公司股东应当遵守法律、行政法规和公司章程,依法行使股东权利,不得滥用股东权利损害公司或者其他股东的利益;不得滥用公司法人独立地位和股东有限责任损害公司债权人的利益。

公司股东滥用股东权利给公司或者其他股东造成损失的,应当依法承担赔偿责任。

公司股东滥用公司法人独立地位和股东有限责任,逃避债务,严重损害公司债权人利益的,应当对公司债务承担连带责任。

第四十四条　股东会的议事方式和表决程序,除本法有规定的外,由公司章程规定。

股东会会议作出修改公司章程、增加或者减少注册资本的决议,以及公司合并、分立、解散或者变更公司形式的决议,必须经代表三分之二以上表决权的股东通过。

第四十五条　有限责任公司设董事会,其成员为三人至十三人。本法第五十一

① 现已修改为《公司法》(2018 年)第 20 条、第 43 条、第 44 条。

条另有规定的除外。两个以上的国有企业或者其他两个以上的国有投资主体投资设立的有限责任公司,其董事会成员中应当有公司职工代表;其他有限责任公司董事会成员中也可以有公司职工代表。董事会中的职工代表由公司职工通过职工代表大会、职工大会或者其他形式民主选举产生。董事会设董事长一人,可以设副董事长。董事长、副董事长的产生办法由公司章程规定。

2.《侵权责任法》①

第十九条　侵害他人财产的,财产损失按照损失发生时的市场价格或者其他方式计算。

三、起诉要求确认股东资格但公司被其他股东注销时,能否要求承担侵权赔偿责任

案件名称

马某玲、李某花、王某霞等诉河南省许昌市鄢陵县汇源燃气有限公司、鲁某成、朱某宪损害股东利益责任纠纷案

案号

一审:(2017)豫10民初1927号;二审:(2018)豫10民终3759号;再审:(2019)豫民再740号

裁判要旨

起诉要求确认股东资格但公司被其他股东注销,股权资格客观上无法恢复时,可提起损害股东利益责任纠纷诉讼,赔偿数额按照股权对价确认。当商事登记记载的股权比例与实际出资不符时,应按实际出资额确认股权比例。

案情简介

原告:马某玲、李某花、王某霞、司某红、徐某东

被告:河南省许昌市鄢陵县汇源燃气有限公司、鲁某成、朱某宪

① 现已修改为《民法典》第1184条。

河南省许昌市鄢陵县富源液化气有限责任公司于2005年6月15日变更企业名称为河南省许昌市鄢陵县汇源燃气有限公司，该公司章程第6条显示："股东名称一栏显示40名股东，其中显示徐某东、马某玲、司某红、王某霞、李某花；出资方式为货币资金；出资额分别为6000元、6000元、6000元、6000元、8000元；参股比例分别为2%、2%、2%、2%、2.66%"。2010年6月8日，河南省五洲能源发展有限公司与河南省许昌市鄢陵县汇源燃气有限公司签订一份合同书，该合同书约定：河南省五洲能源发展有限公司以1500万人民币的价格收购河南省许昌市鄢陵县汇源燃气有限公司2010年5月31日前包括经营许可证等资质证在内的全部资产。2010年7月15日，河南省许昌市鄢陵县汇源燃气有限公司向原河南省许昌市鄢陵县工商行政管理局申请变更法定代表人及股东。变更后，河南省许昌市鄢陵县汇源燃气有限公司法定代表人为鲁某成，股东为鲁某成、朱某宪、长葛市汇源天然气有限公司。2011年8月1日，河南省许昌市鄢陵县汇源燃气有限公司向原河南省许昌市鄢陵县工商行政管理局申请变更法定代表人及股东，变更后，河南省许昌市鄢陵县汇源燃气有限公司法定代表人为解某州，股东为朱某宪、长葛市汇源天然气有限公司、解某州。

后经查明，原告马某玲、李某花、王某霞、司某红、徐某东在河南省许昌市鄢陵县汇源燃气有限公司于2010年7月1日召开的股东会决议、关于转让股权的申请、2010年7月5日河南省许昌市鄢陵县汇源燃气有限公司股权转让协议、收款证明上的签名均非原告马某玲、李某花、王某霞、司某红、徐某东所签。

诉讼过程

因股东会决议产生纠纷，马某玲、李某花、王某霞等以损害股东利益责任纠纷诉河南省许昌市鄢陵县汇源燃气有限公司、鲁某成、朱某宪至河南省许昌市鄢陵县人民法院，请求判令确认2010年公司股东会决议无效、股权转让协议无效，河南省许昌市鄢陵县人民法院一审判决确认股权转让协议无效。马某玲、李某花、王某霞等不服，向河南省许昌市中级人民法院提起上诉，被判决被上诉人赔偿上诉人每人30万元及利息。解某州、鲁某成、朱某宪等人不服，向河南省高级人民法院申请再审，河南省高级人民法院再审改判。

裁判结果

一审判决：确认2010年公司股东会决议无效。

二审判决：(1)撤销河南省许昌市鄢陵县人民法院(2017)豫10民初1927号民事判决；(2)解某州、朱某宪、长葛市汇源天然气有限公司、鲁某成、河南省五洲能源发展有限公司于本判决生效之日起10日内连带赔偿马某玲、李某花、王某霞、司某红、徐某东损失共计159.9万元及利息，其中：马某玲、王某霞、司某红、徐某东每人各300,000元及利息，李某花39.9万元及利息，利息均自2010年7月21日起算至付款之日，利率参照中国人民银行同期贷款利率标准计算；(3)驳回马某玲、李某花、王某霞、司某红、徐某东的其他诉讼请求。

再审判决：(1)撤销河南省许昌市中级人民法院(2018)豫10民终3759号民事判决及河南省许昌市鄢陵县人民法院(2017)豫1024民初1927号民事判决。(2)解某州、朱某宪、长葛市汇源天然气有限公司、鲁某成、河南省五洲能源发展有限公司于本判决生效之日起10日内连带赔偿马某玲、李某花、王某霞、司某红、徐某东经济损失各49,500元及利息。

主要争点

原告起诉称：河南省许昌市鄢陵县汇源燃气有限公司原名河南省许昌市鄢陵县富源液化气有限责任公司成立于1998年7月23日，注册资本人民币30万元，原告马某玲、李某花等5人为原始股东。2010年7月，公司冒用原告签名分别在《股东会决议》《股权转让协议》《关于股权转让的申请》《收款证明》上签字，将原属于原告的股权低价转让给鲁某成和朱某宪，经手人：徐某霞。为此起诉至法院，要求确认2010年7月1日公司股东会决议无效、股权转让协议(2010年7月5日)无效；恢复5名原告在公司的股东资格，并由3名被告承担本案诉讼费。对此，3名被告答辩称：原告未实际出资，仅为挂名股东，从未参与过公司的经营和决策，故不应享有股东相应的权利；河南省许昌市鄢陵县汇源燃气有限公司2010年7月1日股东会决议、股权转让合法有效；原告的起诉已超过2年诉讼时效，应驳回原告的起诉；原告对涉案股权没有利害关系，其起诉不符合《民事诉讼法》，应驳回原告的起诉。

上诉人马某玲、李某花、王某霞、司某红、徐某东上诉请求：改判被上诉人向上诉人连带赔偿损失159.9万元及利息。事实与理由：(1)5名上诉人是工商登记股东，也是实际出资股东。因为工商登记是股权归属的法定证明，公司改制前为集体企业，5名上诉人作为职工，当然享有企业财产权。(2)被上诉人伪造签名转让上诉人股权构成侵权，法院数次判决均确认这一事实，被上诉人并未提起上诉。(3)1500万元股权收购款可以从合同书、股权转让协议和河南省五洲能源发展有限公司的证明等证据确认。股权价值可以1500万元为基数，根据各股东持股比例计算出来。

(4)本案最初诉讼时提起的是确认之诉,不受诉讼时效的限制,之后由于被上诉人注销了公司,变更了诉求。

被上诉人辩称:(1)上诉人是河南省许昌市鄢陵县汇源燃气有限公司的挂名股东,没有实际出资,不享有股东权利。1500 万元并购款是分配给 2010 年 5 月 31 日前参加工作的在职员工和退休人员的,上诉人均为离职人员。(2)侵权事实不存在。解某州主持收购经理办公会及 2010 年 7 月 1 日股东会,但是没有证据证明其参与或者授权他人冒名签署上诉人的签名,因此,解某州不构成侵权。朱某宪、鲁某成受托收购时是善意,支付了合理对价并办理了工商变更登记,善意取得河南省许昌市鄢陵县汇源燃气有限公司股权,亦不存在侵权。2014 年 3 月 24 日,河南省许昌市鄢陵县汇源燃气有限公司解散清算程序及内容合法,并未侵害上诉人权益,无须赔偿。(3)上诉人提起诉讼已经超过 2 年诉讼时效,应该驳回诉讼请求。

解某州、鲁某成、朱某宪、长葛汇源天然气公司、河南省五洲能源发展有限公司申请再审称:(1)河南省五洲能源发展有限公司对河南省许昌市鄢陵县汇源燃气有限公司的收购是资产收购,并非股权收购。河南省五洲能源发展有限公司收购河南省许昌市鄢陵县汇源燃气有限公司是为了取得目标公司的燃气特许经营权。根据双方于 2010 年 6 月 8 日签订的合同书显示,河南省五洲能源发展有限公司收购的是河南省许昌市鄢陵县汇源燃气有限公司的有效资产并非全部股权。收购价 1500 万元未扣除员工安置费、债务、费用支出等 14,658,857.85 元。股东仅应当在扣除上述负债后,对余额进行分配,原审将 1500 万元认定为河南省许昌市鄢陵县汇源燃气有限公司全部股权的对价不当。燃气特许经营权在县级一般只授予一家公司,而资产收购的过程往往比较长,重新取得特许经营权需要较长时间。为了方便业务开展,河南省五洲能源发展有限公司在收购过程中,将目标公司的股东进行了变更,但不影响此次收购的性质。(2)马某玲等 5 人没有实际出资,仅是河南省许昌市鄢陵县汇源燃气有限公司工商登记的挂名股东,并非实际股东,不享有股东权。按照当时《公司法》的规定及工商部门的要求,河南省许昌市鄢陵县汇源燃气有限公司改制时由公司贷款并在工商登记时将本金登记在 40 余名员工名下。按照该公司募股方案的规定,马某玲等 5 人在足额出资的前提下才能取得相应的股东资格。马某玲等 5 人提交股权证上记载的股金 1000 元是公司在改制前收取职工的风险抵押金,此内容在鄢注(1997)资评字 26 号评估报告中的"资产明细"中有详细记载。同时,马某玲等 5 人未提交证据证明其补足了工商登记出资数额与股权证上记载数额的差额部分。(3)马某玲等 5 人并非河南省许昌市鄢陵县汇源燃气有限公司的股东,也不是债权人。该公司于 2014 年 3 月 24 日进行清算并注销,程序符合法律规定,未侵害马某玲等5人的合法权益，解某州等人不应当承担赔偿责任。综上所述，马某玲等5人属于2010年5月31日之前已调出河南省许昌市鄢陵县汇源燃气有限公司的人员，故本案属于马某玲等5人离职后因经济补偿问题引起的劳动争议，应当通过劳动仲裁等途径解决。一审、二审判决认定事实不清，适用法律错误，请求予以撤销并改判驳回马某玲等5人的诉讼请求。

对此，马某玲等5人辩称：二审判决认定事实清楚，证据确实充分，适用法律正确，应当维持。(1)河南省五洲能源发展有限公司对河南省许昌市鄢陵县汇源燃气有限公司的收购是股权收购而非资产收购。资产收购中目标公司被收购后，会停止经营解散注销，而本案中河南省许昌市鄢陵县汇源燃气有限公司被收购后仍然继续经营。(2)收购款1500万元是河南省许昌市鄢陵县汇源燃气有限公司全部股权的对价。原审中，双方提交的40套股权转让协议、收款证明、转让股权的申请等证据足以证明河南省五洲能源发展有限公司支付的1500万元是购买河南省许昌市鄢陵县汇源燃气有限公司的全部股权。(3)原审中，马某玲等5人提交的河南省许昌市鄢陵县汇源燃气有限公司工商登记档案中1998年改制成立时的《公司名称预先核准申请书》《公司章程》《股东(发起人)名录》等证据，足以证明马某玲等5人为该公司的股东，且股权共计为10.66%。解某州等人伪造马某玲等5人签名，侵占其10.66%股权事实清楚，证据充分。(4)解某州等人在再审中提交的《河南省五洲能源发展有限公司对河南省许昌市鄢陵县汇源燃气有限公司资产收购资金使用情况审计报告》及河南省许昌市鄢陵县汇源燃气有限公司《关于补发职工养老金、工龄买断费及工资差额金决定》等证据与基本事实无关，且不真实、不合法。第一，该两份证据不属于新证据，作出审计报告所依据的资料未经法庭质证，不能作为证据使用；第二，《审计报告》及《决定》的作出未经出售股权的股东同意；第三，河南省许昌市鄢陵县汇源燃气有限公司被收购后仍然存续长达4年，无须安置职工，《审计报告》及《决定》列支员工安置费，说明该两份证据均是虚假的。故二审认定事实清楚，证据确实充分，适用法律正确，请求再审予以维持。

综上所述，本案争议焦点为：被其他股东注销的股东能否要求公司承担侵权赔偿责任。

裁判说理

一审法院认为，根据《公司法》第22条第1款的规定："公司股东会或者股东大会、董事会的决议内容违反法律、行政法规的无效。"在本案中，河南省许昌市鄢陵县汇源燃气有限公司2010年7月1日的股东会决议内容并未违反法律、行政法规的强制性规定,该份决议系有效。故对原告要求确认2010年7月1日公司股东会决议无效的诉讼请求,法院不予支持;根据《合同法》第32条的规定:“当事人采用合同书形式订立合同的,自双方当事人签字或者盖章时合同成立。”5名原告与被告朱某宪、鲁某成签订的5份河南省许昌市鄢陵县汇源燃气有限公司股权转让协议,因5份协议中5名原告的签名并非5名原告本人所签,故该5份协议无效,原告要求确认股权转让协议无效的诉讼请求,于法有据,法院予以支持;根据《公司法》第27条第1款的规定:“股东可以用货币出资,也可以用实物、知识产权、土地使用权等可以用货币估价并可以依法转让的非货币财产作价出资;但是,法律、行政法规规定不得作为出资的财产除外。”在本案中,5名原告并未以上述方式在变更后的被告河南省许昌市鄢陵县汇源燃气有限公司出资,故对5名原告要求恢复5名原告在公司的股东资格,于法无据,法院不予支持。

二审法院认为,5名上诉人均是河南省许昌市鄢陵县汇源燃气有限公司工商登记中的股东,被上诉人没有证据否认工商登记的真实性,因此,5名上诉人的股东身份应予确认。从河南省五洲能源发展有限公司并购河南省许昌市鄢陵县汇源燃气有限公司的合同书、该公司出具的证明以及署名上诉人的股权转让协议书等证据内容显示,可以证明该次并购中的1500万元是收购包括5名上诉人在内河南省许昌市鄢陵县汇源燃气有限公司的原股东股权的对价。根据豫中允司鉴中心(2014)文鉴字第345号《笔迹司法鉴定意见书》鉴定,股权转让中,5名上诉人的签名均不是其本人所写,即该次股权转让不是5名上诉人的真实意思表示,5名上诉人权利被侵害的事实可以确认,其要求回复股东资格合法有据。由于被上诉人注销了标的公司河南省许昌市鄢陵县汇源燃气有限公司,使5名上诉人的诉求在事实上不能实现,5名上诉人要求变更诉求为赔偿损失并无不当。从股权转让到目标公司河南省许昌市鄢陵县汇源燃气有限公司注销,5名被上诉人依次参与,是侵权行为的主要参与人。关于被上诉人辩称本人为善意、没有实施或授权他人实施侵权行为的主张,法院认为,民事主体对其参与民事活动的合法性进行审查是其基本的注意义务和生活常识,其辩称意见不能予以采信,因此一审法院判定5名被上诉人依法承担侵权责任合法有据。关于5名被上诉人所提出的诉讼时效抗辩,因为5名上诉人最初提起为确认之诉,不受诉讼时效的限制,该抗辩不予支持。5名上诉人应当获得赔偿金分别为马某玲、王某霞、司某红、徐某东每人各30万元(1500万元×2%)及利息,李某花39.9万元(1500万元×2.66%)及利息。

再审法院认为,马某玲等5人起诉请求确认河南省许昌市鄢陵县汇源燃气有限公司2010年7月10日的股东会决议无效、2010年7月5日的股权转让协议无效,并恢复5人在河南省许昌市鄢陵县汇源燃气有限公司的股东资格。在之后的诉讼中,因河南省许昌市鄢陵县汇源燃气有限公司被解某州等人注销,马某玲等5人变更诉讼请求为由解某州等人赔偿其因股东利益受侵害产生的损失。该诉请能够成立的必要前提是马某玲等5人具有河南省许昌市鄢陵县汇源燃气有限公司的股东资格。

关于马某玲等5人是否具有河南省许昌市鄢陵县汇源燃气有限公司股东资格的问题。河南省许昌市鄢陵县汇源燃气有限公司(原河南省许昌市鄢陵县富源液化气有限责任公司)由鄢陵液化气公司改制而来。鄢陵液化气公司原为集体所有制企业,马某玲等5人为该公司职工。1997年,鄢陵液化气公司经河南省许昌市鄢陵县体制改革委员会批准进行股份制改组。改制后,该公司于1998年7月20日召开首次股东会,包括马某玲等5人在内的全体职工作为股东参加了股东会并对公司重大事项进行表决。此次股东会通过了公司章程,确认了股东出资方式及缴纳期限。同时,该公司在原工商行政管理部门进行了工商注册登记并向马某玲等人发放了股权证并出具收到1000元股本金的收据,又在公司股东(发起人)名录上记载马某玲等5人为公司股东。结合上述事实并根据《公司法》第32条的规定,有限责任公司应当置备股东名册,记载下列事项:(1)股东的姓名或者名称及住所;(2)股东的出资额;(3)出资证明书编号。记载于股东名册的股东,可以依股东名册主张行使股东权利。法院依法对马某玲等5人的河南省许昌市鄢陵县汇源燃气有限公司股东资格予以确认。

关于马某玲等5人持有河南省许昌市鄢陵县汇源燃气有限公司股权份额的问题。河南省许昌市鄢陵县汇源燃气有限公司的公司章程及工商登记档案中虽记载徐某东、马某玲、司某红、王某霞4人分别出资6000元,参股比例2%,李某花出资8000元,参股比例2.66%,但根据原河南省许昌市鄢陵县富源液化气有限责任公司募股方案的规定及要求,公司负责按照4个档次把公司贷款及个人风险抵押金转股记账划到职工名下,按照每股1000元做好股权证的发放准备工作。凡属认股范围内的人员,以前交公司1000元的风险抵押金可转为个人股金,个人按档次购股的差额部分拿公司的贷款履行手续划给个人承担。该募股方案表明,职工认缴的股金由其交纳的风险抵押金1000元和其需另行认购的公司贷款组成。之后,该公司为其职工发放了入股金额1000元的股权证并出具了风险抵押金转股本金收据。马某玲等5人提交的股权证及收据也证实其5人分别出资1000元入股,且该款源于其交纳的风险抵押金。但对其主张的其他部分出资,马某玲等5人并未提交已实际出资的证据,故马某玲等5人对此应承担举证不能的法律后果。因本案马某玲等5人与河南省许昌市鄢陵县汇源燃气有限公司之间的关系属于股东与公司之间的内部关系,当公司章程、工商登记记载与马某玲等5人的实际出资情况不一致时，应以其实际出资额为准。故在确认马某玲等5人的股权份额时，应以其实际出资数额1000元为依据，以该公司注册资本30万元计算，法院确认马某玲等5人的持股比例均为0.33%。

民事主体包括自然人、法人和其他组织。民事主体从事民事活动应当合法，这是基本原则和社会生活常识，也是民事主体参与人应尽的法律义务。2010年6月，河南省五洲能源发展有限公司增资并购河南省许昌市鄢陵县汇源燃气有限公司。两公司为实现并购目的，河南省五洲能源发展有限公司委托该公司职工鲁某成、朱某宪作为新股东收购包括马某玲等5人在内的河南省许昌市鄢陵县汇源燃气有限公司全部股东的股权。解某州作为河南省许昌市鄢陵县汇源燃气有限公司法定代表人为配合完成收购，在马某玲等5人不知情且未同意的情况下，利用职务便利在股权转让协议等材料上伪造马某玲等5人的签名，将马某玲等5人的股权违法转让给鲁某成、朱某宪，并于2010年7月15日完成相应的工商变更登记，剥夺了马某玲等5人的股东权利。在交易的过程中，解某州等当事人之间意思表示一致，行为契合，侵犯了马某玲等5人的股东权益，应依法承担相应的民事责任。

关于马某玲等5人的损失如何计算的问题，马某玲等5人起诉主张河南省五洲能源发展有限公司收购河南省许昌市鄢陵县汇源燃气有限公司支付的1500万元是目标公司全部股权对价，应当以此计算其5人的损失。河南省许昌市鄢陵县汇源燃气有限公司、河南省五洲能源发展有限公司、解某州等人辩称该1500万元是目标公司全部资产的对价。河南省五洲能源发展有限公司在出具的证明中称，该公司拟以股权并购(增资并购)方式取得河南省许昌市鄢陵县汇源燃气有限公司的燃气特许经营权、总资产，为配合此次股权并购，委托该公司副总经理鲁某成、朱某宪作为新股东收购了包括马某玲等5人在内的40名工商登记股东的全部股权。朱某宪在再审庭审中亦陈述，其是河南省五洲能源发展有限公司的委派股东，公司出资购买了河南省许昌市鄢陵县汇源燃气有限公司后，为取得实际控制权与河南省许昌市鄢陵县汇源燃气有限公司签订了股权转让协议，把原来的股东变成河南省五洲能源发展有限公司委托持股人鲁某成、朱某宪。根据上述当事人的自认并结合河南省五洲能源发展有限公司与河南省许昌市鄢陵县汇源燃气有限公司签订的收购合同内容，以及河南省五洲能源发展有限公司的委托持股人朱某宪、鲁某成与河南省许昌市鄢陵县汇源燃气有限公司原股东签订股权转让协议，成为该公司新股东的事实，可以证明河南省五洲能源发展有限公司对河南省许昌市鄢陵县汇源燃气有限公司的收购兼具资产收购和股权收购的性质，故河南省五洲能源发展有限公司支付的1500万元并购款应当包括河南省许昌市鄢陵县汇源燃气有限公司的总资产和马某玲等5人在内的原股东股权价值。解某州等再审申请人称，河南省五洲能源发展有限公司对河南省许昌市鄢陵县汇源燃气有限公司的收购仅是资产收购，并非股权收购，与事实不符，法院不予支持。

在原审尚未查明1500万元并购款中包含多少河南省许昌市鄢陵县汇源燃气有限公司原股东股权对价的情况下，河南省五洲能源发展有限公司、解某州等人明知双方就股东身份和股东权益已产生争议，且待证事实需进一步查明，仍于2014年6月12日注销了河南省许昌市鄢陵县汇源燃气有限公司。注销清算时，未通知马某玲等5人亦未清偿其股东财产权益，对马某玲等5人的诉求造成不利影响，致使其在原审中变更诉讼请求，且该不当行为也无助于法院审理查明事实。河南省五洲能源发展有限公司、解某州等人的行为明显存在过错，对此应承担相应的法律责任。结合河南省五洲能源发展有限公司、解某州等人在再审中提交的河南省许昌市鄢陵县汇源燃气有限公司资产收购资金使用情况审计报告，以及解某州等人自认1500万元收购款中大部分已用于安置河南省许昌市鄢陵县汇源燃气有限公司在职职工股东的事实，根据原河南省许昌市鄢陵县富源液化气有限责任公司章程规定，公司应保障股东的相应权利。故应将河南省五洲能源发展有限公司并购款1500万元作为河南省许昌市鄢陵县汇源燃气有限公司全部股权的对价来认定马某玲等5人的经济损失，即1500万元×0.33%＝49,500元（每人）。

一审、二审判决认定，从股权转让到目标公司河南省许昌市鄢陵县汇源燃气有限公司注销，解某州等5名申请人依次参与，是侵权行为的主要参与人，马某玲等5人要求其承担侵权赔偿责任有事实依据，符合法律规定。但二审判决认定，马某玲等5人的实际出资认缴股金数额及占股比例缺乏事实依据，应据实予以纠正。解某州等5名申请人再审称不存在侵害马某玲等5人的合法权益与事实不符，法院再审不予采信。因马某玲等5人原审起诉事由为确认股东资格之诉，不违反诉讼时效的规定，解某州等5名申请人认为，本案已超过诉讼时效，缺乏事实根据和法律依据，本院再审不予支持。

专业点评

在本案中，马某玲等5名股东一审提出了股东资格的确认之诉，经鉴定，公司决议、股权转让协议等文件确非上述5人本人签字，因此一审法院确认马某玲等5名的股东资格。然而，在诉讼过程中，公司被解某州、朱某宪等人注销，由此导致股东资格事实上无法恢复。因此，马某玲等5人改变诉讼策略，以侵犯股东利益为由要求对方承担侵权责任。对于是否应当承担侵权责任的问题，二审法院、再审法院的观点一致，区别在于赔偿的数额标准问题。二审法院以公司章程及工商登记档案为标准，认定马某玲等5人的持股比例为2%或2.66%；但再审法院认为，持股比例的认定应以其实际出资额为准，由此确认马某玲等5人的持股比例均为0.33%。在认缴制背景下，一般按照工商登记为准确认股权比例，实际出资与工商登记记载不一致是十分常见的现象。即便是实缴制下，工商登记也应当具有公示公信的效力，不得随意推翻股东股权比例。本案再审法院之所以突破工商登记记载，将1000元而非6000元认定为出资额，笔者认为主要是考虑：第一，工商登记公示效力的规范目的是保护善意相对人的交易安全，主张该规范的主体为相对人，相对人通过商事登记得以知悉相关登记事实，从而实现对自身经营风险的控制。商事登记效力产生的初衷在于交易秩序的维护，发生在公司与外部相对人之间的关系。而本案是股东与公司之间的关系，是一种内部关系，因此再审法院突破工商登记是合理的。第二，本案再审时，公司已被注销，按照法律规定，公司在注销时，股东尚未缴纳的出资均应作为清算财产，股东必须足额缴纳出资。但在本案中，由于马某玲等5人无法证明已经实缴，因此，须由其承担举证不能的责任，只能按照1000元确认股比。

法条链接

《公司法》（2013年）①

第二十条　公司股东应当遵守法律、行政法规和公司章程，依法行使股东权利，不得滥用股东权利损害公司或者其他股东的利益；不得滥用公司法人独立地位和股东有限责任损害公司债权人的利益。

---

① 现已修改为《公司法》（2018年）第20条、第22条、第32条。

公司股东滥用股东权利给公司或者其他股东造成损失的,应当依法承担赔偿责任。

公司股东滥用公司法人独立地位和股东有限责任,逃避债务,严重损害公司债权人利益的,应当对公司债务承担连带责任。

第二十七条　股东可以用货币出资,也可以用实物、知识产权、土地使用权等可以用货币估价并可以依法转让的非货币财产作价出资;但是,法律、行政法规规定不得作为出资的财产除外。

对作为出资的非货币财产应当评估作价,核实财产,不得高估或者低估作价。法律、行政法规对评估作价有规定的,从其规定。

第三十二条　有限责任公司应当置备股东名册,记载下列事项:

(一)股东的姓名或者名称及住所;

(二)股东的出资额;

(三)出资证明书编号。

记载于股东名册的股东,可以依股东名册主张行使股东权利。

公司应当将股东的姓名或者名称向公司登记机关登记;登记事项发生变更的,应当办理变更登记。未经登记或者变更登记的,不得对抗第三人。

四、大股东利用控制权低价增资是否属于滥用股东权利,小股东如何维护自身利益

案件名称

盛乐公司诉南星公司损害股东利益责任纠纷案

案号

一审:(2017)粤01民初456号;二审:(2019)粤民终285号;再审:(2020)最高法民申2611号

裁判要旨

法律并未规定公司增资必须经过审计或者以何种估价进行,只要增资扩股方案对目标公司的经营负债及利益分配等情况进行了充分考量且理据充分的,增资行为即有效。法院在案件裁判中,将从是否具有“合理商业目的”以及小股东“合理预

期”两方面予以审查。决议低价增资是否属于滥用股东权利,需要法院对增资事宜的合理性进一步审理,根据公司的资金状况、筹集资金的方式选择、增资的合理必要性等情况,从商业角度进行综合判断。

案情简介

再审申请人(一审原告、二审上诉人):盛乐公司

被申请人(一审被告、二审被上诉人):南星公司、大来公司、灏晴公司、世纪公司、翠倚公司、海碧公司

世纪公司和翠倚公司(以下简称两公司)是两家房地产公司,其名下各有一地块土地使用权,两公司的股东构成及持股比例均相同,同时,出于经营策略的考虑,两公司股东以相同持股比例另外设立臻纳公司,由臻纳公司控股两公司。从形式上来讲,臻纳公司持有两公司 100% 的股权。两公司因经营严重亏损,无力继续开发地块。为此,在两公司的大股东之一南星公司的主持下,臻纳公司和海碧公司签订《合作协议》,由海碧公司对臻纳公司 51% 的股权进行收购,并投入资金对两地块进行开发,开发完成后,臻纳公司和海碧公司不按照各自所持的股权比例分配利润,而是按照双方各自取得特定物业持有或销售产生的利润进行权益分配。为了加快双方的合作进程,两公司除海碧公司外的其他 3 名股东再次与海碧公司签订《备忘录》,将合作方式由收购股权变更为海碧公司按照注册资本平价增资扩股持有世纪公司及翠倚公司的股权,增资扩股后海碧公司分别直接持有世纪公司、翠倚公司各 51% 股权。

随后,两公司分别召开股东会议并对海碧公司的增资事宜进行讨论和表决确认,除盛乐公司外,其他 3 名股东均表决同意。

2016 年 4 月 29 日,两公司依据股东会议分别完成工商变更登记,海碧公司正式增资入股,盛乐公司的股权比例从原有的 14% 变为 6.86% 。盛乐公司认为,海碧公司以世纪公司、翠倚公司的注册资本为基础进行平价增资入股的行为降低了自己的股权比例,对自己的股东权益造成了损害,因此向法院起诉要求其他 3 名股东及世纪公司、翠倚公司、海碧公司赔偿其直接经济损失。

诉讼过程

因自身股权权益受侵害,盛乐公司以损害股东利益责任纠纷诉南星公司、大来公司、灏晴公司、世纪公司、翠倚公司、海碧公司至广东省广州市中级人民法院,请求

判令赔偿损失,广东省广州市中级人民法院一审判决驳回原告诉讼请求。后盛乐公司不服,向广东省高级人民法院提起上诉,被判决驳回上诉,维持原判。盛乐公司仍不服,向最高人民法院申请再审,被裁定驳回再审申请。

裁判结果

一审判决:驳回盛乐公司的诉讼请求。

二审判决:驳回上诉,维持原判。

再审裁定:驳回盛乐公司的再审申请。

主要争点

盛乐公司向一审法院起诉请求:判令南星公司、大来公司、灏晴公司、世纪公司、翠倚公司、海碧公司连带赔偿盛乐公司的直接经济损失暂计为86,819,638.96元。原告盛乐公司认为,各被告之间以世纪公司、翠倚公司的注册资本为基础进行增资扩股,造成其持股比例减少,损害其股权利益。

盛乐公司上诉请求:(1)请求撤销一审判决,发回一审法院重审。(2)一审、二审诉讼费由各被上诉人承担。事实和理由:(1)一审法院查明事实不清、认定和适用法律错误,应当予以撤销。①在南星公司提交的《番禺星海汇项目合作协议》(以下简称《合作协议》)中,上诉人从没有参与签订,事后也从未确认,一审法院罔顾事实,错误将南星公司、案外人臻纳公司、粤星公司与海碧公司私下签订《合作协议》取代世纪公司、翠倚公司的《章程》,草率并强行将大股东存在恶意的商业决策与安排认定为"是经各方充分考量"的商业决策,一审判决对此没有查明相关事实、认定事实和适用法律错误。②一审法院没有查明《合作协议》与本案的关联性,该协议充分证明案涉的增资扩股完全是为了南星公司、海碧公司两大股东的利益而作的商业安排,是将大股东的权益建立在损害小股东的利益之上的侵权行为。(2)一审法院在审理程序和举证责任分配方面都严重违反法律规定及适用法律错误。①在司法委托评估过程中,众被上诉人为了阻却上诉人申请评估目标公司的股权价值的条件成就,拒不提交评估机构要求提交的资料,一审法院却把该法律后果判由上诉人承担,违反了证据规则及适用法律错误,判决违背事实。②上诉人的诉请主张是涉案按实收资本原值作出的增资扩股是对上诉人股权利益的侵害,但一审法院却对完成增资扩股工商变更登记的形式要件文件——股东会决议的效力进行审查,继而认为符合公司法第22条的规定,所以驳回上诉人的诉请,明显是适用法律错误。众被上诉人拒绝提供公司资产、负债资料，一审法院应依据上述法律规定推定上诉人所主张的案涉股权价值评估负债视为零、资产只有土地一项，从而根据会计恒等式——资产－负债＝净资产（所有者权益），以土地评估价值视为净资产价值计算上诉人对应的所有者权益，才符合法定的证据规则和正确地适用法律的判决。(3)上诉人提交的证据已形成完整的证据链，在众被上诉人拒绝提供公司评估所需评估资料的情况下，应支持上诉人主张的土地的评估价值即公司净资产价值，并以此作为损失赔偿计算依据。(4)在本案中，众被告应承担连带赔偿责任的法律依据。根据《公司法》第20条的规定，公司股东应当遵守法律、行政法规和公司章程，依法行使股东权利，不得滥用股东权利损害公司或者其他股东的利益。公司股东滥用股东权利给公司或者其他股东造成损失的，应当依法承担赔偿责任。根据《公司法》第20条，《侵权责任法》第8条、第9条的规定，众被上诉人作为共同实施侵权行为、帮助他人实施侵权行为人应承担连带赔偿责任。另外，上诉人还补充意见称：(1)一审法院未查明南星公司、大来公司、灏晴公司滥用股东权利侵犯上诉人优先认购权的事实。一审法院未查明南星公司、大来公司、灏晴公司与海碧公司签订的《合作协议》《番禺星海汇项目合作备忘录》（以下简称《备忘录》）存在诸多问题。增资扩股引入新股东虽然形式上貌似解决了世纪公司及翠倚公司的土地开发问题，但事实上是众被上诉人滥用股权多数决的优势操控世纪公司及翠倚公司的土地来解决南星公司的债务，损害的是上诉人作为世纪公司、翠倚公司的股东利益。(2)一审判决并未查明案涉2016年4月15日临时股东会的召集程序违反法律及公司章程规定的事实。(3)南星公司、大来公司、灏晴公司和海碧公司滥用股东权利的行为，在本案一审判决之后已造成了世纪公司、翠倚公司的损失，损害了上诉人的股东利益。

南星公司、大来公司、灏晴公司、世纪公司、翠倚公司答辩称：(1)一审法院已围绕案涉事实进行了全面审查，接受了上诉人3次延迟补交的证据材料；在被上诉人不同意的情况下，还是同意上诉人的要求对2016年4月29日世纪公司、翠倚公司股权的市场价值以及3个地块的市场价值进行评估，以避免在事实查明上存在遗漏。前述事实通过一审判决书和庭审笔录得到证实。不存在上诉人主张的未查明事实的问题。逐项说明：①《合作协议》签订主体和签约时间在一审判决书第20页“另查明”部分均已明确查明。②粤星公司并不是世纪公司、翠倚公司的股东。③一审法院在2018年9月19日的庭询中提问的第一个问题就是“各方是否依照合作协议和备忘录履行？”被上诉人的答复是根据《合作协议》第19.1条约定，协议还未生效，但根据《备忘录》及股东会会议纪要，在签订新的协议之前，原股东仍按该协议履行。2016年4月29日的增资扩股就是按照《合作协议》的安排进行的。综上所述，一审并无遗漏查明案涉事实。上诉人不能因为一审法院不按其思路查明事实,就认为一审法院未查明该事实。(2)上诉人认为被上诉人不同意评估,应承担举证责任不符合法律规定。依据《最高人民法院关于民事诉讼证据的若干规定》第25条的规定,承担举证不能的法律后果前提是,当事人对需要鉴定的事项负有举证责任。被上诉人对于2016年4月29日的公司股权价值不存在举证责任。被上诉人已举证证明,增资扩股引进碧桂园,事实上是与原股东进行的房地产合作项目,51%股权比例并不作为股权权益分配的依据;世纪公司、翠倚公司原股东按照协议第13条完成与海碧公司的权益分配后,原股东仍按照增资扩股前的比例进行权益分配,退出时按注册资本原值退出。在该种合作方式的背景下,增资时公司股权及地块的评估价值不能作为评估本案是否存在损害股东权益的标准。进行评估会严重拖延一审结案时点,进而导致项目公司地块被查封的时间进一步延长,达到了上诉人恶意诉讼的目的,基于前述,被上诉人不同意评估是基于本案事实的合理研判,是出于正当目的合理行使被上诉人的权利。(3)上诉人引述了一个案例,即(2008)沪二中民三(商)终字第238号。该案是调解结案,未查到裁判文书。但被上诉人在该院的官网查阅到了对该案的一个评析文章《(2008)沪二中民三(商)终字第238号大股东滥用资本多数决进行增资扩股的司法介入》(以下简称238号案文章),该案的确存在和本案一样按资本原值进行增资扩股的情况,但根本的不同点是该案中股东未就分配机制另行约定,即该增资会导致股东分配的比例相应减少,就会产生股东权益会减少的可能。本案中不存在该种情况,《合作协议》第4条、第13条、第15条明确约定,"目标公司(两项目公司)不按照股权比例进行利润分配,全体原股东作为一方与海碧公司分别获得相关权益,股权回购价为回购时乙方(海碧公司)实际出资的注册资本"。上诉人明确知悉前述约定,并在股东会上充分表达了意见,主张海碧公司退出时要经全体股东同意。引述238号案文章的观点,通过股东会决议该合法形式原值增资扩股这种商业决定是企业自治行为,司法介入需有一个严格的前提,即存在《公司法》第20条关于滥用股东权利、滥用资本多数决来损害小股东的情况的规定。在本案中,原股东为了引进碧桂园的品牌效应以及融资优势等,以原股东为一方,海碧公司为另一方作出了权益分配安排,原股东是利益共同体,不存在原持股86%的被上诉人与海碧公司合谋损害原持股14%的上诉人权益的情形。在本案中,上诉人无法举证证明因滥用造成实际损害,更多的是其不符合事实的观点,一审法院以证据不足驳回其诉请是应有之义。综上所述,本案一审法院查明事实清晰,法律适用正确,请求二审法院维持一审法院判决。

海碧公司答辩称:本案的诉讼争议焦点是增资入股行为是否侵害了盛乐公司的

权利,根据《公司法》的规定,增资入股的行为须经过 2/3 表决权股东的表决同意,而海碧公司在增资时已取得超过 2/3 表决权的股东同意,该决议完全符合公司法及公司章程规定。同时,股东增资入股项目公司,法律并无对公司审计、评估的强制要求,该结论一审时已论述过,不再赘述。综上所述,海碧公司增资入股行为合法合规。增资扩股行为会导致公司股东股比的摊薄,但并不必然造成股东权益的损害,因海碧公司增资入股是带义务的增资(包括品牌的效益及开发资金的投入等),而非完全享有权益。而上诉人所说的分配方案,属于后续股东的利益分配环节,并不属于增资入股本身的范畴,上诉人所述毫无道理。海碧公司增资入股世纪公司、翠倚公司时,世纪公司、翠倚公司已将全部资产作为抵押物抵押给中国银行番禺支行,且已停滞多年未开发,世纪公司、翠倚公司存在巨额的负债及对外担保,土地价值并非等同于股权价值,相关论述已在一审时充分说明。海碧公司冒着如此大的风险,还需为增资入股提供融资服务,投入项目开发建设的所有成本,而盛乐公司作为股东在开发过程中未承担任何投入。通过海碧公司的投入,项目已从空地到封顶,何来上诉人所说的海碧公司通过平价增资损害其股东权益之说。综上所述,本案一审法院查明事实清晰,法律适用正确,请求二审法院维持一审法院判决。

盛乐公司向最高人民法院申请再审,请求:(1)撤销广东省广州市中级人民法院(以下简称广州中院)(2017)粤 01 民初 456 号民事判决、广东省高级人民法院(2019)粤民终 285 号民事判决;(2)改判支持盛乐公司的诉讼请求,确认被申请人南星公司、大来公司、灏晴公司等在对翠倚公司、世纪公司进行平价增资扩股引入海碧公司过程中,造成盛乐公司的股权价值受损,赔偿因此造成的盛乐公司的损失;(3)一审、二审、再审费用由被申请人承担。事实和理由:(1)世纪公司、翠倚公司是持有广东省广州市番禺区市桥镇云星村东环路约 3.5 万平方米国有土地使用权的项目公司。2016 年 4 月之前,两家公司股东均为南星公司(占股 47.5%)、大来公司(占股 33%)、盛乐公司(占股 14%)、灏晴公司(占股 5.5%),股权比例均一致。世纪公司注册资本 3906 万元,翠倚公司注册资本 3000 万元均已由各股东按股权比例实缴出资。根据南星公司委托鉴定机构出具的土地评估报告,2014 年 11 月 15 日,世纪公司、翠倚公司所持有地块的评估价值为 1,221,185,972 元。2016 年 4 月 15 日,世纪公司、翠倚公司召开股东会提出,由于两家公司将全部公司资产为南星公司的银行贷款提供抵押,导致需要通过增资扩股的方式引入海碧公司为项目注资,且增资入股的价格不是根据公司净资产,而是根据注册资本原值平价进行扩股。由海碧公司分别按两家公司的注册资本原值出资 7187 余万元,即取得两项目公司各 51% 股权。但两家公司名下的资产是土地,性质是商业及居住建设用地,该土地作为“熟地”,其价值在不断溢价中。2014 年 11 月 15 日的地块评估价值为 1,221,185,972 元,即可以确定在 2014 年 11 月的股权价值已至少溢价至 12.2 亿元,所以被申请人未经评估、未经合理商业安排以注册资本原值平价进行增资扩股的方式使盛乐公司的股权比例从 14% 下降到 6.86%,其中 7.14% 股权所对应的股东财产权益已被无对价地“蒸发”。该种不符合交易习惯的商业安排,直接造成盛乐公司对应股权收益减少的严重损失。(2)案涉平价增资扩股发生时,两家公司资产已被大股东南星公司全部用于为其自身及其关联公司的逾十亿元银行贷款提供了抵押担保。盛乐公司曾向二审法院提出调取证据申请,调取相关仲裁裁决书,该裁决书中所认定的事实能够证实南星公司通过操纵世纪公司、翠倚公司以案涉地块作为担保所取得的银行贷款,后通过关联交易甚至是虚假交易的方式转回南星公司使用,即变相挪用公司资产。但二审法院对有关仲裁裁决书并未进行调取更没有进行查明,仅仅以该仲裁裁决书表面属于贷款银行与南星公司之间的贷款合同纠纷为由而不做进一步的调查认定。(3)原审法院未对案涉基础事实进行查明,并且在对举证不能责任的后果分配中,存在适用法律错误的情况。《公司法》第 20 条第 1 款规定:“公司股东应当遵守法律、行政法规和公司章程,依法行使股东权利,不得滥用股东权利损害公司或者其他股东的利益;不得滥用公司法人独立地位和股东有限责任损害公司债权人的利益。”而原审法院仅以股东会决议是否符合《公司法》及公司章程的表决规则以及是否有依法办理登记手续作为衡量是否存在滥用权利的标准显然是错误的。没有对南星公司等被申请人在作出所谓“合理商业决策”的背景进行查明,是本案基础事实认定出现错误的主要原因。(4)原审法院对举证责任错误倒置,适用法律错误。本案已出现足以推翻原判决的证据。作为评估所需有关资料的唯一管理人、持有人同时也是本案当事人之一的世纪公司、翠倚公司不配合人民法院的要求提供资料,应当承担举证不能的不利法律后果。盛乐公司已于 2018 年 2 月向广东省广州市番禺区人民法院提起股东知情权诉讼,该案民事判决支持了盛乐公司要求调取世纪公司、翠倚公司自 2011 年 3 月至 2017 年 11 月的财务会计账册的诉讼请求。据此,盛乐公司依法有权调取 2016 年 4 月 29 日该时间点的世纪公司、翠倚公司的财务账册及原始凭证,这些资料可以证明公司在本案评估基准日的资产、负债情况,足以查明本案所涉股权价值及再审申请人的损失。据此,请求最高人民法院受理盛乐公司的再审申请,依法维护公司小股东的合法权益。

综上所述,本案争议焦点为:海碧公司等是否滥用股东权利、恶意增资损害盛乐公司股东利益的问题。

裁判说理

一审法院认为,第一,根据《公司法》第 43 条“股东会的议事方式和表决程序,除本法有规定的外,由公司章程规定。股东会会议作出修改公司章程、增加或者减少注册资本的决议,以及公司合并、分立、解散或者变更公司形式的决议,必须经代表三分之二以上表决权的股东通过”之规定,有限责任公司增加公司资本必须由股东会作出决议,且须经代表 2/3 以上表决权的股东通过。经审查,世纪公司、翠倚公司召集包括盛乐公司在内的全体股东召开临时股东会议,以超过 2/3 的表决权表决通过了世纪公司、翠倚公司的增资方案及相关工商变更登记事宜。涉案增资股东会决议形式上符合《公司法》规定的法定程序,盛乐公司以增资决议是以资本多数决方式形成为由,质疑其合法性,缺乏法律依据。第二,根据《公司法》第 178 条第 1 款的规定,有限责任公司增加注册资本时,股东认缴新增资本的出资,依照本法设立有限责任公司缴纳出资的有关规定执行。海碧公司在世纪公司、翠倚公司达成增资股东会决议后,依法办理工商变更手续,其已取得两家公司的股权,符合上述有限责任公司增加注册资本的相关规定。第三,根据世纪公司、翠倚公司的临时股东会议纪要,臻纳公司、海碧公司、南星公司、粤星公司签订的《合作协议》,以及南星公司、大来公司、灏晴公司、海碧公司签订的《备忘录》,涉案增资主要是为了对世纪公司、翠倚公司拥有使用权的地块进行房地产项目开发。世纪公司、翠倚公司拥有 B、C 地块土地使用权,海碧公司负责投入资金进行开发,各方约定目标公司权益分配不按照各自所持股权比例进行,而是由海碧公司分配目标项目的住宅及车库的收益,包括盛乐公司、南星公司、大来公司、灏晴公司在内的原股东分配商业物业及剩余车位的收益。盛乐公司主张涉案增资应对公司的净资产进行必要的审计、评估,以确定公司当时的股权价值,并以此为据进行增资。企业可以根据自身经营发展状况增加注册资本,有关公司增资扩股的股东会决议内容体现了公司股东及管理层对未来公司的经营规划及运营策略,具有较强的商业性。对于有限责任公司,《公司法》并无规定增资必须经过审计或以何种估价进行。目标项目所涉各方已在合作协议中对目标公司的经营负债及利益分配等情况进行充分考量,其由此作出的增资方案按照出资额占注册资本金的比例计算持股比例,于法无悖。盛乐公司提出以涉案地块的评估价值来评定其股权利益的损失,但土地市场价值只是目标公司资产的一部分,不足以完全反映目标公司股权价值,而且根据《合作协议》及盛乐公司的陈述,目标公司本身存在负债及对外担保等状况,故对盛乐公司的意见不予采信。综上所述,涉案增资行为是世纪公司、翠倚公司经过法定程序及商业考量作出的公司行为,盛乐公司主张各被告滥用股东权利、恶意增资损害其利益,理据不足,其以此为由要求各被告向其承担赔偿责任,法院不予支持。

二审法院认为,本案二审的争议焦点,主要是盛乐公司主张南星公司、大来公司、灏晴公司、世纪公司、翠倚公司、海碧公司滥用股东权利恶意增资,损害盛乐公司作为股东的利益是否成立。盛乐公司提起本案诉讼认为南星公司、大来公司、灏晴公司、世纪公司、翠倚公司、海碧公司以世纪公司、翠倚公司的注册资本为基础进行增资扩股,造成盛乐公司持股比例减少,损害其股权利益。首先,从法律依据方面看,涉及公司增资、股东利益保护的法律规定主要是《公司法》第 20 条的规定,股东不得滥用股东权利损害公司或者其他股东的利益;不得滥用公司法人独立地位和股东有限责任损害公司债权人的利益。第 43 条的规定,公司股东会会议作出增加或者减少注册资本的决议必须经代表 2/3 以上表决权的股东通过。法律并没有规定公司增资必须经过审计或以何种估价进行,因此,盛乐公司认为在世纪公司和翠倚公司增资时应专门进行评估,没有法律依据。其次,世纪公司和翠倚公司的涉案增资行为,符合法律的规定。2016 年 4 月 15 日,世纪公司、翠倚公司召开临时股东会议,南星公司、大来公司、灏晴公司、盛乐公司均参加了会议。会议介绍了以下情况:2016 年 1 月 26 日,由世纪公司、翠倚公司的 4 位股东控股的臻纳公司与海碧公司签订了《合作协议》,碧桂园已于 2016 年 3 月 8 日接收现场,但由于各种原因,碧桂园进入世纪、翠倚两家项目公司的工商变更手续尚未完成,召开临时股东会议对办理工商变更手续的相关事宜进行表决。会议由各股东对两家项目公司增资扩股、工商变更、新公司章程等各项事宜表决,南星公司、大来公司、灏晴公司均表决同意,盛乐公司表决不同意。根据世纪公司和翠倚公司当时的股东结构,南星公司持股 47.5%,大来公司持股 33%,灏晴公司持股 5.5%,可见,上述表决同意的比例,已达 86%,超过 2/3 的表决权。2016 年 3 月 8 日,世纪公司、翠倚公司分别召开股东会议,南星公司、大来公司、灏晴公司、盛乐公司均参加了会议,会议通过了对公司进行增资扩股、由海碧公司增资,最新股本结构变为海碧公司占 51%,南星公司占 23.275%,大来公司占 16.17%,盛乐公司占 6.86%,灏晴公司占 2.695%。南星公司、大来公司、灏晴公司、海碧公司在同意股东落款处签章确认,盛乐公司在不同意股东落款处签章确认。根据变更股东结构前的南星公司、大来公司、灏晴公司、盛乐公司的持股比例,上述表决同意的比例也已达 86%,超过 2/3 的表决权。可见,签署股东会决议均符合《公司法》规定的法定程序,盛乐公司以决议是以资本多数决方式形成为由,质疑其合法性,缺乏法律依据,不应支持。再次,臻纳公司(甲方)、海碧公司(乙方)、南星公司(丙方 1)、粤星公司曾签订《合作协议》,对世纪公司拥有 B 地块国有土地使用权、翠倚公司拥有 C 地块国有土地使用权,两地块已为丙方南星公司的贷款提供抵押担保,世纪公司负债总额 6865 万元,翠倚公司负债总额 3403 万元,由乙方海碧公司收购两家公司 51% 的股权,并负责投入资金对 B、C 地块进行开发。目标公司不按照股权比例进行利润分配,乙方海碧公司按照本协议约定,分得其应分配住宅及车库物业的销售收益,甲方臻纳公司分得商业物业及剩余车位等物业。2016 年 4 月 15 日,南星公司(甲方 1)、大来公司(甲方 2)、灏晴公司(甲方 3)、海碧公司(乙方)签订了《备忘录》,对番禺星海汇项目合作开发事宜进行约定,甲乙双方一致同意,原合作协议约定的由乙方海碧公司收购臻纳公司持有的世纪公司及翠倚公司的股权条款不再执行,具体合作方式变更为乙方海碧公司通过按照注册资本平价增资扩股持有世纪公司及翠倚公司的股权。增资扩股后乙方海碧公司分别直接持有世纪公司、翠倚公司各 51% 的股权。上述行为说明,南星公司等大股东在对世纪公司、翠倚公司的负债情况及经营前景进行充分考量后决定引进海碧公司增资并让海碧公司成为两家公司的大股东,这是企业根据自身经营发展状况而做出的商业决定,属公司股东及管理层的商业规划范畴,并未违反《公司法》等法律规定。最后,盛乐公司认为,海碧公司的增资属于平价增资,降低了世纪公司、翠倚公司的股权价值,从而损害了盛乐公司作为两公司小股东的权益。在一审期间,盛乐公司曾申请法院委托评估机构对世纪公司、翠倚公司的股权价值和涉案地块的价值进行评估。一审法院依法委托深圳市鹏信资产评估土地房地产估价有限公司对涉案地块进行司法评估。该机构出具了《资产评估报告》及相关复函,载明:根据现有资料,仅能对涉案 3 个地块的市场价值进行评估,并出具了土地的市场价值评估结果。可见,因资料有限,对公司股权价值的评估没有结论。对此,法院认为,《公司法》等法律亦无规定公司增资必须经过审计或以何种估价进行。而盛乐公司提出以涉案地块的评估价值来评定其股权利益的损失,法院认为,土地价值只是公司资产的一部分,公司股权价值的评判还应考量公司负债情况等因素,仅凭资产价值不足以客观反映目标公司股权价值,因此,不予采信盛乐公司的观点。基于以上分析,二审法院认为,涉案增资行为是世纪公司、翠倚公司经过商业考量作出的商业行为并履行了法定程序,盛乐公司主张该增资属于滥用股东权利损害其利益的行为,缺乏事实和法律依据,法院不予采信,对盛乐公司以此为由要求南星公司等承担赔偿责任,亦不应支持。

最高人民法院认为,世纪公司和翠倚公司的案涉增资行为及相关股东会决议,均符合《公司法》规定的法定程序。根据世纪公司、翠倚公司的临时股东会会议纪要,臻纳公司、海碧公司、南星公司、粤星公司签订的《合作协议》,以及南星公司、大来公司、灏晴公司、海碧公司签订的《备忘录》的内容,案涉增资主要是为了对世纪公司和翠倚公司名下案涉地块进行房地产项目开发。世纪公司、翠倚公司拥有案涉地块土地使用权,海碧公司负责投入资金进行开发,各方约定目标公司权益分配不按照各自所持股权比例进行,而是由海碧公司分配目标项目的住宅及车库的收益,包括盛乐公司、南星公司、大来公司、灏晴公司在内的原股东分配商业物业及剩余车位的收益。因此,原审法院认为,南星公司等大股东在对世纪公司、翠倚公司的负债情况及经营前景进行充分考量后决定引进海碧公司增资并让海碧公司成为两家公司的大股东,是企业根据自身经营发展状况作出的商业决定,属公司股东及管理层的商业规划范畴,理据充分,法院予以认可。此外,并无法律规定公司增资必须经过审计或者以何种估价进行。就本案所涉大股东主导的增资决议而言,原审法院从是否具有"合理商业目的"以及小股东"合理预期"两方面予以审查,并认为目标项目所涉各方已在合作协议中对目标公司的经营负债及利益分配等情况进行充分考量,由此作出的增资方案于法无悖,事实和法律依据充分,法院予以认可。而盛乐公司申请再审称,原审法院未调查收集案涉主要证据以至于没有查明本案基本事实、仅以程序标准判断案涉增资行为是否属滥用股东权利行为不当、举证责任分配不当等,均无事实和法律依据,法院不予支持。

专业点评

在公司治理中,股东之间关于公司经营、决策等控制权的纠纷屡见不鲜。大股东常常会利用资本多数决,通过程序、形式合法的股东会会议,使个人意志形成股东会决议,对公司重大事项进行控制。根据《公司法》的规定,股东会会议作出增资决议必须经代表2/3以上表决权的股东通过。那么,对于表决权超过2/3的大股东,或大股东联合其他个别股东表决权之和超过2/3的,是否可以决议低价增资?本案对此给出了答案。对于法律并未强制要求目标公司增资前进行评估的,法院会从是否具有"合理商业目的"以及小股东"合理预期"两方面审查增资内容是否恶意。大部分股东纠纷中,小股东均会依据《公司法》第20条的规定,认为大股东滥用股东权利,从而要求大股东承担赔偿责任。而决议低价增资是否属于滥用股东权利,需要法院对增资事宜的合理性进行进一步审理,根据公司的资金状况、筹集资金的方式选择、增资的合理必要性等情况,从商业角度进行综合判断。

另外需要引起注意的是，在本案中，盛乐公司作为小股东是不是只能任由大股东对公司进行决策而默默承受由此给自己带来的利益损失呢？小股东的利益可以采用什么方式进行保护呢？在公司决策过程中，除股权比例决定了话语权之外，可以提前在章程中设定保护性条款。因此，中小股东在参与投资时，应当力求在章程中对认为有必要的、会影响到自身权益的决议事项要求需全体股东一致同意或高于2/3的表决权通过后方可成立，而不是仅满足2/3的表决权或半数；或者可以在公司章程中规定，在某些情况出现后，小股东可以主张公司或大股东、实际控制人以一定的价格或作价机制回购小股东的股权，通过退出来维护小股东的权益。小股东在投资的过程中，由于所占股权比例不高，所以一定要用好公司章程这个武器，完善好公司的基础治理结构才能保护好自己。

法条链接

《公司法》(2018年)

第二十条　公司股东应当遵守法律、行政法规和公司章程，依法行使股东权利，不得滥用股东权利损害公司或者其他股东的利益；不得滥用公司法人独立地位和股东有限责任损害公司债权人的利益。

公司股东滥用股东权利给公司或者其他股东造成损失的，应当依法承担赔偿责任。

公司股东滥用公司法人独立地位和股东有限责任，逃避债务，严重损害公司债权人利益的，应当对公司债务承担连带责任。

第二十二条　公司股东会或者股东大会、董事会的决议内容违反法律、行政法规的无效。

股东会或者股东大会、董事会的会议召集程序、表决方式违反法律、行政法规或者公司章程，或者决议内容违反公司章程的，股东可以自决议作出之日起六十日内，请求人民法院撤销。

股东依照前款规定提起诉讼的，人民法院可以应公司的请求，要求股东提供相应担保。

公司根据股东会或者股东大会、董事会决议已办理变更登记的,人民法院宣告该决议无效或者撤销该决议后,公司应当向公司登记机关申请撤销变更登记。

第四十三条　股东会的议事方式和表决程序,除本法有规定的外,由公司章程规定。

股东会会议作出修改公司章程、增加或者减少注册资本的决议,以及公司合并、分立、解散或者变更公司形式的决议,必须经代表三分之二以上表决权的股东通过。

五、提起损害股东利益纠纷诉讼须厘清请求权基础

案件名称

聚点公司诉彭某鸣等损害股东利益纠纷案

案号

一审:(2021)苏0831民初2031号;二审:(2021)苏08民终4915号

裁判要旨

公司制度的核心,在于股东的财产权与公司的财产权相互分离,股东以投入公司财产为代价获得公司的股权,公司股东对于公司的财产并不享有请求权。损害股东利益纠纷案件的请求权基础在于基于股东地位而产生的财产分配请求权。提起损害股东利益的诉讼须对直接损害了股东利益这一事项完成举证。

案情简介

上诉人(原审原告):聚点公司

被上诉人(原审被告):彭某鸣

被上诉人(原审被告):卢某乐

原审第三人:金麟公司

原审第三人:骏启公司

2018年7月26日,聚点公司与金麟公司签订《能源管理项目合同》,约定由聚点公司采用合同能源管理模式为金麟公司建设和运营锅炉系统提供蒸汽、导热油、热水等。

2018年10月10日、11月27日,美斯特公司、聚点公司与格瑞展泰公司签订《商

业项目合作协议》及补充协议，约定由三方共同出资成立项目公司，从事金麟公司生物质炭气联产项目，美斯特公司持股比例为60%，聚点公司和格瑞展泰公司持股比例均为20%，格瑞展泰公司在项目公司的出资及股东义务由聚点公司负责且其股东权利由聚点公司代持，聚点公司和格瑞展泰公司承诺在10个工作日内把聚点公司与金麟公司签订的《能源管理项目合同》中能源管理服务单位的相关权利义务转移到项目公司且完成合同签订。

2018年10月15日，美斯特公司、聚点公司作为股东成立骏启公司，持股比例分别为60%、40%，公司章程规定彭某鸣为公司执行董事、法定代表人，股东会会议由股东按认缴出资比例行使表决权，股东会会议作出除前款规定的其他事项的决议外，必须经代表1/2以上表决权的股东通过。

2018年10月，骏启公司与案外人朱某权就金麟公司生物质炭气联产项目锅炉车间土建工程签订《工程施工合同》一份，约定朱某权为骏启公司施工建设金麟公司生物质炭气联产项目锅炉车间土建工程，工程价款为476,000元，工程施工过程中增加了相应的工程量，骏启公司已付工程款359,400元。

2018年12月21日，骏启公司与金麟公司签订《能源管理项目合同》，聚点公司在该合同中的权利义务均由骏启公司享有和承担，项目立项、环境评估和锅炉手续审批由双方共同出资（各50%）并负责落实。涉案工程于2019年4月23日停工，至今未办理建设用地规划许可证、建设工程许可证以及锅炉的相关审批手续，其土建工程于2020年9月23日被（2020）苏0831民初1276号判决文书确认为实质上属于违法建筑，骏启公司与案外人朱某权签订《工程施工合同》被确认为无效合同。

2019年11月6日，骏启公司与金麟公司签订《和解协议》，约定解除双方签订的《能源管理项目合同》，双方互不向对方追究违约、赔偿等相关法律责任。骏启公司拆除已投入的设备，并同意建筑设施以58,176.2元转让给金麟公司，骏启公司于2019年3月27日向案外人江苏新金菱电缆有限公司采购的电缆线金额58,176.2元，由金麟公司代骏启公司支付并抵消上述建筑设施转让款。聚点公司认为，彭某鸣、卢某乐签署的《和解协议》损害了骏启公司利益，继而损害了其股东聚点公司的利益，违反了法律规定，故起诉至法院。

诉讼过程

因认为彭某鸣、卢某乐签署的《和解协议》损害了骏启公司利益，继而损害了其股东原告的利益，聚点公司以损害股东利益责任纠纷诉彭某鸣、卢某乐至金湖县人民法院，请求判令确认《和解协议》无效，江苏省淮安市金湖县人民法院一审判决驳回原告诉讼请求。后聚点公司不服,向江苏省淮安市中级人民法院提起上诉,被判决驳回上诉,维持原判。

裁判结果

一审判决:驳回原告的诉讼请求。

二审判决:驳回上诉,维持原判。

主要争点

聚点公司在一审中提出:2018 年 10 月 15 日,聚点公司与美斯特公司合资成立骏启公司,被告彭某鸣为骏启公司执行董事兼法定代表人,被告卢某乐担任项目经理,高某俊负责公司日常管理。骏启公司为金麟公司提供能源(蒸汽)服务项目,主要包括厂房和锅炉设备等,并于 2019 年 10 月基本完工,厂房造价约 60 万元。后由于金麟公司违反合同约定未支付保证金和购置供热管道,建设资金超过预算,美斯特公司不愿追加投资,导致项目中断。2019 年 11 月 6 日,两名被告私自代表骏启公司与金麟公司签订《和解协议》,免除金麟公司的违约责任,将建筑设施(厂房)以 58,176.2 元不合理低价转让给金麟公司,骏启公司将已安装的设备拆除运走。而案涉厂房无规划许可证和施工许可证,属于违章建筑,根据《中华人民共和国城市房地产管理法》第 38 条的规定,未依法登记领取权属证书的房地产不得转让,上述《和解协议》因违反法律强制性规定而归于无效,故聚点公司依据《公司法》第 152 条提起损害股东利益责任诉讼。

彭某鸣、卢某乐辩称:(1)原告既非案涉《和解协议》的当事人,也与案涉《和解协议》没有直接利害关系,故原告对此不具有诉的利益,故原告无权主张案涉《和解协议》的效力;(2)案涉工程因未取得建设用地规划许可证和建设工程规划许可证使得工程施工合同被确认无效,但该无效认定并不影响《和解协议》的效力;(3)两被告并非私自与第三人签订《和解协议》,而是基于职权和委托行为。

金麟公司辩称:(1)骏启公司与其签订的《和解协议》是协商一致的结果,是双方真实意思表示,不存在法律规定的无效情形。双方签字盖章后即生效,对双方产生约束力。(2)案涉厂房是否属于违章建筑,只能依法认定工程施工合同的效力,而不影响和解协议的效力。(3)原告未能举证证明两名被告存在《公司法》第 152 条的行为,其与案涉和解协议无直接的利害关系,故请求驳回起诉。

骏启公司辩称:(1)原告既非案涉《和解协议》的当事人,也与案涉《和解协议》

没有直接利害关系，故原告对此不具有诉的利益，无权主张案涉《和解协议》的效力；(2)案涉工程因未取得建设用地规划许可证和建设工程规划许可证使得工程施工合同被确认无效，但该无效认定并不影响《和解协议》的效力；(3)两名被告并非私自与第三人签订《和解协议》，而是基于职权和委托行为。

综上所述，本案争议焦点为：《和解协议》的效力如何认定。

裁判说理

一审法院认为，原告在本案中主张被告彭某鸣、卢某乐私自代表骏启公司免除金麟公司的违约责任，且以不合理低价转让案涉资产侵害其利益，其实质是主张被告彭某鸣、卢某乐免除金麟公司违约责任并低价转让案涉资产侵害了骏启公司的财产权益，并进而侵害其股权所代表的财产权益。法院认为，公司制度的核心在于股东的财产权与公司的财产权相互分离，股东以投入公司财产为代价获得公司的股权。股东对公司财产并不享有直接权利。骏启公司是案涉资产的所有权人，原告对其投资享有股东权益，对于公司的财产并不享有直接请求权。而《公司法》第152条规范的是董事、高级管理人员直接侵害股权权益，如资产收益、参与重大决策以及选举管理者等权益的行为。在本案中，原告主张以《公司法》第152条的规定为请求权基础，实质是主张其作为股东享有剩余财产分配请求权遭受损害因而请求损害赔偿。法院认为，侵害剩余财产分配权的形态表现为在公司清算解散的前提下，董事、监事、高级管理人员未按照法律、行政法规或者公司章程的规定向股东分配公司剩余财产。而在公司未进入清算解散程序的情况下，董事或高级管理人员管理公司签署《和解协议》转让公司资产的行为，不能认定为侵害股东剩余财产权的行为。即使该交易转让价格明显过低，股东也只能依据《公司法》第151条规定的途径寻求救济。综上所述，原告对其主张的权益不享有依据《公司法》第152条规定的权利，故驳回原告的诉讼请求。

二审法院认为，聚点公司主张骏启公司与金麟公司签订的《和解协议》因违反法律规定，损害股东利益，应属无效。其请求权基础是《公司法》第152条的规定，即董事、高级管理人员违反法律、行政法规或者公司章程的规定，损害股东利益的，股东可以向人民法院提起诉讼。在本案中，一方面，被上诉人彭某鸣作为原审第三人骏启公司的执行董事及法定代表人，被上诉人卢某乐作为骏启公司的受托人，其代表骏启公司签订案涉《和解协议》属于履行职务行为；另一方面，即使按照聚点公司提出的依据《公司法》第152条的规定，聚点公司也并未能就案涉《和解协议》的签订直接损害了股东利益完成举证，一审法院据此判决驳回聚点公司的诉讼请求并无不当。

专业点评

在本案中,原告以《公司法》第152条的规定为请求权基础主张两名被告的行为侵害其股东利益,因此主张案涉合同无效。一审法院同样根据《公司法》第152条作出判决,认为“在公司未进入清算解散程序的情况下,董事或高管管理公司签署《和解协议》转让公司资产的行为,不能认定为侵害股东剩余财产权的行为”。即一审法院并不认同原告主张,认为两名被告的行为并不能被认定为侵犯股东利益,不符合《公司法》第152条的相关规定,故驳回原告诉讼请求。二审法院则强调,两名被告的行为“属于履行职务行为”,并且原告“并未能就案涉和解协议的签订直接损害了股东利益完成举证”。由此可见,在“损害股东利益责任纠纷”中,诉讼的关键点在于举证证明董事、高级管理人员等人员的行为是否直接损害了股东利益。这是因为公司制度的核心在于股东的财产权与公司的财产权相互分离,股东以投入公司财产为代价获得公司的股权。财产的分离进而造成请求权的分离,即公司股东仅对投资享有股东权益,对于公司的财产并不享有直接请求权。而由于公司股东对于公司的财产并不享有请求权,因此在审视其请求权基础时,需要将目光由基于公司财产产生的请求权转移至基于股东地位所享有的财产分配请求权。而事实上,对于“股东的财产分配请求权遭受到董高等人员行为的侵害”这一事实的证明,其难度和精度都具备较高的要求,当事人和律师应当在对事实和法律关系进行充分的梳理和分析后再决定是否采取“损害股东利益责任纠纷”这一诉讼路径。在本案中,一审法院也提道:“董事或高级管理人员管理公司签署《和解协议》转让公司资产的行为,不能认定为侵害股东剩余财产权的行为。即使该交易转让价格明显过低,股东也只能依据《公司法》第151条规定的途径寻求救济。”可见,一审法院也认为,该案件不适合采取“损害股东利益责任纠纷”这一路径,相比较之下,《公司法》第151条的规定所指向的“损害公司利益责任纠纷”路径与该案件中部分事实更为契合。

法条链接

《公司法》(2018年)

第一百五十一条　董事、高级管理人员有本法第一百四十九条规定的情形的，有限责任公司的股东、股份有限公司连续一百八十日以上单独或者合计持有公司百分之一以上股份的股东，可以书面请求监事会或者不设监事会的有限责任公司的监事向人民法院提起诉讼；监事有本法第一百四十九条规定的情形的，前述股东可以书面请求董事会或者不设董事会的有限责任公司的执行董事向人民法院提起诉讼。

监事会、不设监事会的有限责任公司的监事，或者董事会、执行董事收到前款规定的股东书面请求后拒绝提起诉讼，或者自收到请求之日起三十日内未提起诉讼，或者情况紧急、不立即提起诉讼将会使公司利益受到难以弥补的损害的，前款规定的股东有权为了公司的利益以自己的名义直接向人民法院提起诉讼。

他人侵犯公司合法权益，给公司造成损失的，本条第一款规定的股东可以依照前两款的规定向人民法院提起诉讼。

第一百五十二条　董事、高级管理人员违反法律、行政法规或者公司章程的规定，损害股东利益的，股东可以向人民法院提起诉讼。

六、损害股东利益责任纠纷类案件的举证要点

案件名称

李某诉胡某生、谭某东等损害股东利益责任纠纷案

案号

一审：(2020)湘1302民初3514号；二审：(2021)湘13民终360号

裁判要旨

损害股东利益责任纠纷实质属于侵权纠纷，被告的侵权行为应符合一般侵权责任的构成要件，即存在加害行为、民事权益被侵害、加害行为与民事权益被侵害之间存在因果关系、行为人具有过错，主张利益受到损害的股东对此均要承担举证责任，否则将会承担举证不能的不利后果。

案情简介

上诉人(原审被告):胡某生

上诉人(原审被告):谭某东

上诉人(原审被告):肖某

上诉人(原审被告):肖某华

上诉人(原审被告):李某洪

被上诉人(原审原告):李某

2004年9月6日,五名被告经原湖南省娄底市工商行政管理局(现为湖南省娄底市市场监督管理局)登记设立了泰宇公司。2011年6月30日,原告投资入股泰宇公司。2012年9月22日,泰宇公司修正公司章程,在原有股东(五名被告)的基础上增加原告为其股东并办理了股东变更登记。变更登记后,原告持有泰宇公司30%的股权,五名被告各持有泰宇公司14%的股权。2013年1月之后,泰宇公司未进行生产经营活动。2015年10月5日,泰宇公司与毕某武签订《购买协议》,将公司废旧设备及废旧钢材以26万元的价格卖给了毕某武。泰宇公司与娄底高溪集团有限公司签订《固定资产转让协议》,将公司的土地使用权、房屋等不动产、附属设施、设备等固定资产作价420万元转让给娄底高溪集团有限公司。2016年9月9日,原告与五名被告签署《资金分配方案》,将所得的294万元资金进行了分配。其中,原告与五名被告各分得工资10万元;预留费用10万元处理后期扫尾工作;为公司小股东预留27.5万元;剩余196.5万元按股份比例进行分配,原告分得58.95万元,五名被告各分得27.51万元。2017年5月24日,泰宇公司召开股东会并作出解散公司,成立清算组对公司进行清算的决议。清算组负责人由被告胡某生担任,原告与其他四名被告均为清算组成员。2017年6月2日10时16分,被告李某洪向原告发送手机短信,通知原告参加股东会议,研究公司资金分配事项。原告未能赶到参加股东会议。五名被告当天召开了股东会议,起草了分配方案,虽未形成正式决议,但按该方案分配资金。2017年6月10日,泰宇公司在娄底日报发布公告,通知原告在该公告刊登之日起30日内与公司联系并参加股东大会。2017年7月10日,5名被告召开股东会并通过《清算报告》。《清算报告》载明:截至2017年7月10日,本公司共有资金1,362,095元,负债1,658,835元[其中:(1)其他应付款-利息1,262,835元;(2)支付其他应付款-工资108,000元;(3)其他应付款-职工养老金288,000元],净资产-296,740元;清算期间发生费用12,600元,公司亏损309,340元,按投资比例,李某分担92,802元。原告未参加本次股东会,也未在《清算报告》上签名。2017年8月21日,泰宇公司办理了注销登记。

原告李某曾于2019年8月以5名被告合同违约为由向法院提起民事诉讼，湖南省娄底市娄星区人民法院作出(2019)湘1302民初4872号民事判决，认定：2011年5月7日，5名被告(甲方)与案外人刘某忠(乙方)签订了《投资协议书》约定由乙方向泰宇公司投资180万元，占泰宇公司资产总额的30%，甲方承诺在乙方投资前，泰宇公司不存在任何债务。乙方所拥有的股份不承担任何在乙方投资泰宇公司以前发生的债务的偿还义务及连带责任，由此造成的损失由甲方负责。原告与案外人刘某忠系合伙关系。法院认为：《清算报告》中支付的投资款利息并不是原告投资前的公司债务，而是被告在清算过程中侵害了原告的利益。被告并未违反《投资协议书》的约定。据此，驳回了原告的诉讼请求。

诉讼过程

因合同违约产生纠纷，李某以损害股东利益责任纠纷诉胡某生、谭某东、肖某、肖某华、李某洪至湖南省娄底市娄星区人民法院，请求判令5名被告赔偿损失，湖南省娄底市娄星区人民法院判决支持原告诉讼请求。5名被告不服，向湖南省娄底市中级人民法院提出上诉被判决驳回上诉，维持原判。

裁判结果

一审判决：被告胡某生、谭某东、肖某、肖某华、李某洪在本判决书生效之日起10日内赔偿原告李某352,048.5元。

二审判决：驳回上诉，维持原判。

主要争点

李某请求法院判令被告胡某生、谭某东、肖某、肖某华、李某洪共同赔偿其损失624,867.6元。

被告胡某生、谭某东、肖某、肖某华、李某洪的答辩要点：(1)本案不是损害股东利益责任纠纷，人民法院送达的应诉通知书等法律文书所确定的案由和法律关系有误；(2)原告为维护股东个人利益起诉清算组成员没有法律依据；(3)原告没有提出股东会决议效力确认之诉而直接起诉主张分配剩余财产，没有法律依据；(4)泰宇公司清算组系依据公司股东会决议成立，清算组制作的清算报告已经过该公司股东会确认，清算行为合法，不构成侵权。

胡某生、谭某东、肖某、肖某华、李某洪上诉请求：撤销一审判决第一项，改判驳回被上诉人李某的起诉或者裁定发回重审。事实和理由:(1)一审判决将本案案由认定为损害股东利益责任纠纷,并适用《公司法》第20条的规定判决被上诉人承担赔偿责任是错误的。泰宇公司股东胡某生、谭某东、肖某、肖某华、李某洪是依照法律和公司章程行使股东权利,没有滥用股东权利的行为。(2)本案案由实为清算责任纠纷,而被上诉人李某在《民事起诉状》中认为本案案由是清算责任纠纷,被上诉人李某为维护股东个人利益起诉清算组成员没有法律依据。(3)一审判决认定,《清算报告》不具有法律上的约束力是错误的。上诉人在通过电话、短信无法有效联系被上诉人的情况下,又通过公告通知被上诉人参加股东会符合法律规定,被上诉人未在法定期限内请求撤销该股东会决议,故2017年7月10日的股东会决议合法有效,股东会确认的《清算报告》合法有效。(4)一审判决判令上诉人赔偿被上诉人352,048.5元及利息是错误的。《清算报告》中所列的其他应付款,即利息1,262,835元,正是5名上诉人在注册出资68万元之外对泰宇公司享有的332万元债权应支付的利息。被上诉人李某没有提出股东会决议效力确认之诉,故《清算报告》的效力无法否定。而一审判决认定《清算报告》不具有法律上的约束力,又根据《清算报告》进行分配,损害了上诉人的合法权益。

李某辩称:一审判决认定事实清楚,适用法律正确,请求驳回上诉,维持原判。理由如下:(1)关于本案的法律关系。本案为损害股东利益责任纠纷认定正确。5名上诉人与李某均为泰宇公司清算组成员的身份是基于其均为泰宇公司的股东。公司在清算过程中不仅只有清算责任纠纷,也有损害股东利益责任纠纷。提起损害股东利益责任纠纷不要求先确认股东会决议无效或撤销股东会决议。(2)5名上诉人明显滥用了股东权利,损害了李某的利益,应当承担赔偿责任。5名上诉人未依照泰宇公司《章程》第22条及《公司法》第41条的规定召开股东会议,损害了李某作为泰宇公司大股东参加股东会议、行使表决权等股东权利。5名上诉人虚列支出,违法给自己分配利息,严重损害了李某的利益分配权。5名上诉人认可《清算报告》中泰宇公司存有资金1,362,095元及各项应支付的费用金额。现泰宇公司已经注销,不能重新清算,且泰宇公司对外未负有债务,与公司债权人及公司外部无涉,本案仅限于股东内部责任的承担问题,李某对此金额亦未提出异议,可作为损害股东利益的计算依据。一审判决5名上诉人赔偿李某352,048.5元并承担利息正确。

综上所述,本案争议焦点为:5名被告的行为应如何定性。

裁判说理

一审法院认为,《公司法》第20条规定,公司股东应当遵守法律、行政法规和公司章程,依法行使股东权利,不得滥用股东权利损害公司或者其他股东的利益。公司股东滥用股东权利给公司或者其他股东造成损失的,应当依法承担赔偿责任。在本案中,5 名被告在泰宇公司清算过程中未注销前仍为泰宇公司的股东。原告认为 5 名被告在公司清算中损害了其作为股东的利益,依照上述法律规定,其可以向人民法院提起诉讼。根据泰宇公司章程的规定,召开股东会应提前 15 天通知全体股东。5 名被告第一次以短信的方式通知原告参加股东会议未果,之后又直接以公告的方式通知原告参加股东会议,违反了泰宇公司的章程和《公司法》第 41 条的规定。根据《公司法》第 15 条、第 186 条的规定,公司自行清算的,清算方案应报股东会或者股东大会确认。未经确认的清算方案,清算组不得执行。泰宇公司在清算过程中,原告作为持有泰宇公司 30% 股权的股东,未在清算方案上签字、确认。因此,《清算报告》并不具有法律上的约束力。《清算报告》中所列的其他应付款 – 利息 1, 262, 835 元,5 名被告认为是其对泰宇公司的投资而应支付的利息。法院认为,公司股东对公司投资后享有的是股东权益,资本投入公司后转变公司的财产,5 名被告并未提供证据证明其对泰宇公司另享有其他债权,且 5 名被告在与原告李某的合伙人所签订的《投资协议书》中明确,在乙方投资前,泰宇公司不存在任何债务。因此,5 名被告认为 1, 262, 835 元是泰宇公司应支付给 5 名被告的利息的抗辩理由,法院不予采信。

二审法院认为,《公司法》第 189 条规定,清算组成员应当忠于职守,依法履行清算义务。清算组成员不得利用职权收受贿赂或者其他非法收入,不得侵占公司财产。清算组成员因故意或者重大过失给公司或者债权人造成损失的,应当承担赔偿责任。在泰宇公司清算过程中,5 名上诉人与被上诉人作为公司股东均为清算组成员,应当依法履行清算义务。但 5 名上诉人违反了泰宇公司的章程和《公司法》的相关规定,于 2017 年 7 月 10 日召开股东会并通过《清算报告》,且在《清算报告》中虚列负债项:其他应付款 – 利息 1, 262, 835 元作为其对泰宇公司的投资而应支付的利息,该行为损害了被上诉人的合法权益,依法应当承担赔偿责任。关于 5 名上诉人主张《清算报告》未经确认无效不能否定效力的问题,泰宇公司在向工商管理部门递交《清算报告》等资料后已于 2017 年 8 月 21 日办理了公司注销登记,被上诉人李某在诉讼中未请求确认《清算报告》无效,而且还认可《清算报告》中有关泰宇公司的资产、其他债务(工资及职工养老金、清算费用等)以及最终亏损数额,只是认为有关利息 1, 262, 835 元不应当列为公司的应付款项,对于该款应当按照出资比例予以分配,故在本案的处理中不宜认定该《清算报告》的内容全部无效。原判决在对《清算报告》效力的认定方面存在瑕疵,但该瑕疵对本案的实体处理并无实质性影响。

专业点评

损害股东利益责任纠纷实质属于侵权纠纷，被告的侵权行为应符合一般侵权责任的构成要件，即存在加害行为、民事权益被侵害、加害行为与民事权益被侵害之间存在因果关系、行为人具有过错。在本案中，加害行为是5名被告违背《公司法》和公司章程的规定，召开股东会并将公司资金按利息分配；受侵害的是李某的股东分配权；5名被告违法按利息分配1,262,835元与李某少分股东权益具有直接因果关系；5名被告作为股东，明知《公司法》和公司章程对于股东会召集程序的规定，明知出资后财产所有权属于公司，仍以利息为名予以分割，明显具有过错。股东权利，包括知情权、表决权、收益分配权、清算请求权等多项权益。股东"表决权"，是保证"公司决策机制"正当运行的前提，也是判断公司决策是否"正当"的依据，在实务中，大多数的侵害股东利益责任纠纷产生都是因未能让股东正当行使表决权所引发。

法条链接

《公司法》(2018年)

第二十条　公司股东应当遵守法律、行政法规和公司章程，依法行使股东权利，不得滥用股东权利损害公司或者其他股东的利益；不得滥用公司法人独立地位和股东有限责任损害公司债权人的利益。

公司股东滥用股东权利给公司或者其他股东造成损失的，应当依法承担赔偿责任。

公司股东滥用公司法人独立地位和股东有限责任，逃避债务，严重损害公司债权人利益的，应当对公司债务承担连带责任。

第四十一条　召开股东会会议，应当于会议召开十五日前通知全体股东；但是，公司章程另有规定或者全体股东另有约定的除外。

股东会应当对所议事项的决定作成会议记录，出席会议的股东应当在会议记录上签名。

第一百八十六条第一款　清算组在清理公司财产、编制资产负债表和财产清单后，应当制定清算方案，并报股东会、股东大会或者人民法院确认。

第三篇

股东损害公司债权人利益责任纠纷

导　语

股东损害公司债权人利益纠纷,是指公司股东因滥用公司法人独立地位和股东有限责任,逃避债务,严重损害公司债权人利益,对公司债务承担责任的民事纠纷。处理损害公司利益责任纠纷的法律依据主要是:《公司法》第20条、第21条、第147条、第149条、第151条;《公司法解释一》第4条;《公司法解释二》第23条;《公司法解释四》第23~26条;《公司法解释五》第1条、第2条;《民法典》第83条第1款。

法律对公司股东滥用公司法人地位和股东有限责任作出了规定,确立了公司人格否认制度,以制止股东滥用公司法人格及有限责任,保护公司债权人的利益。《公司法》第20条规定:"公司股东应当遵守法律、行政法规和公司章程,依法行使股东权利,不得滥用股东权利损害公司或者其他股东的利益;不得滥用公司法人独立地位和股东有限责任损害公司债权人的利益。"公司法人人格否认制度(揭开公司面纱)是在承认公司具有法人人格的前提下,对特定关系中的公司人格及股东有限责任加以否认,直接追索公司背后成员的责任,以规制滥用公司人格及股东有限责任的行为。公司人格独立和股东有限责任是《公司法》的基本原则。否认公司独立人格,由滥用公司法人独立地位和股东有限责任的股东对公司债务承担连带责任,系股东有限责任例外情形。否认公司法人格,须具备股东实施滥用公司法人独立地位及股东有限责任行为及该行为严重损害公司债权人利益的法定要件。其适用前提包括:(1)适用前提:以公司具备独立人格为逻辑前提;(2)适用后果:是在个案处理、具体法律关系中对公司法人资格的否认,并不导致公司法人资格消灭;(3)适用时间:是一种事后的规制、对失衡的公司利益的事后调整;(4)适用主体:只能由国家司法机关在审判实践中按照一定的标准予以适用。

公司股东滥用股东权利给公司或者其他股东造成损失的,应当依法承担赔偿责任。公司股东滥用公司法人独立地位和股东有限责任,逃避债务,严重损害公司债权人利益的,应当对公司债务承担连带责任。但公司作为独立法人在起诉时不能列为共同被告,只能在法院裁定公司无财产终止执行时,方可提起此类诉讼。

一、股东与公司人格混同导致公司债权人利益受损，应当承担连带清偿责任

案件名称

北京电线公司诉德州电装公司、第三人天津高科公司股东损害公司债权人利益责任纠纷案

案号

一审:(2017)京0116民初8512号;二审:(2019)京03民终2577号;再审:(2019)京民申3582号

裁判要旨

公司是法律拟制的主体,其独立的意思表示是维系自身利益的前提和基础。母公司代替子公司承受合同预期利益,应当具有合理的程序和对价。因此,一人有限责任公司股东未经股东书面决定将公司重要业务转移其自身,该行为已经属于不尊重从属公司独立意思和独立利益的不当控制行为。母公司利用对子公司的绝对控制权,在短暂持股期间将子公司的重要客户资源以无对价方式转移至自己名下,造成子公司偿债能力下降,进而损害子公司债权人债权受偿时,已经构成滥用公司法人独立地位和股东有限责任严重损害公司债权人利益的情形,其应当对债权人未受偿债权承担连带清偿责任。

案情简介

上诉人(原审被告):德州电装公司

被上诉人(原审原告):北京电线公司

原审第三人:天津高科公司

北京电线公司与天津高科公司存在多年业务关系。北京电线公司于2013年1月24日以定做合同纠纷为由,向天津高科公司提起诉讼;2013年12月18日经北京市怀柔区人民法院作出(2013)怀民初字第01061号民事判决书,判决天津高科公司给付北京电线公司货款8,275,705.53元,并支付逾期付款利息。一审判决作出后,天津高科公司提起上诉,该案于2014年4月11日经北京市第三中级人民法院判决,

驳回上诉,维持原判。

2014 年 4 月 24 日,北京电线公司基于上述生效判决向北京市怀柔区人民法院申请强制执行,2014 年 12 月 17 日该执行案件以被执行人财产正在处理中,且暂无其他财产可供执行为由终结本次执行程序。

天津高科公司系一人有限责任公司,德州电装公司在 2013 年 11 月 30 日至 2014 年 4 月 29 日担任天津高科公司一人法人股东,2014 年 3 月 26 日德州电装公司将其对天津高科公司的享有的股权转让给案外公司(2014 年 3 月 26 日为股权转让合同签订时间,对于债权人而言应当以工商登记信息为准)。

依据《泓淋科技集团有限公司关于处置非全资附属公司股权和收购日拓科技的关联交易及须予披露交易》中《董事会函件》记载,天津高科公司具有生产自有汽车线束产品所需的资产,其客户基础与本集团专业技术和产能结合可以产生协同效应,进一步扩大新增汽车信号传输线业务的规模和利润。

天津高科公司与北汽福田汽车股份有限公司等相关单位(以下简称福田公司)存在长期业务关系;2014 年 1 月 1 日,福田公司与天津高科公司签订《汽车零部件(及材辅料)采购合同》,天津高科公司向福田公司供货。2014 年 3 月 6 日,天津高科公司向福田公司提交《变更申请函》,要求将福田公司的供应商由天津高科公司变更为德州电装公司;2014 年 3 月 21 日,福田公司出具《关于供应商信息变更的通知》,同意供应商变更为德州电装公司。针对该笔业务主体变更问题,德州电装公司陈述变更的原因是天津高科公司已经陷入履行不能,但是其并未提供充分证据予以证明;德州电装公司自认,当时业务从天津高科公司变更至德州电装公司并未支付对价,针对业务变更事项也未经天津高科公司作出书面股东决定。

诉讼过程

因债务纠纷,北京电线公司以股东损害公司债权人利益责任纠纷诉德州电装公司至北京市怀柔区人民法院,请求判令德州电装公司对天津高科公司拖欠北京电线公司货款本金 8,275,705.53 元及利息承担连带清偿责任,北京市怀柔区人民法院一审判决支持原告诉讼请求。后德州电装公司不服,向北京市第三中级人民法院提起上诉,被判决驳回上诉,维持原判。德州电装公司不服,向北京市高级人民法院申请再审,北京市高级人民法院驳回再审申请。

裁判结果

一审判决:德州电装公司对天津高科公司拖欠北京电线公司货款本金8,275,705.53元及利息、案件受理费70,966元承担连带清偿责任。

二审判决:驳回上诉,维持原判。

再审裁定:驳回再审申请。

主要争点

原告(被上诉人)北京电线公司诉称:北京电线公司与天津高科公司于2008年5月开始建立业务关系。截至2012年11月30日,天津高科公司累计拖欠北京电线公司货款800余万元,后经法院生效判决确认了货款本金和利息。由于天津高科公司对外享有的巨额债权及主营业务均无偿转给德州电装公司,债务人天津高科公司无任何偿付能力,导致北京电线公司的债权至今无法实现。德州电装公司系天津高科公司的一人法人股东,并在担任股东期间将天津高科公司主要业务转移至自身,且两公司法定代表人系同一人,形成资产、业务、人员严重混同。故请求原审法院判令:德州电装公司对天津高科公司拖欠的北京电线公司的货款(本金8,275,705.53元及利息、案件受理费70,966元)承担连带清偿责任。

被告(上诉人)德州电装公司辩称:德州电装公司不同意北京电线公司的全部诉讼请求。(1)德州电装公司与天津高科公司不存在基于关联关系转移业务或财产的情况;(2)双方经营地址不同、财务制度相独立,不构成混同;(3)法院执行查封的天津高科公司的财产足以清偿北京电线公司的债权。

第三人天津高科公司陈述称:不认可北京电线公司全部诉讼请求,认为德州电装公司与天津高科公司不存在人格混同,彼此财产独立。

德州电装公司申请再审称:请求撤销一审、二审判决,对本案提审或指令再审,在查清事实的基础上依法改判,驳回北京电线公司的全部诉讼请求,诉讼费用由该公司承担。事实和理由:德州电装公司不存在滥用股东权利过度控制的问题,原审法院将正常的合同主体变更视为重要客户资源转移,导致天津高科公司债权人受损的认定没有任何事实依据。天津高科公司向公司申请变更供应商信息是因其业务经营严重亏损,导致无法正常履行向福田公司供货,为避免承担供货违约责任和继续亏损而采取的止损行为,不是德州电装公司将自己意志强加于天津高科公司之上的结果。原审判决仅凭与福田公司《汽车零部件(及材辅料)采购合同》的供应商主体变更未经股东书面决议就认为德州电装公司存在过度控制的侵权行为,认定基本事实缺乏证据证明,本案符合《民事诉讼法》第200条规定的应予再审的情形。

北京电线公司辩称：德州电装公司的再审申请没有事实和法律依据，应予驳回。事实和理由：德州电装公司发表的《公开转让说明书》《变更申请函》等证据的内容对其客户资源的目的明确阐述，即为整合其母公司项下的线束业务，同时接受天津高科公司的市场资源、债权债务，而非正常的合同主体变更，实际为过度控制，天津高科公司根本没有自己的人格和独立性。原审法院依据上述证据认定，德州电装公司滥用公司法人独立地位和股东有限责任过度控制，而非其所称仅凭《汽车零部件(及材辅料)采购合同》的供应商变更未经股东会书面决议。德州电装公司的申请理由不能成立。在德州电装公司和其母公司山东省威海市泓琳电子有限公司(以下简称泓淋公司)共同操控下，短短4个月持股期间，将天津高科公司市场客户资源抽空、优质债权转移，导致其无法经营，完全丧失了偿债能力，给北京电线公司造成了严重损失。而且德州电装公司已将本案债权的全部执行款主动交付北京市怀柔区人民法院，其申请再审的行为完全是滥用诉讼权利，浪费诉讼资源。

德州电装公司申请再审，提出在查清事实的基础上依法改判，驳回北京电线公司的全部诉讼请求。事实和理由：德州电装公司不存在滥用股东权利过度控制的问题，原审法院将正常的合同主体变更视为重要客户资源转移，导致天津高科公司债权人受损的认定没有任何事实依据。日拓公司向福田公司申请变更供应商信息是因其业务经营严重亏损，导致无法正常履行向福田公司供货，为避免承担供货违约责任和继续亏损而采取的止损行为，不是德州电装公司将自己意志强加于天津高科公司之上的结果。原审判决仅凭与福田公司《汽车零部件(及材辅料)采购合同》的供应商主体变更未经股东书面决议就认为德州电装公司存在过度控制的侵权行为，认定基本事实缺乏证据证明，本案符合《民事诉讼法》第200条规定的应予再审的情形。

北京电线公司对此辩称：德州电装公司的再审申请没有事实和法律依据，应予驳回。事实和理由：德州电装公司自己发表的《公开转让说明书》《变更申请函》等证据的内容对其客户资源的目的明确阐述为整合其母公司项下的线束业务，同时接受天津高科公司的市场资源、债权债务，而非正常的合同主体变更，实际为过度控制，天津高科公司根本没有自己的人格和独立性。原审法院依据上述证据认定，德州电装公司滥用公司法人独立地位和股东有限责任过度控制，而非其所称仅凭《汽车零部件(及材辅料)采购合同》的供应商变更未经股东会书面决议。德州电装公司的申请理由不能成立。在德州电装公司和其母公司泓淋公司共同操控下，短短4个月持股期间，将天津高科公司市场客户资源抽空、优质债权转移，导致其无法经营，完全丧失了偿债能力，给北京电线公司造成了严重损失。德州电装公司已将本案债权的全部执行款主动交付北京市怀柔区人民法院，其申请再审的行为完全是滥用诉讼权利,浪费诉讼资源。

综上所述,本案争议焦点为:母公司过度控制子公司情形下,是否构成人格混同,从而对子公司债务承担连带清偿责任。

裁判说理

二审法院认为,《公司法》第20条第3款规定,公司股东滥用公司法人独立地位和股东有限责任,逃避债务,严重损害公司债权人利益的,应当对公司债务承担连带责任。从上述规定可以看出,法律原则上维护公司的独立人格,阻止公司债权人直接要求公司股东承担责任。但是,法律要求股东不得在享受有限责任特权的同时滥用公司法人人格,牟取不法利益,严重损害公司债权人利益,否则,股东需对公司债务承担连带责任。在本案中,天津高科公司具有生产自有汽车线束产品所需的资产,德州电装公司从其母公司泓淋公司处受让天津高科公司的全部股权,与天津高科公司汽车线束相关的债权债务随之转移至德州电装公司。德州电装公司在成为天津高科公司一人股东的短短几个月内,尤其是在天津高科公司与北京电线公司买卖合同纠纷诉讼期间,将作为福田公司供应商的天津高科公司变更为德州电装公司,且上述重要客户资源转让的决定,并无天津高科公司的股东书面决议或天津高科公司其他独立决策的文件可以证明。德州电装公司将自己的意志强加于天津高科公司之上,使天津高科公司丧失了自我意志和自我决策能力。德州电装公司对此明确表示没有对价,且对天津高科公司是否已经陷于违约危机事实并未提交充分证据证明。德州电装公司及其关联公司的文件表明,天津高科公司的客户资源可以增加生产规模和利润。德州电装公司对天津高科公司实施不正当支配和控制的行为,难以认定具有正当目的,且使天津高科公司利益受损,符合过度控制的构成要件。一审法院对此予以认定,符合法律规定。综上所述,德州电装公司的行为属于滥用公司法人独立地位和股东有限责任,大大降低了天津高科公司的偿债能力,使天津高科公司债权人北京电线公司经生效判决确认的债权至今未能清偿,严重损害了公司债权人的利益。一审法院判决德州电装公司对天津高科公司的债务承担连带清偿责任,并无不当。

北京市高级人民法院认为,德州电装公司对天津高科公司实施不正当支配和控制的行为,难以认定具有正当目的,属于滥用股东权利的行为,且使天津高科公司利益受损,造成其债权人北京电线公司经生效判决确认的债权至今未能清偿,严重损害了公司债权人的利益,符合过度控制的构成要件。原审判决德州电装公司对天津高科公司的债务承担连带清偿责任,并无不当。德州电装公司的再审申请理由不能成立,应予驳回。

专业点评

在公司人格否认案件中,单纯涉及过度控制,滥用公司控制权的案例较少,过度控制判断标准的模糊性和难以确定性让很多法官只有在能够确认股东与公司之间存在人员混同或者财产混同的前提下才支持当事人过度控制的主张。诚然,股东过度控制往往表现为对公司事务过分干预从而引起股东与公司的人格混同或者财产混同。过度控制与人员混同、财产混同等公司法人格否认的各种适用情形或多或少存在交叉和重叠,但是也有如本案一样在没有人员与财产混同的前提下存在过度控制的情形,故人员混同或财产混同并非过度控制的充分要件。认定过度控制的关键是看股东是否通过对公司的控制而实施不正当影响,使公司丧失了独立意志和利益,成为股东谋取利益的工具,严重损害公司债权人的利益。例如,在本案中,公司股东未经股东会同意,利用对子公司的绝对控制权,在短暂持股期间将子公司的重要客户以无对价方式转移至自己名下,造成子公司偿债能力下降,进而损害子公司债权人债权受偿,符合过度控制的构成要件。

在现有司法判例中,法院多因财产混同、人员混同等情形否认公司人格,因股东“过度控制”而否认公司人格的判例寥寥无几。本案属于因股东过度控制而否认公司人格的典型案例。在该案中,对过度控制的法律构成要件结合案件作了进一步梳理,并确定了因过度控制而否认公司人格情形下的举证责任承担和证明标准,丰富了公司人格否认的适用情形,为今后司法解释的制定提供了重要的分析样本。公司的人格独立和股东的有限责任是公司法制度的基石。公司作为法律拟制的主体,其自身意思表示的形成必须借助于履行特定程式的多数决。既然有规则遵循,就无法避免规则被滥用。控股股东利用其优势地位滥用有限责任制度,影响公司正常意思形成,使公司变为其自身人格的外观表达,诸如设立空壳公司、脱壳经营、虚假出资、母公司对子公司的人格滥用等,均会严重损害公司外部债权人利益。因此,催生出公司人格否认制度对上述问题进行个案规制,“揭开公司面纱”,否认股东与公司各自独立的人格,让股东对公司债务承担共同连带责任。

法条链接

《公司法》(2018 年)

第二十条　公司股东应当遵守法律、行政法规和公司章程,依法行使股东权利,不得滥用股东权利损害公司或者其他股东的利益;不得滥用公司法人独立地位和股东有限责任损害公司债权人的利益。公司股东滥用股东权利给公司或者其他股东造成损失的,应当依法承担赔偿责任。

公司股东滥用公司法人独立地位和股东有限责任,逃避债务,严重损害公司债权人利益的,应当对公司债务承担连带责任。

第六十三条　一人有限责任公司的股东不能证明公司财产独立于股东自己的财产的,应当对公司债务承担连带责任。

二、股东未完全履行出资义务即转让股权，债权人能否径行起诉股权受让人

案件名称

王某征诉佳昊公司、李某股东损害公司债权人利益责任纠纷案

案号

一审:(2017)津 0104 民初 8149 号;二审:(2018)津 01 民终 9042 号

裁判要旨

股东“抽逃出资”不属于最高人民法院《公司法解释三》第 18 条规定的股东“未全面履行出资义务”的行为。公司债权人在不起诉公司原股东的情况下,直接起诉股权受让人,要求其依据最高人民法院《公司法解释三》第 18 条对公司债务承担连

带责任的，人民法院不予支持。

案情简介

上诉人（原审原告）：王某征

被上诉人（原审被告）：佳昊公司

被上诉人（原审被告）：李某

佳昊公司于2012年1月5日设立登记，初始股东为案外人姜某和王某刚，其中姜某出资60万元，投资比例60%，担任法定代表人、执行董事及经理；王某刚出资40万元，投资比例40%，担任监事。2013年5月29日，佳昊公司进行变更登记，实收资本由100万元变为1000万元。2014年3月4日，佳昊公司进行变更登记，实收资本由1000万元变为3600万元。2014年7月18日，佳昊公司变更法定代表人，由姜某变为案外人袁某，袁某同时担任公司的执行董事及经理，免去姜某以上职务。2014年7月27日，姜某与袁某签订《股权转让协议》，姜某同意将其在佳昊公司中占有的60%股份（2160万元）转让给袁某。同日，王某刚与案外人刘某签订《股权转让协议》，王某刚同意将其在佳昊公司中占有的40%股份（1440万元）转让给刘某。2014年8月7日，佳昊公司变更股东，由姜某、王某刚变为袁某、刘某，刘某替代王某刚成为公司监事。

2015年1月13日，佳昊公司变更股东，由袁某、刘某变更为李某及案外人邓某，法定代表人由袁某变更为李某。佳昊公司向公司登记机关提交由法定代表人袁某签字的《公司变更登记申请表》，由袁某和刘某签字的《股东会决议》，由李某和邓某签字的《佳昊公司公司章程》，由袁某和李某、刘某和邓某分别签字的《股权转让协议》，由李某与邓某签字的《新股东会决议》，由李某签字的《佳昊公司公司经理聘任书》，以上文件落款日期均为2015年1月13日。从文件内容显示，袁某将其在佳昊公司中占有的60%股份（2160万元）转让给李某，刘某将其在佳昊公司中占有的40%股份（1440万元）转让给邓某，佳昊公司法定代表人由袁某变更为李某。

2014年9月29日，一审法院作出（2014）南民三初字第4779号民事调解书，载明王某征与佳昊公司自愿达成调解协议："一、被告佳昊公司于2014年12月31日前向原告王某征支付2,000,000元劳务费及50,000元利息；二、如果被告未按本调解书确定的期限履行给付金钱义务，应按照《中华人民共和国民事诉讼法》第二百五十三条之规定，加倍支付迟延履行期间的债务利息；三、双方别无其他争议；四、案件受理费22,887元，减半收取11,443.5元，保全费5000元，合计16,443.5元，由被告负担。"2015年2月5日，一审法院作出（2015）南执字第0195号执行裁定书，载明王某征申请执行上述民事调解书,一审法院在执行过程中未发现可供执行的财产,裁定终结执行。

李某于2017年11月24日向原天津市滨海新区市场和质量监督管理局举报佳昊公司涉嫌提交虚假材料,该局于2017年12月4日立案调查。一审法院于2018年7月2日致函原天津市滨海新区市场和质量监督管理局,委托其协助核查相关情况,原天津市滨海新区市场和质量监督管理局于2018年7月26日向一审法院复函,称原天津市滨海新区市场和质量监督管理局曾委托天津市开平司法鉴定中心对佳昊公司申请变更登记时提交的《(新)股东会决议》下方"李某"的签字笔迹进行鉴定,根据鉴定中心出具的《司法鉴定意见书》,鉴定意见为"签名字迹不是李某书写"。

一审期间,王某征委托诉讼代理人根据一审法院出具的律师调查令调取了佳昊公司在多家银行的交易明细,显示佳昊公司的多个账户多次向姜某个人账户转账数额不等的资金,但以上银行交易明细中均未显示佳昊公司与李某存在交易记录。

另查,一审法院曾受理案外人牛某、李某蔚与佳昊公司房屋买卖合同纠纷一案,该案上诉后被发回重审。在重审案件中,一审法院作出(2017)津0104民初7481号民事判决书,该判决主文第4项判令牛某、李某蔚一次性返还佳昊公司购房款2,450,000元。牛某、李某蔚不服提起上诉,该案正在二审审理期间。

诉讼过程

因债务产生纠纷,王某征以股东损害公司债权人利益责任纠纷诉佳昊公司、李某至天津市南开区人民法院,请求判令两名被告连带向原告偿还债务10,000元,天津市南开区人民法院一审判决驳回原告诉讼请求。后王某征不服,向天津市第一中级人民法院提起上诉,被判决驳回上诉,维持原判。

裁判结果

一审判决:驳回原告诉讼请求。

二审判决:驳回上诉,维持原判。

主要争点

王某征认为:(1)案外人姜某将佳昊公司的款项转至其名下账户的行为,是典型的抽逃出资。《公司法解释三》第20条规定:"当事人之间对是否已履行出资义务发生争议,原告提供对股东履行出资义务产生合理怀疑证据的,被告股东应当就其已履行出资义务承担举证责任。”在本案中，王某征依法调取的佳昊公司银行流水，已经明确显示佳昊公司向其原法定代表人姜某的个人账号转入大量资金，数额已经超过姜某的出资额，王某征已就姜某抽逃资金的主张完成举证义务。佳昊公司和李某均未能举证证实姜某未抽逃出资，应当认定王某征的上述主张成立。(2)李某应当知道其受让的佳昊公司股份存在抽逃出资的瑕疵。首先，李某在受让佳昊公司股权时未支付对价，但仍接收股权并办理相关手续，足以认定其明知受让的股权存在瑕疵。其次，李某自2015年1月13日担任佳昊公司的法定代表人之后，掌握了公司财产及账册等，但又拒绝王某征申请执行佳昊公司财产案件的法庭传唤，拒不向法庭出示有关账册，亦可认定其知道所受让的股份存在瑕疵。

李某辩称：(1)李某系被冒名登记为佳昊公司的股东，符合冒名股东的法律要件，其不应被认定为佳昊公司的股东。李某在得知自己被冒名登记后，向原天津市滨海新区市场和质量监督管理局进行了举报，该局委托天津市开平司法鉴定中心对佳昊公司股权转让文件中李某的签名进行了笔迹鉴定，结论显示签名不是李某本人书写。一审法院通过向原天津市滨海新区市场和质量监督管理局发函，已查明上述情况。此外，王某征在一审期间根据法院出具的律师调查令，调取了佳昊公司成立以来的银行流水，均未显示佳昊公司与李某有任何转账交易记录，印证了李某与佳昊公司没有任何关系，并未向佳昊公司出资。鉴于李某从未作出过持有佳昊公司股权的真实意思表示，亦未参与公司管理，系被冒名登记为公司股东，应根据《公司法解释三》第28条的规定，驳回王某征的上诉请求。(2)关于王某征主张由李某承担连带责任，一审判决在第二个争议焦点中已经作了全面论述。首先，根据《公司法解释三》第12条的规定，仅通过佳昊公司与股东姜某之间存在资金往来，并不足以认定姜某为抽逃出资；其次，根据佳昊公司的工商登记显示，姜某将该公司股权转让给袁某，之后袁某又转让给李某，即使姜某存在抽逃出资的情形，李某亦不可能明知。因此，王某征的上述主张不能成立。综上所述，一审判决认定事实清楚，适用法律正确，请求二审法院予以维持。

综上所述，本案争议焦点为：(1)在本案中，能否认定案外人姜某抽逃出资；(2)如果李某为佳昊公司股东，其是否应当依照《公司法解释三》第18条的规定对佳昊公司所欠债务向王某征承担连带责任。

裁判说理

关于第一个争议焦点，法院认为，首先，根据《公司法解释三》第12条的规定，股东抽逃出资系通过虚增利润进行分配、虚构债权债务或者利用关联交易转出出资，以及其他未经法定程序将出资抽回的行为,公司和股东之间的资金往来并不必然属于抽逃出资;其次,在本案中,王某征可以一并起诉案外人姜某,但其自愿选择不起诉姜某,应当承担相应的法律后果,对佳昊公司与姜某之间的资金往来属于《公司法解释三》第12条规定的抽逃出资的情形承担举证责任;最后,王某征在本案中并未提交已经确认姜某抽逃出资的人民法院生效裁判文书。综上所述,王某征在本案中提交的证据仅能证明佳昊公司与姜某存在资金往来,不能证明姜某的行为属于抽逃出资。王某征关于姜某抽逃出资的主张,在本案中不予采纳。

关于第二个争议焦点,法院认为,确定本案是否应当适用《公司法解释三》第18条的规定,判决李某对佳昊公司所欠债务向王某征承担连带责任,主要取决于以下两点:

第一,股东"抽逃出资"是否属于《公司法解释三》第18条规定的股东"未全面履行出资义务"的行为。法院认为,首先,《公司法解释三》明确区分了"未全面履行出资义务"和"抽逃出资"两个不同法律概念:该司法解释第8条至第11条、第13条、第18条使用了"未全面履行出资义务"的概念,第12条、第14条使用了"抽逃出资"的概念,第16条和第19条明确使用了"股东未履行或者未全面履行出资义务或者抽逃出资"的表述,即在同一个条文里将"抽逃出资"与"未全面履行出资义务"并列使用,因此,"抽逃出资"和"未全面履行出资义务"在该司法解释中系不同的法律概念。其次,《公司法解释三》明确规定了股东"未全面履行出资义务"和"抽逃出资"的不同认定标准:该司法解释第8条至第11条规定了"未全面履行出资义务"的认定标准,第12条规定了"抽逃出资"的认定标准,二者认定标准不同。综上所述,法院认为,股东"抽逃出资"不属于《公司法解释三》第18条规定的股东"未全面履行出资义务"的行为。

第二,公司债权人在不起诉公司原股东的情况下,直接起诉股权受让人对公司债务承担连带责任的,人民法院是否应予支持。法院认为,《公司法解释三》第13条第2款规定,"公司债权人请求未履行或者未全面履行出资义务的股东在未出资本息范围内对公司债务不能清偿的部分承担补充赔偿责任的,人民法院应予支持;未履行或者未全面履行出资义务的股东已经承担上述责任,其他债权人提出相同请求的,人民法院不予支持"。第18条第1款规定,"有限责任公司的股东未履行或者未全面履行出资义务即转让股权,受让人对此知道或者应当知道……公司债权人依照本规定第十三条第二款向该股东提起诉讼,同时请求前述受让人对此承担连带责任的,人民法院应予支持"。根据上述规定,公司债权人在起诉原股东对公司债务承担补充赔偿责任的前提下,一并请求对此知情的股权受让人与原股东承担连带责任的，人民法院才予以支持。在本案中，王某征并未起诉原股东姜某而直接起诉股权受让人李某，不符合司法解释的规定，法院不予采纳。

专业点评

在瑕疵股权转让中，受让人对于转让人的出资违约行为可能知情，也可能不知情。所以，在分配责任时需要考察受让人在受让股权时对于出资违约行为的认知情况，并根据该情况作出不同的责任分配。这就意味着：在责任类型上，作为转让人的原股东是履行出资义务的主体，其所承担的是“出资责任”，而受让人承担的是“连带责任”。但是，需要进一步说明，有一种观点认为，如果坚持商法外观主义，则不应纠结于受让人或转让人之间的责任分配顺序，而是要看谁是在册股东。如果转让人依然是在册股东，就应该由转让股东承担出资履行义务和责任，受让人是否承担连带责任，则视其是否为善意受让而定；如果股东名册已经将受让人变更为在册股东，则应该由受让股东承担出资履行义务，转让人承担连带责任。由此看来，不同主体承担的责任尚存在一些争议。本案的意义在于明确了诉讼的方式，即债权人请求瑕疵股权受让人承担连带责任的，须以起诉原股东为前提条件，这是一种程序上的限制。为避免在事件中维权受阻，建议应该将原出资股东和股权受让人一并起诉最为稳妥。

法条链接

1.《公司法》（2013 年）①

第二十条　公司股东应当遵守法律、行政法规和公司章程，依法行使股东权利，不得滥用股东权利损害公司或者其他股东的利益；不得滥用公司法人独立地位和股东有限责任损害公司债权人的利益。

公司股东滥用股东权利给公司或者其他股东造成损失的，应当依法承担赔偿

---

① 现已修改为《公司法》（2018 年）第 20 条。

责任。

公司股东滥用公司法人独立地位和股东有限责任,逃避债务,严重损害公司债权人利益的,应当对公司债务承担连带责任。

2.《公司法解释三》(2014 年)[①]

第十三条　股东未履行或者未全面履行出资义务,公司或者其他股东请求其向公司依法全面履行出资义务的,人民法院应予支持。

公司债权人请求未履行或者未全面履行出资义务的股东在未出资本息范围内对公司债务不能清偿的部分承担补充赔偿责任的,人民法院应予支持;未履行或者未全面履行出资义务的股东已经承担上述责任,其他债权人提出相同请求的,人民法院不予支持。

股东在公司设立时未履行或者未全面履行出资义务,依照本条第一款或者第二款提起诉讼的原告,请求公司的发起人与被告股东承担连带责任的,人民法院应予支持;公司的发起人承担责任后,可以向被告股东追偿。

股东在公司增资时未履行或者未全面履行出资义务,依照本条第一款或者第二款提起诉讼的原告,请求未尽公司法第一百四十七条第一款规定的义务而使出资未缴足的董事、高级管理人员承担相应责任的,人民法院应予支持;董事、高级管理人员承担责任后,可以向被告股东追偿。

第十八条　有限责任公司的股东未履行或者未全面履行出资义务即转让股权,受让人对此知道或者应当知道,公司请求该股东履行出资义务、受让人对此承担连带责任的,人民法院应予支持;公司债权人依照本规定第十三条第二款向该股东提起诉讼,同时请求前述受让人对此承担连带责任的,人民法院应予支持。

受让人根据前款规定承担责任后,向未履行或者未全面履行出资义务的股东追偿的,人民法院应予支持。但是,当事人另有约定的除外。

三、不能以公司未清算直接推定股东怠于清算,要求股东承担连带清偿责任

案件名称

鹰潭金蝉君汇诉徐某、胡某燕等股东损害债权人利益责任纠纷案

---

① 现已修改为《公司法解释三》(2020 年)第 13 条、第 18 条。

案号

一审:(2019)京0108民初6456号;二审:(2020)京01民终1404号

裁判要旨

公司未清算不能直接推定股东怠于清算。股东怠于清算承担对债权人的连带清偿责任需审查股东是否具有故意拖延、拒绝履行清算义务,或者因过失导致无法进行清算的消极行为。当股东不具备上述故意或行为时,不承担连带清偿责任。对于股东提出的"怠于履行义务"的消极不作为与"公司主要财产、账册、重要文件等灭失无法进行清算"的结果没有因果关系的抗辩事由,应按照证据规则严谨审查。抗辩成立的,即使出现"公司主要财产、账册、重要文件等灭失,无法进行清算"的结果,股东也不应就公司债务承担连带清偿责任。

案情简介

上诉人(原审原告):鹰潭金蝉君汇

被上诉人(原审被告):徐某

被上诉人(原审被告):胡某燕

被上诉人(原审被告):徐某莹

徐某甲、胡某某、徐某乙提交的德达公司2005年至2007年银行对账单显示,德达公司并未实际经营。北京市石景山区人民法院出具(2006)石法执字第1179号民事裁定书,因德达公司无财产可执行,裁定对德达公司与北京市石景山区国有资产经营公司(以下简称石景山国资公司)其他合同纠纷一案终结本次执行程序。2007年10月11日,原北京市工商行政管理局石景山分局出具京工商石处字(2007)都D1985号行政处罚决定书,决定吊销德达公司营业执照。德达公司于2018年7月向法院申请破产,法院予以受理并指定破产管理人。后法院作出(2018)京0107破4号民事裁定书,裁定终结德达公司破产程序,原因系德达公司提交的财务资料缺失,且债务人德达公司无力支付破产清算的费用,客观上无法进行破产清算。

关于德达公司财务账册丢失具体原因,股东提交的北京市石景山区法院(2006)石执字第1179号执行通知以及德达公司财务部门移动硬盘开启前封存证据、收材料说明等显示,在德达公司和石景山国资公司其他合同纠纷案中,2007年1月23日,在北京市石景山区科学技术委员会、原北京市石景山区人民政府法制办公室、石景山国资公司、德达公司共同见证下,封存相关材料。2007年,北京市石景山区科学技术委员会因具体经办人员退休、档案管理人员变更调整、委员会多次搬家等情况,导致德达公司财务账册下落不明,上述情况由石景山区科委出具情况说明。

诉讼过程

因债务产生纠纷,鹰潭金蝉君汇以股东损害公司债权人利益责任纠纷诉徐某、胡某燕、徐某莹至北京市海淀区人民法院,请求判令被告对借款承担连带清偿责任,北京市海淀区人民法院一审判决驳回原告诉讼请求。后鹰潭金蝉君汇不服,向北京市第一中级人民法院提起上诉,被判决驳回上诉,维持原判。

裁判结果

一审判决:驳回原告鹰潭金蝉君汇全部诉讼请求。

二审判决:驳回上诉,维持原判。

主要争点

原告(上诉人)鹰潭金蝉君汇诉称:依据(2015)一中民(商)终字第1987号民事判决书,德达公司需偿还信达天津分公司借款223万元及利息。2018年1月,信达天津分公司与鹰潭金蝉君汇签署债权转让协议,并在《金融时报》刊登债权及相关权益催收暨转让联合公告,鹰潭金蝉君汇获得上述债权。2018年2月,鹰潭金蝉君汇向北京市石景山区人民法院申请执行,北京市石景山区人民法院作出(2018)经0107执1008号执行裁定书,裁定终结(2013)石初字第1267号民事判决书的执行,原因系德达公司名下无银行存款、无登记机动车、无登记不动产。后鹰潭金蝉君汇起诉德达公司股东因怠于履行清算义务承担连带清偿责任。基于上述事实和理由,原告提出如下诉讼请求:德达公司股东徐某甲、胡某某、徐某乙就德达公司借款本金223万元及利息承担连带清偿责任。

被告(被上诉人)徐某甲、胡某某、徐某乙辩称:不认可存在怠于履行清算义务行为。2007年,德达公司曾委托盈科律师事务所对公司清算,公司股东会决议也能显示已申请破产清算工作。后未完成破产清算系公司财务账册等重要资料等均系第三方原因丢失,并非股东故意为之。德达公司股东认为,鹰潭金蝉君汇的债权无法实现根本原因系公司经济状况恶化、资不抵债,而非股东怠于履行清算义务导致的公司资产缩水。

综上所述,本案争议焦点为:德达公司股东徐某、胡某燕、徐某莹是否有丢失财务账目等其他怠于清算行为以及是否已过诉讼时效。

裁判说理

一审法院认为,本案争议的焦点是德达公司股东徐某、胡某燕、徐某莹是否有丢失财务账目等其他怠于清算行为以及是否已过诉讼时效。(1)是否怠于清算。《公司法解释二》第18条第2款规定,有限责任公司的股东、股份有限公司的董事和控股股东因怠于履行义务,导致公司主要财产、账册、重要文件等灭失,无法清算,债权人主张其对公司债务承担连带清偿责任的,人民法院应依法予以支持。在本案中,重点审查股东是否具有上述行为,首先,从徐某、胡某燕、徐某莹提交的证据能够看出德达公司未实际经营后,股东多次委托律师事务所进行破产清算等行为,不存在怠于清算行为。其次,根据北京市石景山区科学技术委员会出具的材料能够认定德达公司财务账目丢失并非徐某、胡某燕、徐某莹等原因,徐某、胡某燕、徐某莹不存在故意丢失德达公司财务资料的主观故意和客观行为。最后,徐某、胡某燕、徐某莹多次向该院提出破产申请,并非怠于履行股东义务。综上所述,法院认为,虽然德达公司财务账册存在丢失情况,但并非由于徐某、胡某燕、徐某莹的原因,徐某、胡某燕、徐某莹已经证明公司财务账册丢失和其没有因果关系,且鹰潭金蝉君汇并未提举有效证据证明其关于徐某、胡某燕、徐某莹怠于履行清算义务的主张。在本案中,无法认定徐某、胡某燕、徐某莹存在怠于履行清算义务行为,不应判令其对德达公司债务承担连带清偿责任。(2)诉讼时效。债权人以公司未及时清算、无法清算为由主张清算义务人承担民事赔偿责任的诉讼时效,自债权人知道或者应当知道公司法定清算事由出现之日的第15日后开始起算。德达公司在2007年10月11日被原北京市工商行政管理局石景山分局吊销营业执照,该信息属于可公开查询内容,后包括多次执行终结、申请破产等情形,均属于债权人知道或应当知道公司法定清算事由的情形。在本案中,鹰潭金蝉君汇并未在合理时间内行使其诉讼权利,应承担不利后果。

二审法院认为,《公司法》第180条、第183条的规定,公司依法被吊销营业执照而解散的,应当在解散事由出现之日起15日内成立清算组,开始清算。《公司法解释二》第18条第2款规定:“有限责任公司的股东、股份有限公司的董事和控股股东因怠于履行义务,导致公司主要财产、账册、重要文件等灭失,无法进行清算,债权人主张其对公司债务承担连带清偿责任的,人民法院应依法予以支持。”根据上述法律及司法解释的规定,股东在公司出现解散事由后未依法履行清算义务,是属于滥用公司法人独立地位和股东有限责任,损害公司债权人利益的行为,应承担相应的赔偿责任。如因股东等清算义务人怠于履行义务,导致公司无法清算,债权人有权要求清算义务人对公司债务承担连带清偿责任。在本案中,德达公司系依据《公司法》设立的有限责任公司,徐某、胡某燕、徐某莹作为公司股东、清算义务人,在德达公司被吊销营业执照后有义务成立清算组对公司进行清算。现德达公司由于账册、重要文件下落不明而无法进行清算,但该公司账册、重要文件未能找到是在处理德达公司债务期间,因为第三方原因所致,并非 3 名股东故意或重大过失造成。在此情形下,鹰潭金蝉君汇要求徐某、胡某燕、徐某莹对本案诉争债务承担连带清偿责任缺乏事实和法律依据。鹰潭金蝉君汇上诉理由依据不足,法院不予采信。

关于本案诉讼时效的问题。法院认为,《民法总则》第 188 条规定,向人民法院请求保护民事权利的诉讼时效期间为 3 年。法律另有规定的,依照其规定。诉讼时效期间自权利人知道或者应当知道权利受到损害以及义务人之日起计算。据此,诉讼时效期间应当自权利人知道或者应当知道权利受到损害以及义务人之日起计算。德达公司被吊销营业执照、法院终结其执行程序,均非认定该公司已经处于无法清算状态的直接依据,还应当结合个案的具体情况进一步分析判断。一审法院关于本案诉讼时效已过的认定有所不当,二审法院予以纠正,但不影响本案的处理结果。

专业点评

在股东清算责任类的纠纷中,最为常见的情形,是只要公司没有清算,就判决股东承担连带清偿责任。具体而言:一是因果关系判断错误。将公司没有清算和股东承担责任认定为直接因果关系,是由于未能清楚认识公司是否清算以及成功清算受多方因素影响,股东只是其中因素之一。二是举证责任分配错误。在有的案件中,注意到股东和清算义务之间的关联,但对股东是否怠于履行清算义务存在不当的举证责任分配,如进行举证责任倒置、过错推定等,认为只要未清算就推定股东系怠于履行义务,违反“谁主张,谁举证”的基本规则。

通说认为,该举证责任应分配给股东,因为公司经营状况、资产增值消耗情况、账目保管等外部债权人无法轻易知晓,但不意味着绝对适用股东对无法清算事由的过错推定。对于股东提出的“怠于履行义务”的消极不作为与“公司主要财产、账册、重要文件等灭失,无法进行清算"的结果没有因果关系的抗辩事由,应按证据规则谨慎审查。抗辩成立的,即使出现"公司主要财产、账册、重要文件等灭失,无法进行清算"的结果,股东也不应就公司债务承担连带清偿责任。如本案中,德达公司硬盘和账册丢失系第三方责任,不应归责于股东。但需注意在极端情况下,应考虑股东为避免成功清算,将重要财产和账册委托给第三人存放或假意审计,并且和第三人恶意串通毁损材料,以此作为免责方式的风险出现。结合本案情况可知,德达公司系在其他诉讼过程中被动提交硬盘和账册,且提供给政府机关,并不具备恶意委托第三人故意毁损情形。在实践中,对该类型第三方原因导致的"公司主要财产、账册、重要文件等灭失,无法进行清算"的情形,需仔细审查以下几点:一是第三方获得公司财产、账册、重要文件的基础原因,是诉讼需要、合同关系还是免费保存,不同基础原因影响合理性判断;二是第三方的性质,司法机关、行政机关,审计、清算类公司,还是免费保存的关联公司,第三方不同性质影响动机性判断;三是债务人公司在第三人毁损行为中是否存在故意或过失,当然,此处的故意或者过失,举证责任分配至债权人,而非债务人公司自证无过错。

法条链接

1.《公司法解释二》(2014年)[①]

第十八条　有限责任公司的股东、股份有限公司的董事和控股股东未在法定期限内成立清算组开始清算,导致公司财产贬值、流失、毁损或者灭失,债权人主张其在造成损失范围内对公司债务承担赔偿责任的,人民法院应依法予以支持。

有限责任公司的股东、股份有限公司的董事和控股股东因怠于履行义务,导致公司主要财产、账册、重要文件等灭失,无法进行清算,债权人主张其对公司债务承担连带清偿责任的,人民法院应依法予以支持。

---

① 现已修改为《公司法解释二》(2020年)第18条。

上述情形系实际控制人原因造成，债权人主张实际控制人对公司债务承担相应民事责任的，人民法院应依法予以支持。

2.《九民纪要》

14.［怠于履行清算义务的认定］公司法司法解释（二）第18条第2款规定的"怠于履行义务"，是指有限责任公司的股东在法定清算事由出现后，在能够履行清算义务的情况下，故意拖延、拒绝履行清算义务，或者因过失导致无法进行清算的消极行为。股东举证证明其已经为履行清算义务采取了积极措施，或者小股东举证证明其既不是公司董事会或者监事会成员，也没有选派人员担任该机关成员，且从未参与公司经营管理，以不构成"怠于履行义务"为由，主张其不应当对公司债务承担连带清偿责任的，人民法院依法予以支持。

15.［因果关系抗辩］有限责任公司的股东举证证明其"怠于履行义务"的消极不作为与"公司主要财产、账册、重要文件等灭失，无法进行清算"的结果之间没有因果关系，主张其不应对公司债务承担连带清偿责任的，人民法院依法予以支持。

四、股东认缴出资期限未届满时，对劳动债权的特别保护

案件名称

陈某诉芦某龙、张某股东损害公司债权人利益责任纠纷案

案号

一审：（2020）沪0114民初22619号

裁判要旨

在注册资本认缴制下，股东依法享有期限利益。债权人以公司不能清偿到期债务为由，请求未届出资期限的股东在未出资范围内对公司不能清偿的债务承担补充赔偿责任的，人民法院不予支持。但是公司作为被执行人，人民法院穷尽执行措施无财产可供执行，已具备破产原因，但不申请破产的除外。对公司是否已具备破产原因的审查应审慎把握，而在债权人享有劳动债权的情形下，如无相反证据证明公司仍具有清偿能力，则应认定股东的出资义务加速到期。

案情简介

原告:陈某

被告:芦某龙

被告:张某

陈某原系雷武公司员工。2019 年 1 月 18 日,陈某因与雷武公司劳动报酬等争议向上海市闵行区劳动人事争议仲裁委员会提出仲裁申请。经上海市闵行区劳动人事争议仲裁委员会审查,陈某与雷武公司达成协议并由上海市闵行区劳动人事争议仲裁委员会作出闵劳人仲(2019)办字第 578 号调解书,确认:(1)雷武公司应于 2019 年 4 月 30 日前、5 月 30 日前及 6 月 30 日前各向陈某以银行转账形式支付 19,987.65 元,合计 59,962.95 元;(2)陈某与雷武公司确认劳动关系于 2019 年 1 月 22 日终结。该调解书生效后,由于雷武公司未履行调解书确定的债务,陈某向上海市嘉定区人民法院申请强制执行。2019 年 12 月 19 日,上海市嘉定区人民法院作出(2019)沪 0114 执 5588 号执行裁定,认为经法院采取执行措施后未能查到雷武公司可供执行的财产或财产线索,故裁定终结该案执行程序。

因陈某在闵劳人仲(2019)办字第 578 号调解书项下的债权未获清偿,故陈某向上海市嘉定区人民法院提起诉讼,以芦某龙、张某未履行或者未全面履行出资义务为由,要求芦某龙、张某在认缴出资的范围内对雷武公司债务不能清偿部分承担补充赔偿责任。

芦某龙、张某未作答辩亦未提交证据。经查,雷武公司注册资本 100 万元,股东为芦某龙、张某。芦某龙认缴出资 90 万元,张某认缴出资 10 万元,芦某龙、张某的认缴出资期限均为 2028 年 6 月 26 日,实缴出资未填。

诉讼过程

因债务产生纠纷,陈某以股东损害公司债权人利益责任纠纷诉芦某龙、张某至上海市嘉定区人民法院,请求判令芦某龙、张某对公司债务不能清偿部分承担补充赔偿责任,上海市嘉定区人民法院一审判决支持原告诉请。

裁判结果

一审判决:(1)被告芦某龙应在 90 万元范围对雷武公司在闵劳人仲(2019)办字第 578 号调解书项下所负的债务不能清偿的部分向原告陈某承担补充赔偿责任,被告芦某龙在其他案件中已实际履行应承担的补充赔偿责任的部分,不再承担;(2)被告张某应在 10 万元范围内对雷武公司在闵劳人仲（2019）办字第 578 号调解书项下所负的债务。

主要争点

原告认为，根据相关法律规定，两名被告应在未出资范围内对雷武公司债务不能清偿部分承担补充赔偿责任。

本案被告未作答辩亦未提交证据。

综上所述，本案争议焦点为：芦某龙、张某在出资期限尚未届至的情况下，是否应对雷武公司债务承担补充清偿责任。

裁判说理

首先，根据《公司法》的相关规定，股东应当按期足额缴纳公司章程中规定的各自所认缴的出资额，未履行或者未全面履行出资义务的股东应在未出资本息范围内对公司债务不能清偿的部分承担补充赔偿责任。根据雷武公司企业内部档案显示，芦某龙、张某应于 2028 年 6 月 26 日前缴足其认缴的出资额，现未届出资期限，尚不存在芦某龙、张某未履行或未全面履行出资义务的情形。其次，在法院未受理公司破产申请及公司未解散情形下，如股东出资期限未届满，原则上股东无须向公司债权人承担未出资范围内的补充赔偿责任，除非公司作为被执行人的案件，人民法院穷尽执行措施无财产可供执行，已具备破产原因，但不申请破产。现陈某以雷武公司作为被执行人在执行过程中暂无可供执行财产而被执行终结并被纳入失信被执行人名单，且已停止经营为由，主张雷武公司已具备破产原因。上海市嘉定区人民法院认为，结合雷武公司经营状态、涉雷武公司多起案件的执行情况，在案证据显示雷武公司存在“资不抵债”、明显缺乏清偿能力的情形，且雷武公司及其债权人现均未申请破产，故符合具备破产原因而不申请破产的情形。此外，陈某对雷武公司享有的债权属劳动债权，相对于公司的普通民事债权具有优先受偿性，在雷武公司无法清偿到期劳动债务时，不应苛求劳动者必须通过向法院申请公司破产以实现债权，芦某龙、张某的出资义务应当加速到期，陈某可直接向出资期限尚未届满的股东芦某龙、张某主张补充清偿责任。

专业点评

本案法律适用难点在于非破产、清算情形下，可否适用股东出资义务加速到期的问题。在现行法律框架下，对公司债权人利益的保护路径是当公司解散或面临破产困境时，债权人通过申请破产清算实现其债权，未届出资期限的股东出资义务加速到期，公司债权人根据法定受偿顺序对清算财产"平等"地受偿。伴随公司资本制度改革而来的资本认缴制出现实践困境，《九民纪要》新增了两种情形，即公司作为被执行人的案件，人民法院穷尽执行措施无财产可供执行，已具备破产原因，但不申请破产的；在公司债务产生后，公司股东(大)会决议或以其他方式延长股东出资期限的。该规定突破了公司认缴制及破产制度下个案债权的保护。此时，认定公司是否已无财产可供执行成为案件裁判的关键。在本案中，原告举证中国裁判信息公开网显示雷武公司作为被执行人的未结执行案件、未履行金额以及雷武公司已不在实际经营这几个关键要素，具有一定的启示意义。实践中，可从以下两个角度认定公司是否具备破产条件：第一，公司不能清偿债权人到期债务，且经查阅资产负债表、审计报告、资产评估表等显示公司全部资产不足以偿付全部负债。第二，公司不能清偿债权人到期债务，经查阅显示公司账面资产大于负债，但存在财产无法变现，或无负责人管理公司财产，或长期亏损且扭亏困难等情形。

法条链接

1.《企业破产法》

第二条　企业法人不能清偿到期债务，并且资产不足以清偿全部债务或者明显缺乏清偿能力的，依照本法规定清理债务。

第三十五条　人民法院受理破产申请后，债务人的出资人尚未完全履行出资义务的，管理人应当要求该出资人缴纳所认缴的出资，而不受出资期限的限制。

2.《公司法解释二》(2020 年)

第二十二条　公司解散时，股东尚未缴纳的出资均应作为清算财产。股东尚未缴纳的出资,包括到期应缴未缴的出资,以及依照公司法第二十六条和第八十条的规定分期缴纳尚未届满缴纳期限的出资。

公司财产不足以清偿债务时,债权人主张未缴出资股东,以及公司设立时的其他股东或者发起人在未缴出资范围内对公司债务承担连带清偿责任的,人民法院应依法予以支持。

3.《公司法解释三》(2020 年)

第十三条第一款 股东未履行或者未全面履行出资义务,公司或者其他股东请求其向公司依法全面履行出资义务的,人民法院应予支持。

4.《企业破产法司法解释一》(2011 年)

第一条第一款 债务人不能清偿到期债务并且具有下列情形之一的,人民法院应当认定其具备破产原因:(一)资产不足以清偿全部债务;(二)明显缺乏清偿能力。

第四条 债务人账面资产虽大于负债,但存在下列情形之一的,人民法院应当认定其明显缺乏清偿能力:(一)因资金严重不足或者财产不能变现等原因,无法清偿债务;(二)法定代表人下落不明且无其他人员负责管理财产,无法清偿债务;(三)经人民法院强制执行,无法清偿债务;(四)长期亏损且经营扭亏困难,无法清偿债务;(五)导致债务人丧失清偿能力的其他情形。

五、控股股东低价转让股权,债权人能否请求承担责任

案件名称

亿达信公司诉现代钢铁公司等买卖合同纠纷案①

案号

一审:(2016)吉民初 17 号;二审:(2017)最高法民终 87 号;再审:(2018)最高法民申 735 号

裁判要旨

股权转让行为是否属于滥用公司人格、损害债权人利益的行为,应从公司人格

① 参见《控股股东低价转让股权对公司债务责任的判定》,载《人民司法(案例)》2017 年第 26 期。

与股东人格是否混同、股权转让行为是否造成公司责任财产的不当减少从而降低公司对外偿债能力等方面进行分析判断。股权与公司财产相分离，股东转让股权是股东对自有权利的处分，影响的是股东自身权益，对公司财产并不产生直接影响。

案情简介

再审申请人（一审原告、二审上诉人）：亿达信公司

被申请人（一审被告、二审被上诉人）：现代钢铁公司

被申请人（一审被告、二审被上诉人）：红嘴集团

被申请人（一审被告、二审被上诉人）：李某飞

2012 年 3 月 21 日，亿达信公司（供方）与现代钢铁公司（需方）签订《焦炭购销合同》，合同主要内容有：产品名称，冶金焦炭；产品规格（mm），40～80；数量，10,000 吨/月；单价（元/吨），1870（含税包到价）；交货时间，2012 年 3 月 21 日至 12 月 31 日；产品执行标准，GB/T 1996—2003 冶金焦炭二级标准；产品数量，数量以四平铁路轨道衡检斤重量为准，此结果作为双方最终结算依据；产品价格随行就市，以调价函方式，双方协商；货款的结算，货到验收合格后两票结算（铁路运输票据、17% 增值税发票），需方以银行承兑汇票方式向供方每月结算一次。

2012 年 6 月 4 日，亿达信公司与现代钢铁公司签订《焦粉购销合同》，除供货品种、规格、数量、单价、交货时间外，其他合同主要内容基本与 2012 年 3 月 21 日签订的《焦炭购销合同》一致。

2012 年 10 月 9 日、2013 年 1 月 4 日、2014 年 1 月 1 日、2015 年 1 月 8 日，亿达信公司与现代钢铁公司又多次签订《焦炭购销合同》，除供货数量、单价、交货时间外，其他合同主要内容基本与 2012 年 3 月 21 日签订的《焦炭购销合同》一致。

2012 年至 2015 年，亿达信公司根据前述合同持续向现代钢铁公司供货，现代钢铁公司向亿达信公司以汇票、汇款等方式给付货款。其间，双方多次对账，签订多份《债务确认函》《抹账协议》《结算单》，现代钢铁公司亦多次出具《说明》。双方均认可，自 2012 年 2 月至 2015 年 8 月 14 日，现代钢铁公司共计拖欠亿达信公司货款 67,091,002.59 元。因现代钢铁公司未给付上述所欠货款，亿达信公司诉至法院。

2014 年 3 月 18 日，红嘴集团将其持有的现代钢铁公司 99.815% 股权以 0 元对价转让给李某飞。2015 年 6 月 17 日，红嘴集团将其持有的现代钢铁公司 0.037% 股权以 1 元对价转让给李某飞。2015 年 6 月 17 日，李某飞将其持有的现代钢铁公司 29.916% 股权以 1 元对价转让给刘某，将其持有的现代钢铁公司 19% 股权以 1 元对价转让给高某华。

诉讼过程

因合同产生纠纷,亿达信公司以买卖合同纠纷诉现代钢铁公司、红嘴集团、李某飞至吉林省高级人民法院,请求判令现代钢铁公司支付货款并承担违约责任,吉林省高级人民法院部分支持原告诉讼请求。后亿达信公司不服,向最高人民法院提起上诉,被判决驳回上诉,维持原判。亿达信公司仍不服,向最高人民法院申请再审,被裁定驳回再审申请。

裁判结果

一审判决:(1)现代钢铁公司在本判决生效后立即给付亿达信公司所欠货款67,091,002.59元及相应利息;(2)驳回亿达信公司其他诉讼请求。

二审判决:驳回上诉,维持原判。

再审裁定:驳回亿达信公司的再审申请。

主要争点

原告亿达信公司的诉讼请求为:(1)现代钢铁公司立即给付拖欠亿达信公司的货款67,091,002.59元;(2)现代钢铁公司承担违约责任,赔偿逾期付款期间给亿达信公司造成的经济损失;(3)红嘴集团对现代钢铁公司上述债务承担连带清偿责任;(4)李某飞对现代钢铁公司上述债务承担连带清偿责任。具体理由为:①2012年3月至2015年8月,亿达信公司与现代钢铁公司发生焦炭、焦粉买卖关系,亿达信公司为现代钢铁公司供货,现代钢铁公司违约未能履行合同约定的付款义务,截至2015年8月15日,现代钢铁公司共拖欠亿达信公司货款合计67,091,002.59元。②红嘴集团和李某飞作为现代钢铁公司股东,恶意转让股权,逃避公司债务。红嘴集团原持有现代钢铁公司99.815%股权,2014年3月18日,红嘴集团将股份0元对价转让给李某飞。2015年6月17日,红嘴集团将0.037%股权转让给李某飞,对价为1元,李某飞成为现代钢铁公司持股99.916%的股东。红嘴集团和李某飞以0元、1元对价转让股份,属于股东恶意串通实施的恶意转让股权行为,目的是逃避公司债务,违反了《公司法》第20条的规定,应认定无效。③红嘴集团存在虚假出资、出资不到位、抽逃出资,严重侵害亿达信公司等债权人的合法权益,应对现代钢铁公司的欠款承担连带偿还责任。④红嘴集团和现代钢铁公司之间存在关联交易行为,红嘴集团作为股东与公司存在资产混同、业务混同,现代钢铁公司的人格被红嘴集团所吸收而不独立,应承担无限连带清偿责任。

现代钢铁公司答辩称：原告亿达信公司主张的违约金问题，由于在买卖合同当中未约定，不同意支付。

红嘴集团答辩称：原告主张红嘴集团承担连带责任问题，没有依据。

李某飞未参加庭审，在听证会上发表意见为：不存在恶意转让股权逃避债务，公司债务不会因股权转让灭失。

亿达信公司上诉请求：红嘴集团、李某飞应对现代钢铁公司的欠款债务承担连带清偿责任。2009 年 11 月 23 日，现代钢铁公司的注册资本为 807,430,000 万元，红嘴集团作为最大控股股东，将其持有的现代钢铁公司 99.815% 的股权以 0 元价格、0.037% 的股权以 1 元价格转让给李某飞，这种以明显不合理低价转让股权的行为违背诚实信用原则，不仅影响公司本身的财产权益，亦影响公司债权人的利益，属于股东之间恶意串通、滥用公司法人独立地位和股东有限责任，逃避公司债务损害债权人利益的情形，依法应认定为无效。亿达信公司有充分理由合理怀疑，红嘴集团与现代钢铁公司之间存在关联交易，二者之间存在资产混同、业务混同情况，红嘴集团存在虚假出资、出资不到位、抽逃出资行为，违反了《公司法》第 20 条等相关法律规定，红嘴集团、李某飞应对现代钢铁公司的债务承担连带清偿责任。

现代钢铁公司辩称：红嘴集团、李某飞之间转让股权属于股东之间自身权利义务的调整，未对亿达信公司产生影响，现代钢铁公司破产是受行业大环境的影响，红嘴集团、李某飞不应对现代钢铁公司的债务承担连带责任。

红嘴集团辩称：红嘴集团与李某飞之间的股权转让行为未违反公司法关于公司股东转让股权的规定。

综上所述，本案争议焦点为：红嘴集团、李某飞应否对现代钢铁公司拖欠亿达信公司的货款本息承担连带清偿责任。

裁判说理

一审法院认为，关于红嘴集团、李某飞应否对现代钢铁公司前述给付义务承担连带清偿责任的问题，亿达信公司主张红嘴集团、李某飞应承担连带清偿责任的理由主要是：(1)红嘴集团和李某飞作为现代钢铁公司股东，恶意转让股权，逃避公司债务。(2)红嘴集团和现代钢铁公司之间存在关联交易行为，红嘴集团作为股东与公司存在资产混同、业务混同，现代钢铁公司的人格被红嘴集团所吸收而不独立。(3)红嘴集团存在虚假出资、出资不到位、抽逃出资，严重侵害亿达信公司等债权人的合法权益。关于第 1 个、第 2 个理由，其法律依据为《公司法》第 20 条关于“公司股东应当遵守法律、行政法规和公司章程，依法行使股东权利，不得滥用股东权利损害公司或者其他股东的利益；不得滥用公司法人独立地位和股东有限责任损害公司债权人的利益。公司股东滥用股东权利给公司或者其他股东造成损失的，应当依法承担赔偿责任。公司股东滥用公司法人独立地位和股东有限责任，逃避债务，严重损害公司债权人利益的，应当对公司债务承担连带责任”的规定及《公司法》第216条第4款关于“关联关系，是指公司控股股东、实际控制人、董事、监事、高级管理人员与其直接或者间接控制的企业之间的关系，以及可能导致公司利益转移的其他关系。但是，国家控股的企业之间不仅因为同受国家控股而具有关联关系”的规定。第3个理由的法律依据为《公司法》第28条关于“股东应当按期足额缴纳公司章程中规定的各自所认缴的出资额”、《公司法》第35条关于“公司成立后，股东不得抽逃出资”、《公司法解释三》第13条第2款关于“公司债权人请求未履行或者未全面履行出资义务的股东在未出资本息范围内对公司债务不能清偿的部分承担补充赔偿责任的，人民法院应予支持；未履行或者未全面履行出资义务的股东已经承担上述责任，其他债权人提出相同请求的，人民法院不予支持”、《公司法解释三》第14条第2款关于“公司债权人请求抽逃出资的股东在抽逃出资本息范围内对公司债务不能清偿的部分承担补充赔偿责任、协助抽逃出资的其他股东、董事、高级管理人员或者实际控制人对此承担连带责任的，人民法院应予支持；抽逃出资的股东已经承担上述责任，其他债权人提出相同请求的，人民法院不予支持”的规定。但是，在第1个理由中，红嘴集团、李某飞转让股份的行为仅处置了其作为公司股东的自身股份，其影响仅限于自身的股份权益，现代钢铁公司未能证明二者对现代钢铁公司资产作出了实际处分，以及因转让股份导致公司资产减少乃至产生损害公司债权人的后果；在第2个理由中，亿达信公司在本案中提供的现代钢铁公司工商档案复印件、红嘴集团的工商档案复印件记载的主要是两家公司设立，以及公司股东、股权变动情况，并不能证明红嘴集团和现代钢铁公司之间存在关联交易行为，以及二者资产混同、业务混同情况；在第3个理由中，现代钢铁公司已提交记账凭证证明其足额出资及不存在抽逃出资情况，亿达信公司在本案中提供的现代钢铁公司工商档案复印件、红嘴集团的工商档案复印件亦不能证明红嘴集团存在虚假出资、出资不到位、抽逃出资情形。另外，亿达信公司申请调取现代钢铁公司、红嘴集团2012～2015年开户银行账号交易记录明细并审计3年的财务收支明细，主张以上3个理由亦建立在调取证据和审计财务结果基础上。但是，亿达信公司对以上申请的理由和目的仅为其主观怀疑，没有提供相关线索及其他证据，未能形成法律规定的合理怀疑，且有可能侵犯红嘴集团合法商业秘密，法院不予支持。

二审法院认为，红嘴集团、李某飞低价转让现代钢铁公司股权是否属于滥用法人人格逃避债务，损害债权人利益的情形。《公司法》第 20 条第 3 款规定："公司股东滥用公司法人独立地位和股东有限责任，逃避债务，严重损害公司债权人利益的，应当对公司债务承担连带责任。"该条款是关于公司人格否认制度的规定。人格独立与股东有限责任作为公司制度得以确立的基石，表现为公司具有独立财产、独立承担民事责任以及股东仅以出资额为限对公司债务承担责任两个方面，但股东与公司债务的分离常导致股东利用其优势地位从事滥用法人人格损害债权人利益的行为。为实现公平正义的法律价值，《公司法》第 20 条第 3 款规定，特定情形下公司债权人可直接请求股东偿还公司债务，股东不再受有限责任的保护。在本案中，红嘴集团分别以 0 元及 1 元的价格将其持有的现代钢铁公司共计 99.852% 的股权转让给李某飞，李某飞又将其持有的该公司 29.916% 的股权和 19% 的股权分别以 1 元价格转让给刘某和高某华，上述股权转让行为是否属于滥用公司人格、损害债权人利益的行为，应从公司人格与股东人格是否混同、股权转让行为是否造成公司责任财产的不当减少从而降低公司对外偿债能力等方面进行分析判断。

首先，公司法人人格独立是建立在财产独立的基础之上，是否贯彻财产、利益、业务、组织机构等方面的分离，是判断是否构成人格混同的标准。在本案中，亿达信公司在一审中提交的各方当事人对真实性均无异议的现代钢铁公司的工商登记资料载明，现代钢铁公司增资后实收资本为 80,743 万元，其中红嘴集团以货币和实物出资方式实缴出资 80,594 万元。工商登记资料具有推定效力，在无相反证据推翻的情况下，依据该证据能够认定红嘴集团履行了出资义务。股东出资后其出资即与股东相分离成为公司财产，故现代钢铁公司具有独立于控股股东红嘴集团的独立财产。再结合两家公司的企业法人营业执照、现代钢铁公司章程等证据来看，两家公司的住所地、法定代表人及组织机构等并不相同，亦无证据证明二者存在业务和利益分配上的混同，故不能认定现代钢铁公司与其控股股东红嘴集团之间存在人格混同的情形。

其次，股权与公司财产相分离，股东转让股权是股东对自有权利的处分，影响的是股东自身权益，对公司财产并不产生直接影响。股权转让价格的高低在一定程度上反映公司的经营状况，对此红嘴集团在本案二审庭审中也陈述低价转让股权的原因是现代钢铁公司存在巨额负债，经营状况严重恶化。从之后不久现代钢铁公司即被债权人申请破产的事实来看，红嘴集团所陈述的低价转让股权的原因具有一定的可信度。本案并无证据证明红嘴集团、李某飞通过低价转让股权的方式处分了现代钢铁公司的财产，导致该公司偿债能力降低，损害了亿达信公司的利益。因此，红嘴集团、李某飞低价转让股权的行为不属于《公司法》第 20 条第 3 款规定的情形，亿达信公司依据该规定上诉主张红嘴集团、李某飞应对现代钢铁公司的欠债承担连带责任,理据不足,法院不予支持。

再审法院认为,亿达信公司申请再审的事由和具体理由集中在一点,即原审对其调查取证申请不予准许欠缺充足理由,而与此相关事由及理由均不能成立。

亿达信公司申请调取现代钢铁公司的银行交易记录并对其3年的财务收支明细进行审计,目的在于证明其提出的红嘴集团存在滥用法人人格逃避债务以损害债权人利益、虚假出资或抽逃出资以及与现代钢铁公司存在关联交易的主张。对此,从红嘴集团和现代钢铁公司的企业法人营业执照、现代钢铁公司章程等证据来看,两家公司的住所地、法定代表人及组织机构等并不相同。而现代钢铁公司的工商登记资料载明,现代钢铁公司增资后实收资本为80,743万元,其中红嘴集团以货币和实物出资方式实缴出资80,594万元,现代钢铁公司还提交记账凭证证明其足额出资及不存在抽逃出资的情况。相关证据已初步排除亿达信公司的主张,而亿达信公司又不能提供任何证据进一步证明其主张存在的可能性,在此情形下,原审以尊重和维护商事主体的财产信息为由,对亿达信公司没有任何证据指向的调查取证申请不予准许并无不当。另外,红嘴集团与现代钢铁公司是否存在关联交易,均不足以支持亿达信公司要求红嘴集团对案涉债务承担连带责任的主张,与此主张相关的信息自无调取必要。而现代钢铁公司已进入破产清算程序的情况下,亿达信公司申请调取的相关信息能够通过破产审计予以明确,亦无另行调取的必要。

专业点评

在实践中,常见的股东低价转让股权的行为不一定必然属于滥用法人人格、损害债权人利益的行为,股东自身权益的变动不一定直接影响公司财产,公司与股东是否发生人格混同、股权转让行为是否导致公司财产的不当减少等因素都是需要综合考虑的。本案的其中一个关键点在于现代钢铁公司存在巨额负债,经营状况已出现严重恶化,因此低价转让股权具有现实的合理性,换言之,所谓的“低价”实际上可能是最符合当前现状的一种“高价”,因此对债权人而言,无法以“低价”证明自身的债权受到损失。本案另一关键点在于,低价转让股权的转让方是债务人的控股股东,而控股股东的资产与债务人公司的资产并不存在关联,股东通过出资获得股权，股东自身的财产状况就与公司的财产状况实现了分割。在此情形下，只能严格遵循《公司法》第 20 条第 3 款的规定，通过认定滥用法人独立地位或人格混同来追究股东的责任，这是现代公司法人格独立的基本原则要求。值得说明的是，若债务公司以明显不合理的低价转让股权，则可能严重影响债权公司的利益。在市场经济中，市场主体为牟利而参与各类交易活动，使其责任财产常常处于变动不居的状态。只要相关交易活动遵循了市场规则、符合交易规律，即使减少了债务人的责任财产，亦不能否定该交易的有效性，但是，如果债务人以明显不合理低价处分财产，使交易丧失了正当性，则需要法律为债权人提供必要的救济途径。此种情形下，债务公司须提出证据证明低价转让股权的现实合理性，需要就该情形向法院作充分的说明，否则可能认定债务公司与股权的受让方存在恶意串通情形，进而导致股权转让协议无效。对此可参见国电公司诉华美公司等确认合同无效纠纷案[（2019）京 02 民终 10103 号]。

法条链接

《公司法》（2013 年）①

第二十条　公司股东应当遵守法律、行政法规和公司章程，依法行使股东权利，不得滥用股东权利损害公司或者其他股东的利益；不得滥用公司法人独立地位和股东有限责任损害公司债权人的利益。

公司股东滥用股东权利给公司或者其他股东造成损失的，应当依法承担赔偿责任。

公司股东滥用公司法人独立地位和股东有限责任，逃避债务，严重损害公司债权人利益的，应当对公司债务承担连带责任。

第二十一条　公司的控股股东、实际控制人、董事、监事、高级管理人员不得利用其关联关系损害公司利益。

违反前款规定，给公司造成损失的，应当承担赔偿责任。

---

① 现已修改为《公司法》（2018 年）第 20 条、第 21 条。

第四篇

公司关联交易损害责任纠纷

导　语

公司关联交易在市场环境中广泛存在,对于交易主体公司而言,关联交易能够降低交易成本,提升交易效率。然而,关联交易也伴随为数众多的有悖商业诚信、意在转移资产、损害交易主体以外他人合法权益的现象。正是因为关联交易对于交易主体和他人权益的重要影响,法律法规亦着力予以规范,如《公司法》第 21 条第 1 款规定:公司的控股股东、实际控制人、董事、监事、高级管理人员不得利用其关联关系损害公司利益。关联交易及其法律控制是现代各国《公司法》正在形成和发展的制度,也是公司法学正在发展和不断创新的理论。在我国,关联交易广泛地存在于公司企业尤其是上市公司的日常经营活动中。近年来,在司法实践中,有关不公平关联交易的法律诉讼也已成为审判工作无法回避的问题。

《公司法》规范了关联交易。按照《公司法》第 216 条第 4 项的定义,关联关系,是指公司控股股东、实际控制人、董事、监事、高级管理人员与其直接或者间接控制的企业之间的关系,以及可能导致公司利益转移的其他关系,但是,国家控股的企业之间不仅因为同受国家控股而具有关联关系。作为新的合同类型,关联交易合同给传统民法奉行的平等原则、自愿原则及公平原则带来了严重挑战,不公平的关联交易严重损害了公司的利益。为保护公司的合法利益,遏制不公平关联交易行为,《公司法》第 21 条规定:公司的控股股东、实际控制人、董事、监事、高级管理人员不得利用其关联关系损害公司利益。违反前款规定,给公司造成损失的,应当承担赔偿责任。其间产生的纠纷,即公司关联交易损害责任纠纷。

关联交易,是指有关联关系的关联方之间的交易。《公司法》《企业会计准则第 36 号——关联方披露》《上市公司信息披露管理办法》虽对关联关系认定不一,且多采用列举方式规定"关联方"的范围,但在司法实践中,司法机关则采用实质认定方法,即判断是否对公司存在控制或重大影响力。关联交易的含义主要有以下几种:(1)根据《公司法》第 216 条第 4 项的定义,关联关系是指公司控股股东、实际控制人、董事、监事、高级管理人员与其直接或间接控制的企业之间的关系,以及可能导致公司利益转移的其他关系。(2)根据《企业会计准则第 36 号——关联方披露》第 3 条的规定,一方控制、共同控制另一方或对另一方施加重大影响,以及两方或两方以上同受一方控制、共同控制或重大影响的,构成关联方。(3)根据《上市公司信息披露管理办法》第 62 条之规定,上市公司的关联交易,是指上市公司或者其控股子公司与上市公司关联人之间发生的转移资源或者义务的事项。关联人包括关联法人（或者其他组织）和关联自然人。《企业会计准则第36号——关联方披露》及《上市公司信息披露管理办法》亦采用列举式的方式对关联关系、关联方规定了范围。从其规定的关联交易的事项上看，关联交易的范围基本上涵盖了各个方面，且前述文件亦明确了关键管理人员薪酬也属于关联交易的类型。当然，采用列举式的方式规定"关联交易"的范围并不能涵盖实务中所发生的一切情形。因此，实践中，通常会采用实质的认定方式来认定争议交易行为是否属于关联交易，即判断相关主体是否对公司存在控制及重大影响力。

实践中，常见关联关系认定标准如下：（1）公司控股股东、董事、监事、高级管理人员与其直接或间接控制的企业构成关联关系。（2）公司控股股东、董事、监事、高级管理人员与其具有重大影响力的企业构成关联关系。在一些情况下，公司的控股股东、董事、监事、高级管理人员并不直接控制或间接控制企业，而是对该企业具有重大影响力，那么，此种情况下，亦可认定该人员与企业之间具有关联关系。（3）具有亲属关系的个人及各自控制或具有重大影响的公司之间构成关联关系。亲属关系作为比较特殊的一种社会关系，具有较强的紧密连接性，因此，若是亲属之间拥有控制或者有重大影响的公司的，那么也应认定具有亲属关系的个人或具有重大影响力的公司之间成立关联关系。

近年来，公司关联交易损害责任纠纷案件数量增长较大。一方面，是公司及相关人员的法律意识增强；另一方面，不可否认的是公司控股股东、实际控制人、董事、监事、高级管理人员等利用关联交易损害公司利益的行为越来越多。因此，不仅要通过法律规范相关主体的行为，而且在公司经营管理中亦应当对关联交易持审慎态度，保障正当的关联交易活动正常进行，遏制不正当关联交易行为的发生损害公司利益，以保障公司良性发展。

一、公司其他人员行使高级管理人员职权从事关联交易的认定

案件名称

周某诉华骏公司等关联交易损害赔偿纠纷案①

① 参见最高人民法院第六巡回法庭2019年度巡回区典型参考案例之六。

案号

一审：(2017)甘04民初51号；二审：(2018)甘民终590号；再审：(2019)最高法民申2728号

裁判要旨

公司大股东、实际控制人及内部人员通过不当关联交易进行资产转移、利益输送，导致公司资产流失的现象大量存在，严重损害了公司股东及其他债权人的合法权益。现实中，客观存在某些特殊情形，即并未被任命为公司高级管理人员的其他人员，实质上享有和行使着公司高级管理人员的职权，而其利用所行使的职权从事关联交易给公司造成的损失，可否依照《公司法》第21条的规定承担赔偿责任的问题，目前法律并没有明确界定，应以实质穿透的原则对职务身份、职权行为进行认定，正确划定公司高级管理人员范围。

案情简介

上诉人(原审被告)：周某

被上诉人(原审原告)：华骏公司

原审被告：高某迎

原审被告：毛某光

周某于2007年7月30日被华骏公司任命为营销部经理，全面主持公司销售和采购供应工作，后被任命为该公司分管销售的副总经理，2010年7月调离。周某与高某迎于2006年确立恋爱关系，2008年5月登记结婚。2008年2月至2009年7月，华骏公司与高某迎发起设立的青海同海达公司签订了38份加工承揽合同，青海同海达公司拖欠货款未按时支付。其间，高某迎将青海同海达公司股权转让给其母亲，后又转让给他人。2011年9月，华骏公司与青海同海达公司就欠款偿还问题达成协议，确定青海同海达公司应付华骏公司欠款5,967,970元，双方请求人民法院制作了调解书。因青海同海达公司无财产可供执行，该调解书执行程序被终结。周某任职期间，公司其他货款均及时回收，唯独与青海同海达公司的交易给公司造成了损失。

诉讼过程

因公司利益受损，华骏公司以公司关联交易损害责任纠纷诉周某、高某迎、毛某光至甘肃省白银市中级人民法院,请求判令3名被告共同赔偿公司损失,甘肃省白银市中级人民法院一审判决部分支持原告诉讼请求。周某不服,向甘肃省高级人民法院提起上诉,被判决驳回上诉,维持原判。周某仍不服,向最高人民法院申请再审,被裁定驳回再审申请。

裁判结果

一审判决:(1)周某赔偿华骏经济损失4,229,358元。(2)驳回华骏公司的其他诉讼请求。

二审判决:驳回上诉,维持原判。

再审裁定:驳回再审申请。

主要争点

周某申请再审认为:(1)二审法院认定申请人在庭审过程中对合同数量及金额进行自认,没有事实依据与法律依据。一审法官在庭审中曾问申请人:"涉案的这38份合同是全部在你任供销部经理时候签订的吗?"周某回答:"是。"二审法院以上述问题断定合同数额为38份,且38份合同均是在被申请人所主张的关联交易期间签订的,并由此推断损失金额为4,352,320元,这一裁判与事实不符。实际上,申请人周某无论在一审还是在二审中,均未对案涉合同数量进行认可,更未认可损害赔偿金额。一审法院仅询问申请人:"这些合同是不是你在任供销部经理时签订的?"申请人回答:"这是我当部门经理时签的,但是都是在我的职权范围内签订的合同,没有溢价或低价签订。"可见,申请人回答仅认可其作为供销部经理期间签订《汽车销售合同》这一事实,不可由此引申到申请人对合同数量及金额进行自认,二审法院以过度引申的内容作为定案依据与事实不符。综上所述,二审法院将申请人仅对签订合同这一行为的认可认定为申请人对法律事实的认可,没有事实依据与法律依据。在被申请人主张的关联交易期间,所谓的"关联交易人"周某签订的合同数量在一审、二审法院未经查明,合同所涉及的金额及回款情况一审、二审法院未能确定的情况下,被申请人的诉讼请求所确定的损失金额的构成要素不明确,其请求权基础未得到充足的证据予以佐证。

(2)申请人周某不属于《公司法》所规定的高级管理人员,实际上也没有达到控制公司的程度,不具有关联交易的主体资格,无法构成《公司法》所规定的关联交易。一审、二审法院认定周某具有关联交易主体资格,没有法律依据与事实依据,裁判不当。第一,周某不属于《公司法》规定的高级管理人员,不具有关联交易人主体资格。首先,《公司法》第21条对公司关联交易作出了原则性、总括性的规定:“公司的控股股东、实际控制人、董事、监事、高级管理人员不得利用其关联关系损害公司利益。违反前款规定,给公司造成损失的,应当承担赔偿责任。”根据《公司法》的规定,只有特定职位的群体或具有足以控制公司利益的群体才具有成为关联交易主体的资格。在本案中,周某在被申请人所主张的关联交易期间内,既不是被申请人的控股股东,也不是被申请人的实际控制人,周某的职位仅为营销部部门经理,不属于《公司法》所确定的高级管理人员的范围,一审、二审法院认定周某具有关联交易主体资格没有法律依据。其次,周某作为营销部部门经理,其享有的职权有限,即仅在合同确定价款的3000元范围内享有浮动定价的权利,从这一事实上看,周某也不具有实际控制公司的能力与资格,不属于《公司法》所规定的高级管理人员的范围,不具有关联交易的主体资格。第二,一审、二审法院用以确认周某具有高级管理人员资格的关键性证据是被申请人提出的《章程》,但该章程并未经法庭质证,将其作为定案依据确认周某具有关联交易主体资格,不符合《民事诉讼法》第90条关于证据规则的规定,一审、二审据此确认周某具有关联交易主体资格,缺乏法律依据。首先,在一审过程中,被申请人未将公司《章程》作为证据提交,质证过程中周某也未见公司《章程》原件,无法核查判决书中所写《章程》第29条“副总经理协助总经理工作,当总经理缺席或不能工作时,代理行使总经理的职责”的规定是否真实存在、有效,被申请人仅以自己陈述佐证周某是高级管理人员,并未提出有效的证据,在此情况下,不能认定周某属于高级管理人员,具有关联交易主体资格。其次,二审法院在审理周某是否属于高级管理人员,具有关联交易主体资格这一关键性问题时,并未查明前述事实,其据以判断周某具有关联交易主体资格的依据是援引一审判决中未经有效质证的华骏公司的公司《章程》第28条、第29条的规定,将申请人的身份确认为“高级管理人员”。二审法院以未在一审庭审中质证的证据作为其定案依据,对一审中未经出示和质证的《章程》自圆其说、循环论证,从而确认了周某具有关联交易主体资格,这一行为没有事实依据,不符合法律规定。综上所述,周某的职位为营销部部门经理,不属于被申请人的高级管理人员,周某所享有的职权未达到控制被申请人公司日程运营的程度,因此周某不具有关联交易的主体资格,无法构成《公司法》所规定的关联交易,更遑论因关联交易行为对被申请人造成损失。一审、二审法院事实认定错误,适用法律不当,应当予以纠正。最后,即使假设申请人周某具有关联交易主体资格,但申请人周某从未利用其关联关系身份进行损害被申请人公司利益的交易;被申请人所遭受的损失也是由于其自身管理不当导致的,与申请人周某的行为之间无因果关系。其一,周某作为销售部门经理,在3000元范围内享有对合同的定价权,即每份合同周某可以低于市场价格3000元进行交易。但实际上,被申请人提交《汽车销售合同》所约定的合同单价或与市场价格相符,或高于市场价格,30余份《汽车销售合同》均为等价交易,甚至存在溢价交易的情况。可见,即使假设周某具有关联交易主体资格的情况下,周某也未曾利用其关联关系进行有损于被申请人利益的交易。其二,周某在离任时已完成离任审计,其离任时,尚未存在被申请人所主张的4,352,320元损失的情况;并且,在周某离任后,被申请人已于2011年实际掌控案外人青海同海达公司,并持有青海同海达公司公章、财务章等专用印鉴。被申请人所主张的损失之所以存在,是由于被申请人内部管理不当,未及时向案外人青海同海达公司进行催款导致呆账、滞账的产生,这部分损失是由于被申请人自身原因所导致的,被申请人所主张的损失后果与周某的行为不具有因果关系。因此,即使假设周某具有关联交易主体资格的情况下,被申请人的损失也并非周某的关联交易所产生的,其损失与周某的行为之间无因果关系,被申请人应当自负管理不当所造成的损失。综上所述,周某在离任时已接受审计,其离任时被申请人主张的损失并不存在;即使假定周某关联交易主体资格存在,但事实上,案涉《汽车销售合同》的签订价格未损害被申请人公司利益,被申请人之所以遭受损失,是由于其管理不当而造成的,与周某的行为之间并无因果关系,被申请人应当自负因管理不当造成的损失,要求周某进行损害赔偿没有法律依据与事实依据。

(3)被申请人起诉时已超出诉讼时效。在申请人周某明确以时效超期进行抗辩时,一审、二审法院仍对案件进行审理属于程序不当。首先,在一审审理过程中,查明周某于2007年7月至2010年7月在被上诉人处任职(原文如此),且调离时接受被上诉人华骏公司的离任审计,从周某离任至一审立案之时已达7年,早已超过法律规定的诉讼时效。其次,被申请人主张其在与案外人青海同海达公司的合同纠纷诉讼过程中才发现上诉人存在关联交易的行为的说法没有相关证据。一审法院认定"原告是在与青海同海达公司的合同纠纷的诉讼过程中才发现周某存在关联交易的行为,该案于2016年4月9日裁定终结执行程序,华骏起诉不存在超过诉讼时效的情形"没有任何证据予以证明,一审、二审法院仅以被申请人的单方陈述确认其主张,没有法律依据和事实依据。最后,被申请人已于2011年8月取得案外人青海同海达公司的全部有效证件、印鉴。可知被申请人在2011年就已经对青海同海达公司的内部构成等基本情况完全知晓,被申请人时隔6年对上诉人提起诉讼已经超过法律规定的诉讼时效,在周某明确提出被申请人的请求权已超出诉讼时效的前提下,一审、二审法院依旧进行审理,属于程序不当。综上所述,一审、二审对构成请求权基础的《汽车销售合同》的数量及价格未查明，案件基础事实不清；对周某是否具有关联交易的主体资格这一关键性问题，没有相关的证据予以佐证，仅靠被申请人单方陈述，一审、二审法院便认定周某具有关联交易主体资格，属于事实认定不清，适用法律不当；被申请人的损失与周某的行为之间不具有因果关系，在此情况下要求周某承担赔偿责任没有事实依据和法律依据；且本案早已超过诉讼时效。一审、二审法院在事实未查清、适用法律不当的情况下，为维护地方企业、保护地方经济发展，作出的裁判侵犯了周某的合法权益。请求法院依法再审，维护法律公正，纠正错误，维护周某的合法利益。

华骏公司提交意见称：(1)周某是华骏公司的高级管理人员。为此，华骏公司向一审法院提交了《员工信息采集表》《开除通告》《解除(终止)劳动合同申请表》《离职/调离签认单》《营销部经理岗位职责》《人事任免通知》，加以证明。此外，一审法院为，为查清案件事实，依职权向华骏公司现任董事会调取了《华骏公司董事会关于公司章程中"高级管理人员"的说明》，并依法对华骏公司时任董事长郭某华及总经理进行询问，由 2 人对周某时任的公司职位、管理职权以及聘用情况进行证明。依据上述全部证据，综合证实了在 2008 年 2 月 29 日至 2009 年 7 月 31 日，华骏公司虽未依照公司《章程》设立副总经理职位，但是，在公司职权的分配上，各职能部门经理实际上行使的是副总经理职权，并直接向时任总经理负责。周某作为公司销售采购部门的经理，依据《营销部经理岗位职责》的授权，全面负责公司的销售、采购、计划、销售款项监督等经营管理活动。虽然 2008 年 2 月 29 日至 2009 年 7 月 31 日，周某名义上被公司聘任为部门经理，但客观上已成为公司的主要管理人员之一，并实际掌握着公司的销售经营权。因此，一审判决依据上述证据认定周某符合《公司法》第 216 条规定的高级管理人员身份，客观、准确。

(2)周某与青海同海达公司之间具有关联关系。青海同海达公司的前身名为"兰州同海达汽车销售服务有限公司"。该公司系于 2007 年 9 月 29 日由高某迎(周某之妻)与毛某光(周某之表弟)作为发起人，以货币出资方式，在原甘肃省兰州市工商局设立登记，法定代表人为高某迎。2007 年 11 月 20 日，公司以业务经营需要为由，申请迁入原甘肃省西宁市工商行政管理局城北分局，至此变更为青海同海达公司。2008 年 8 月 6 日，青海同海达公司将其法定代表人变更为高某迎的母亲卫某利。2008 年 8 月 18 日，高某迎又将其所持的全部公司股份转让给其母卫某利。至此，青海同海达公司的股东变更卫某利与毛某光。2009 年 7 月 31 日，卫某利将其所持有的全部公司股份转让给了申某，毛某光将其所持有的全部公司股份转让给了苏某甲。青海同海达公司的股东变更为申某与苏某甲，法定代表人变更为申某，但上述股权转让变更手续却均由高某迎代为办理。另外,根据一审查明的事实,周某与高某迎于2008年5月7日登记结婚。但在此之前,2人早已确定恋爱关系。综合上述事实,在华骏公司主张的2008年2月29日至2009年7月31日,青海同海达公司实则是周某的家族公司。周某完全可以单独或者凭借自己与高某迎、毛某光以及卫某利的亲属关系,直接或者间接控制或影响青海同海达公司的一切经营决策。显而易见,周某与青海同海达公司之间的关系符合《公司法》第216条规定的关联关系。

(3)周某利用职权及其与青海同海达公司的关联关系,与华骏公司进行交易的行为,构成关联交易。根据财政部2006年颁布的《企业会计准则第36号——关联方披露(2006)》的规定,在企业财务和经营决策中,如果一方控制、共同控制另一方或对另一方施加重大影响,以及两方或两方以上同受一方控制、共同控制或重大影响的,构成关联方。结合本案,周某不仅能够对华骏公司的销售采购部门施加重大影响甚至可以作出直接决策,而且也能够对青海同海达公司进行实际掌控,即周某对华骏公司、青海同海达公司均能够进行控制或者施加重大影响。因此,周某与青海同海达公司之间构成上述规定的关联方。以"关联方"之法律关系为前提,进而可知,周某与青海同海达公司在2008年2月29日至2009年7月31日所发生的全部业务,实际上是关联企业之间的业务往来,即关联交易。因此,周某利用职权及其与青海同海达公司的关联关系,与华骏公司进行交易的行为,构成关联交易。

(4)在法律规范和事实层面,上述关联交易均属违法行为。第一,在法律规范的层面上,首先,对《公司法》第148条第4项的规定进行文理解释可知,该条法律规定的立法主旨在于,为了保障公司合法利益,规范公司董事、高级管理人员的忠实义务,公司高管人员所实施的关联交易行为,原则上属于法律禁止行为,除非公司章程规定或意思机关授权,否则不得为之。其次,华骏公司提交的公司《章程》第34条规定:"董事、高级管理人员不得有下列行为:……(四)违反本章程的规定或者未经股东同意,与本公司订立合同或者进行交易。"由此可知,在不符合《章程》规定授权的前提下,华骏公司对高级管理人员所实施的关联交易,原则上也是禁止的。基于上述法律规定以及公司《章程》的规定可得出结论,在"看待关联交易是否对华骏公司具有法律效力的问题上",华骏公司所采取的是同法律规定一致的态度,即在无明确规定的授权下,原则上禁止公司高级管理人员从事关联交易,无论该交易对华骏公司是否有利。因此,周某利用自己的职权及其对所主管部门的影响,及与青海同海达公司之间的关联关系,在未经华骏公司股东会授权的情况下,从事与青海同海达公司的关联交易,明显无法律依据。在法律规范的层面上,上述与青海同海达公司之间的关联交易属于违法行为。第二,在事实层面上,周某违背了对华骏公司的忠实义务,主观上存在明显过错。具体表现在:其一,周某对于自己与青海同海达公司存在关联关系的事实是明知的,并且其深知自己作为华骏公司的高级管理人员,无权擅自允许自己的关联公司与华骏公司从事关联交易。于是为了掩人耳目,高某迎在青海同海达公司变更注册登记地不久后,便先后将公司的法定代表人及股权予以变更,名义上转让给其母亲卫某利,自己与周某便隐藏幕后,继续操纵青海同海达公司与华骏公司进行交易。如此,便能够有效规避关联交易的不利影响,进而将不正当交易行为正当化、合法化,从而保障牟取不正当利益。因此,周某故意隐瞒关联关系的行为所映射出的真正的交易动机,严重违背了其对华骏公司的忠实义务,属于不正当的交易动机。其二,在交易行为上,周某的放任与不作为行为是其牟取不正当利益的主要手段。正如周某在庭审中一直强调的,在2008年2月29日至2009年7月31日所发生的全部业务中,无论在合同条款、合同价款方面,还是在销售优惠政策方面,周某均不存在任何不当行为。对于这一说法,华骏公司也予以认可,但事实情况并非表象。周某牟取不正当利益的主要手段体现在两方面:一方面是产品销售过程中的放任行为,另一方面是后期回款方面的不作为。为了阐明上述观点,首先需要说明华骏公司正常的"销售及回款模式"。华骏公司的销售采购部门负责与客户就合同条款、合同价款以及产品规格等方面进行协商。待协商一致后,双方签订《加工承揽合同》,并由客户向华骏公司支付约定的定金,数额一般规定在合同价款的10%~20%。华骏公司在收到定金后,由销售采购部门将"订单"转入生产部门。待车辆制作完成后,由销售部门通知客户提车。但是,客户需要向华骏公司付清剩余合同价款,以换取财务部门开具的销售发票以及提车单,方能将车辆开出厂外,给车辆落户。为了鼓励销售,华骏公司针对"经销商"会采取"适度放宽剩余合同价款支付期限"的回款制度,即经销商可以在不付清剩余价款的情况下先行提车,之后在一定期限内付清。但为了防范此优惠政策的经营风险,华骏公司要求销售采购部门负责人定期对逾期账款进行跟催与预警,并及时向总经理、财务部门负责人汇报、反馈。回到本案,青海同海达公司作为当时华骏公司的经销商之一,其在2008年2月29日至2009年7月31日,得到华骏公司的特殊照顾或者可以说是"扶持"。表现在:①青海同海达公司与华骏公司在2008年2月29日至2009年7月31日所发生的诸多业务中,均存在未能足额缴付,甚至有些合同根本不约定定金的情况下,销售采购部门仍会主动将"订单"转入生产部门进行排产的情况。②在2008年2月29日至2009年7月31日,尽管青海同海达公司已经处于严重回款不利的状态,但是销售采购部门仍然继续与其签订合同,继续排产,并且向其继续交付车辆。③在上述情况发生后，销售采购部门的负责人即周某，不预警、不反馈、不汇报，不采取任何货款催收措施，任凭损失不断扩大。如此一反常态，正是周某利用华骏公司的销售政策漏洞，再凭借自己的职权与影响力，通过“少出钱、多提车，再销售、不回款”的“借鸡生蛋”方式，将本属于华骏公司的资金收入及其占用该笔资金的时间价值，全部转移至自己的关联公司。之后，周某通过自己设立的“融资租赁公司”将以青海同海达公司的名义赚取到的资金，逐笔转入高某迎与毛某光的个人账户，最终完成个人利益的转化，将青海同海达公司掏空。所以，周某、高某迎以及毛某光的个人利益的实现，是以损害华骏公司的合法利益为代价的。通过实现这种关联交易的利益输送，不仅能让华骏公司的利益损失在表象上看来就是“经营不善而导致的正常亏损”，而且也能够使上述 3 人的个人利益合法化。周某从事的关联交易违背了诚实信用原则，实际损害了华骏公司的合法权益，是不公平、不正当、违法的交易行为。在上述法律规范和事实层面上，周某不仅违反了法律的禁止性规定，而且构成对华骏公司的侵权，该关联交易属违法行为。

(5)上述违法的关联交易给华骏公司造成了现实的巨额经济损失。根据华骏公司向一审、二审法院提交的，在 2008 年 2 月 29 日至 2009 年 7 月 31 日，华骏公司与青海通海达公司签订的 38 份《加工承揽合同》及其财务凭证可以充分证明，由于周某不正当的关联交易行为，已实际造成华骏公司直接经济损失 4, 352, 320 元，加之由此产生的利息，周某、高某迎与毛某光造成华骏公司经济损失共计 6, 229, 358 元。综上所述，周某符合本案的诉讼标的所涵盖到的全部要件事实，故其应当承担由此产生的全部法律后果。一审、二审判决认定事实清楚，适用法律正确，请求法院驳回再审申请，以最终维护华骏公司的合法权益能够得以实现。

综上所述，本案争议焦点为：周某在华骏公司任职期间，华骏公司与青海同海达公司于 2008 年 2 月 29 日至 2009 年 7 月 31 日签订的承揽合同是否属于关联交易。

裁判说理

最高人民法院认为，关于周某在华骏公司任职期间，华骏公司与青海同海达公司于 2008 年 2 月 29 日至 2009 年 7 月 31 日签订的加工承揽合同是否属于关联交易，周某是否应当承担赔偿责任的问题。根据《公司法》第 216 条第 1 项和第 4 项的规定，高级管理人员，是指公司的经理、副经理、财务负责人，上市公司董事会秘书和公司章程规定的其他人员。关联关系，是指公司控股股东、实际控制人、董事、监事、高级管理人员与其直接或者间接控制的企业之间的关系，以及可能导致公司利益转移的其他关系。在本案中，华骏公司《章程》第 28 条规定：“公司设总经理一人，副总经理若干人，正、副总经理由董事会聘请。"第 29 条规定："总经理直接对董事会负责，执行董事会的各项决定，组织领导公司的日常生产、技术和经营管理工作。副总经理协助总经理工作，当总经理缺席或不能工作时，代理行使总经理的职责。"2007 年 7 月 30 日，华骏公司聘任周某担任该公司营销部经理，全面主持公司销售和采购供应工作。在此期间，华骏公司并没有设立副总经理，周某实际上行使的是公司高级管理人员的职权。其妻高某迎和亲属成立青海同海达公司及转让公司股权的行为，与周某任营销部经理及离任具有同步性，周某未如实向公司报告该事项，在和青海同海达公司交易之后，周某利用其职权，不及时回收资金，与青海同海达公司的交易给华骏造成损失。在青海同海达公司未向华骏支付货款的情况下，周某利用职权继续与青海同海达公司签订合同和供货，周某的行为客观上给华骏公司造成了经济损失，应当承担赔偿责任。根据以上法律规定和事实，二审法院认定，周某在华骏公司任职期间，华骏公司与青海同海达公司于 2008 年 2 月 29 日至 2009 年 7 月 31 日签订的承揽合同属于关联交易，周某应当对给华骏公司造成的损失承担赔偿责任，该认定并无不当，法院予以维持。另经审查，一审法院多次组织双方当事人进行证据交换和询问，华骏公司提交的 38 份加工承揽合同及相关财务凭证、公司章程、《华骏公司董事会关于公司章程中"高级管理人员"的说明》、一审法院对郭某华等的询问笔录等证据，均进行了质证。周某关于一审、二审判决缺乏事实和法律依据的主张不能成立，法院不予支持。

专业点评

本案对《公司法》第 216 条第 4 项规定的公司高级管理人员进行了解读，主要意义在于是否公司高级管理人员要坚持实质性判断的原则，而不是形式上是否为名义上的职务，有高级管理人员任命文件的无须再举证据证明，没有任命文件，但是实际履行高级管理人员职权的，应当认定为具有公司高级管理人员身份。华骏公司《章程》没有明确周某的高级管理人员职务，其担任的公司营销部经理一职也未列入《公司法》第 216 条第 4 项规定的公司高级管理人员范围。但是华骏公司未设立分管销售的副总经理，周某作为营销部经理，有权选择交易对象并决定是否签约，有权决定资金回收方式，事实上行使了公司高级管理人员的职权。

根据周某实际行使公司高级管理人员职权并利用其关联关系损害公司利益的事实，依照权利、义务、责任相统一的原则和公平原则，本案判决认定周某属于公司高级管理人员应当承担对华骏公司的损害赔偿责任。本案对规范公司高级管理人员行为、健全公司治理结构具有良好的示范效果。此外，本案所带来的另一个启示是，对于关联交易是否导致公司利益受损的认定需要进行实质判断。在本案中，周某以所签订的合同符合市场价，甚至存在溢价为由认为公司利益受到损害，法院最终否认这种观点，必须深入销售、回款的模式中实质判断，而非仅仅对表面的合同金额作形式判断。这是给律师的一点有益思路。

法条链接

《公司法》(2018 年)

第二十一条　公司的控股股东、实际控制人、董事、监事、高级管理人员不得利用其关联关系损害公司利益。

违反前款规定，给公司造成损失的，应当承担赔偿责任。

第一百四十七条第一款　董事、监事、高级管理人员应当遵守法律、行政法规和公司章程，对公司负有忠实义务和勤勉义务。

第一百四十九条　董事、监事、高级管理人员执行公司职务时违反法律、行政法规或者公司章程的规定，给公司造成损失的，应当承担赔偿责任。

第二百一十六条　本法下列用语的含义：(一)高级管理人员，是指公司的经理、副经理、财务负责人，上市公司董事会秘书和公司章程规定的其他人员。(二)控股股东，是指其出资额占有限责任公司资本总额百分之五十以上或者其持有的股份占股份有限公司股本总额百分之五十以上的股东；出资额或者持有股份的比例虽然不足百分之五十，但依其出资额或者持有的股份所享有的表决权已足以对股东会、股东大会的决议产生重大影响的股东。(三)实际控制人，是指虽然不是公司的股东，但通过投资关系、协议或者其他安排，能够实际支配公司行为的人。(四)关联关系，是指公司控股股东、实际控制人、董事、监事、高级管理人员与其直接或者间接控制的企业之间的关系，以及可能导致公司利益转移的其他关系。但是，国家控股的企业之间不仅因为同受国家控股而具有关联关系。

二、关联交易的审查判断

案件名称

海天公司诉川开公司公司关联交易损害责任纠纷案

案号

一审:(2019)川1111民初422号;二审:(2020)川11民终398号

裁判要旨

公司关联交易行为的实质审查的关键是认定交易行为是否损害公司或者公司股东及公司债权人合法利益为标准,即判断行为是否符合交易常规。此外,还要审查合同双方是否遵循了商业原则,是否损害了公司利益。

案情简介

上诉人(原审原告):海天公司
上诉人(原审被告):川开公司
上诉人(原审被告):李某玉
原审被告:王某峰
原审第三人:通快公司
原审第三人:成都农商行郫都支行
原审第三人:王某
原审第三人:周某

2015年8月3日,海天公司与通快公司、成都农商行郫都支行三方签订《委托贷款合同》。合同约定:委托人为通快公司。受托人为成都农商行郫都支行,借款人为海天公司。借款用途:厂房改造,借款金额为5000万元,借款期为12个月,发放日期为2015年8月3日,借款利率为0%,合同还约定了违约责任等。其中,《委托贷款合同》第4.2条载明:有下列情形的,委托人可以采取第4.3条所列救济措施:……(2)借款人或者保证人还款能力可能发生重大不利变化;……(4)国家政策发生可能对借款安全发生重大不利影响的调整。第4.3条约定:发生第4.1条、第

4.2 条所述情形,委托人可以采取以下救济措施:……(3)停止发放借款,提前收回已发放贷款;……(8)其他救济措施:委托人有权要求借款人按照年 24% 的标准,自借款发放之日起计算并支付违约金。合同中委托人加盖了通快公司及法定代表人简兴福的印章,受托人加盖成都农商行郫都支行及负责人黄彬的印章,借款人加盖了海天公司及法定代表人李某玉的印章。海天公司用其名下的土地使用权为该笔借款提供抵押担保。2016 年 4 月 29 日,原四川省经济和信息化委员会印发通知载明"海天公司 2000t/d 熟料水泥生产线项目不符合产业政策"。合同签订后,通快公司委托成都农商行郫都支行于 2015 年 10 月 13 日向海天公司发放了 5000 万元借款。

2016 年 5 月 25 日,海天公司将 5000 万元借款提前归还通快公司,并支付利息 226 万元、违约金 753.3333 万元。

2016 年 5 月 27 日,海天公司、通快公司、成都农商行郫都支行三方签订一份《委托贷款合同补充协议》,约定将借款年利率调整为固定利率 7.2% 。

另查明:海天公司成立于 1997 年,注册资本 50 万元,公司股东为王某、罗某,法定代表人为王某。2002 年 10 月,公司注册资本变更为 1000 万元。2006 年 4 月,公司股东为王某、周某。2009 年 3 月,公司注册资本变更为 1 亿元,公司股东为川开公司、王某、周某,其中川开公司认缴出资额为 8000 万元,持股比例为 80% ,王某认缴出资额为 1954 万元,持股比例为 19.54% ,周某认缴出资额 46 万元,持股比例为 0.46% 。李某玉担任公司法定代表人,职务为执行董事,2016 年 5 月 23 日,公司股东会决定将注册资本变更为 2 亿元,新增的 1 亿元注册资本全部由川开公司出资,川开公司持股比例为 90% 。

2016 年 8 月,川开公司将其所持海天公司 90% 股权转让给陈某然,2016 年 8 月,公司法定代表人变更为叶某才。川开公司成立于 1980 年 5 月,成立时名称为四川川开实业发展有限公司,2014 年 12 月更名为川开公司。法定代表人为简某福,李某玉系公司股东之一。

通快公司成立于 2002 年 12 月,注册资本 2800 万元,股东为川开公司、王某甲、张某,其中川开公司出资 2600 万元,王某甲出资 100 万元,张某出资 100 万元,法定代表人为简某福,2017 年 5 月,川开公司持股比例变更为 100% ,通快公司系川开公司全资控股的关联公司。

二审另查明:海天公司接受委托贷款的尾号为 16164 的银行账号于 2015 年 7 月 24 日在成都农商行郫都支行开户。2015 年 10 月 13 日收到委托贷款 5000 万元。2016 年 5 月 25 日,川开公司通过该账号向海天公司转入 1 亿元增资,并于当日向通快公司归还5000万元借款本金、226万元借款利息、753.3333万元违约金，海天公司在收到川开公司转入的1亿元增资后于当日及次日将1亿元全部转出。

川开公司2015年4月29日公司章程载明，9名股东的出资总额为10,360万元，其中李某玉出资240万元占2.32%。

诉讼过程

因认为川开公司利用其控股股东的地位和便利，提前归还借款并将公司资金输送给关联公司，严重侵害自身利益，海天公司以公司关联交易损害责任纠纷诉川开公司、李某玉至四川省沙湾区人民法院，请求判令被告赔偿原告经济损失9,793,333元及资金利息损失141,640元，四川省沙湾区人民法院一审判决判决部分支持原告诉讼请求。后海天公司、川开公司、李某玉不服，向四川省乐山市中级人民法院提起上诉，被判决撤销原判，对事实部分予以改判。

裁判结果

一审判决：(1)被告川开公司、李某玉于本判决生效之日起10日内连带赔偿原告海天公司损失7,533,333元及利息；(2)驳回原告海天公司的其他诉讼请求。

二审判决：(1)撤销四川省沙湾区人民法院(2019)川1111民初422号民事判决；(2)川开公司于本判决生效之日起10日内赔偿海天公司损失753.3333万元及相应利息；(3)驳回海天公司的其他诉讼请求。

主要争点

川开公司一审答辩称：(1)海天公司依据其与通快公司签署的《委托贷款合同》及《委托贷款合同补充协议》向通快公司支付利息及违约金，符合合同约定，属于合法有效的合同行为，应受法律保护。理由如下：①海天公司、通快公司及第三人成都农商行郫都支行共同签署的《委托贷款合同》及《委托贷款合同补充协议》内容合法有效，海天公司及通快公司均应受此约束，并应依据诚实信用原则全面履行合同。②2015年10月13日发放贷款前，海天公司与通快公司于2015年9月20日及25日通过往来函件，达成了“借款利息按年利率7.2%计算”的合意，后海天公司、通快公司及成都农商行郫都支行又于2016年5月27日签订了《委托贷款合同补充协议》，对利息进行了补充约定。利息的支付符合双方约定，也未超过法律规定的利率限制,应受法律保护。③2016 年 3 月 29 日,工业和信息化部及国家发展和改革委员会“工信部联原〔2016〕118 号”文件及附件《四川省水泥部分项目处理意见》认定“海天公司的主营项目 2000t/d 熟料水泥生产线项目不符合产业政策”;2016 年 4 月 29 日,原四川省经济和信息化委员会办公室以“川经信办冶建〔2016〕47 号”文件,向原四川省乐山市经济和信息化委员会转发了前述处理意见。通快公司于 2016 年 5 月得知此信息后,认为海天公司发生了“还款能力可能发生重大变化”的预期违约行为,故基于《委托贷款合同》第 4 条第 4.2 款、第 4.3 款“委托人有权提前收回已发放借款,有权要求借款人按照年 24% 的标准,自借款发放之日起计算并支付违约金”之约定,于 2016 年 5 月 10 日向海天公司发函要求还款并支付利息、违约金,海天公司于 2016 年 5 月 16 日回函表示认可。双方至此达成了提前还款并支付违约金的合意,而此合意符合《委托贷款合同》之约定。海天公司支付利息、违约金,通快公司收取利息违约金,均是依约依法依规进行,没有任何违法行为,且利息及违约金的总和并未超过年息 36%,属于公司法人自治权范围内的事项,不属于法律强制干预的范畴。何况,双方通过协商方式依约解决争议,避免了诉讼成本及损失的扩大,符合经济原则,也符合双方各自利益。

(2)海天公司所述川开公司利用其控股股东的地位和便利提前归还借款,且以利息、违约金的名义将海天公司资金输送给通快公司与事实不符:①海天公司有独立而完整的法人治理机制、组织机构,其按照自身运行机制独立开展民事活动,也应独立承担民事责任。川开公司虽曾是海天公司的控股股东,但基于案涉借款合同支付利息和违约金属于海天公司的日常经营管理事项,不属于《公司法》及公司章程规定的股东会职权范围,而是海天公司经营管理层职权范围内的事务;对案涉利息和违约金的支付,川开公司从未参与过任何决策或作出过任何授意。②海天公司诉状所称“川开公司 2009 年 3 月成为海天公司控股股东后,委派了该公司员工担任海天公司法定代表人、总经理、副总经理、财务总监,生产、经营管理全部由其控制”,与事实严重不符。实际上,海天公司召开股东会时,川开公司委派股东代表参加会议,但海天公司的前述人员均不是川开公司委派产生,更不是川开公司的员工。根据全体股东一致通过的海天公司章程,法定代表人是由执行董事担任,而执行董事由股东会选举和更换;总经理也由股东会聘任或解聘,在 2016 年 8 月 8 日前,原始股东王某一直任海天公司总经理;副总经理由股东会或执行董事根据总经理的提名聘任或解聘,财务负责人由总经理向股东会提名聘任或解聘。关于生产经营管理方面,海天公司从 1997 年 11 月 24 日成立时起,一直由王某负责经营管理工作。虽然川开公司于 2009 年 3 月 25 日以增资入股的方式成为海天公司股东,但因川开公司并不熟悉水泥行业的生产经营管理,投资方式仅为“财务投资型”,并未实际参与公司的经营,更不会对某个具体的经营合同是否应支付利息和违约金进行干涉。③虽然根据公司章程的规定,股东会有权聘任或解聘公司的总经理,但在法律无明文规定的情况下,公司的控股股东没有义务对公司总经理或其他任何高级管理人员等人员的职务行为承担“连坐”责任。故即便海天公司向通快公司支付利息和违约金的行为违法,也不是川开公司所实施的侵权行为,不应由川开公司承担责任。

海天公司上诉认为:海天公司与通快公司补签《委托贷款合同补充协议》本身就是损害海天公司利益的行为,是川开公司控制下的利益转移和利益输送,一审判决驳回海天公司要求川开公司赔偿226万元损失的理由不能成立。(1)本案是关联交易,委托贷款合同约定的利率明确为0%,严格履行该合同更能维护海天公司的合法权益,在委托贷款合同之外放弃海天公司的权利或增加海天公司义务的行为都会损害海天公司利益。川开公司为尽快回笼1亿元的增资款项,通过关联交易的方式让通快公司宣布贷款提前到期,另外,让海天公司与通快公司签订补充协议,为226万元利息完善相关付款依据,导致海天公司在委托贷款合同外不正当增加了226万元的付款义务,损害了海天公司的利益。川开公司转入海天公司1亿元增资款项后一天内全部转入川开公司关联企业或关联个人账户,此时,海天公司已深陷财务危机。海天公司自2008年开始拖欠职工社会保险,截至破产宣告日欠职工工资等共计2.8亿元。目前,海天公司资产仍不足以清偿职工债权,川开公司在明知海天公司债务的情况下,通过控制海天公司抢先清偿自身债权,损害海天公司的利益。(2)川开公司虽提交了海天公司与通快公司之间的往来函件证明双方就利息进行协商,但函件在格式、内容、送达方式上均存在不符合常理的地方,川开公司也未作出合理解释,该函件不能作为认定海天公司与川开公司就利息事宜进行过协商的依据。

川开公司辩称:本案的借款收取利息合法公平,未损害海天公司的利益。本案借款利息虽未约定,但是在发放贷款前,海天公司通过往来函件和通快公司已达成合意,该合意符合委托贷款合同关于通快公司独立借款的约定,不违反法律的规定。(1)海天公司构成预期违约应承担违约责任,通快公司按约收取违约金符合法律规定,没有损害海天公司的利益;(2)法律禁止非公允的关联交易,通快公司收取违约金未损害海天公司的利益,委托贷款合同不具有不正当交易目的及动机,是合法的商业活动,委托贷款合同约定的预期违约责任的违约金未失公允。通快公司于2016年5月得知海天公司还款能力发生重大变化后,有权提前收回贷款、有权要求海天公司按年利率24%支付违约金。2016年5月10日,通快公司要求海天公司提前还款并支付利息及违约金,海天公司认可,该行为不是川开公司利用控股股东的地位非法要求海天公司提前还款并将海天公司资金以违约金的名义非法输送给通快公司。海天公司在诉状中称,川开公司在明知海天公司债务情况下,通过控制海天公司抢先清偿自身债权,损害海天公司的利益。海天公司均未提交任何证据证明因其他债权人或者其他职工债务的情况使其深陷财务危机。请求二审法院驳回上诉人海天公司的诉讼请求。

李某玉辩称:李某玉虽然是川开公司的股东,但仅持有2.32%的股份,其不是通快公司的股东,也无法控制两个公司发生关联交易,所以李某玉不是本案关联交易的主体。其余答辩意见和川开公司的意见一致。

川开公司上诉认为:一审判决认定事实不清,适用法律不当。(1)川开公司不是适格的被告。川开公司虽是海天公司、通快公司的控股股东,但其既不是委托贷款合同的缔约方也不是合同的实际履行人,没有与海天公司发生关联交易,不能认定川开公司存在侵权行为或共同侵权的意思联络。且海天公司也没有明确川开公司存在何种违法行为及海天公司何种合法利益因何种非法关联交易受到损害、该损害后果是关联交易引起的、川开公司有故意和过失的主观过错、川开公司与李某玉有何种意思联络。诉讼中,海天公司没有参照《公司法》第20条及《民法总则》规定的诚信原则主张"揭开公司的面纱",海天公司对川开公司的请求权基础并不存在,川开公司不是本案适格被告不应承担法律责任。(2)一审未查明海天公司预期违约的事实。《委托贷款合同》中约定"借款人还款能力发生重大不利变化的,贷款人可以提前收回借款,并有权要求借款人按年利率24%的标准自借款发放之日起支付违约金",该约定实质是海天公司还款能力发生重大不利变化时,通快公司可以提前收回借款并要求海天公司承担违约责任,约定符合《合同法》第68条第4项规定的预期违约情形。海天公司借款用途为厂房改造,但该项目被政府确认为违规清理项目。海天公司还款能力发生重大变化,丧失还款能力、到期不能还款,已经构成预期违约。(3)通快公司收取违约金未损害海天公司的利益。①海天公司构成预期违约应承担违约责任,通快公司按约收取违约金符合法律规定,没有损害海天公司的利益;②法律禁止非公允的关联交易,通快公司收取违约金未损害海天公司的利益,委托贷款合同不具有不正当交易目的及动机,是合法的商业活动,委托贷款合同约定的预期违约责任的违约金未失公允,通快公司于2016年5月得知海天公司还款能力发生重大变化后,有权提前收回贷款并要求海天公司按年利率24%支付违约金。2016年5月10日,通快公司要求海天公司提前还款并支付利息及违约金,海天公司认可,该行为不是川开公司利用控股股东的地位非法要求海天公司提前还款并将海天公司资金以违约金的名义非法输送给通快公司。海天公司在诉讼中未主张违约金过高,违约金的标准未超过资金市场合理的交易价格是公平的,利息及违约金合计未超过年利率36%且海天公司已支付;借款、还款行为是海天公司自行决策的结果,符合公司章程的规定,与川开公司无关。在2016年8月8日前,王某一直担任公司总经理,负责生产经营管理工作。川开公司虽于2009年3月25日以增资入股方式成为海天公司股东,但川开公司未参与公司经营,更不会对某个具体合同是否支付违约金进行干涉。海天公司与通快公司提前归还贷款及支付违约金的行为属于公司日常经营管理事务,不属于海天公司股东会的职权范围,川开公司在海天公司与通快公司决策过程中明确表示回避不参与,川开公司不存在程序审查上的违法行为及实体处理损害海天公司利益的行为。

海天公司辩称:川开公司是本案的适格被告。川开公司既是海天公司的股东也是通快公司的全资股东,川开公司与海天公司、通快公司存在关联关系,符合《公司法》第21条关于关联关系的认定。关于川开公司提到的海天公司预期违约的理由,海天公司认为不符合规定。海天公司因客观原因导致还款能力发生变化,不构成预期违约,而且通快公司在主张提前归还借款后,海天公司也提前归还了借款,不存在预期违约,也不存在实际违约。从川开公司的表述可以看出,其对关联交易的自认。关联交易的实际受益者是川开公司,根据委托贷款合同,海天公司没有任何违约行为,国家政策的调整不是违约的行为,既然海天公司不存在任何违约行为,通快公司没有任何理由要求海天公司支付违约金。海天公司在没有任何违约的情况下,支付了巨额的违约金。在海天公司与通快公司签订的合同中,利息约定为0%,但随后通快公司宣布贷款提前到期。海天公司支付了利息之后,才签订补充协议约定利息。此时,海天公司已经深陷财务危机,存在拖欠工资、集资款项、职工社保等情形。海天公司在此情况下,支付关联公司和个人的债权,明显导致其他债权人的利益遭受损害。关于川开公司提到的海天公司的还款行为是海天公司自行决策的结果,海天公司认为归还借款和利息不是自行决策。正常的增资是为了增加企业的流动资金,而川开公司增资后,在一天内将全部增资款项转走。海天公司拖欠了很多款项,但川开公司的款项并没有用于生产经营,全部支付给了关联公司和个人。对于1亿元的转款,海天公司的会计和出纳都作证并不知情相关款项。李某玉作为川开公司的股东之一,又是海天公司的法定代表人、执行董事,并代表川开公司在海天公司行使控股股东的职权,且参与了支付本案案涉款项,代表川开公司在海天公司行使相关权利,那么海天公司支付案涉款项的行为,不是自己内部决策的行为,而是关联交易下的产物。海天公司申请驳回被告上诉。

李某玉上诉认为:(1)一审适用法律错误,李某玉不是海天公司主张的关联交易主体,不应承担赔偿责任。一审适用《公司法》第 21 条的规定,认为李某玉作为川开公司的股东之一,又是海天公司法定代表人、执行董事,并代表川开公司在海天公司行使控股股东的职权,据此认定李某玉属于关联交易的主体。海天公司主张的交易双方系海天公司与通快公司,李某玉需要直接或间接控制通快公司才能成为海天公司主张的关联交易的主体。李某玉不是通快公司的股东也不是高级管理人员,2017 年 5 月前,虽然川开公司是通快公司的控股股东,但李某玉在川开公司仅占 2.32% 的股份,其与通快公司不存在关联关系也不是海天公司主张的关联交易主体,不应承担连带赔偿责任。(2)一审认定事实不清,海天公司存在《委托贷款合同》约定的违约事实。海天公司的借款用途为厂房改造,但该项目被政府确认为违规清理项目,且海天公司还款能力发生重大不利变化,属于《委托贷款合同》约定的违约事实,已经构成《合同法》第 68 条第 4 项中的预期违约。(3)一审认定事实不清、适用法律错误。海天公司支付违约金是履行《委托贷款合同》约定的义务,在正常商业活动范围及法律规定范围内,未损害海天公司的利益。海天公司的项目被确认为违规清理项目后,通快公司有权按合同约定收取年利率 24% 的违约金,违约金及利息标准未超出法律规定年利率 36% 的上限,没有损害海天公司的利益。

海天公司辩称:其认为李某玉是本案关联交易的主体。李某玉的关联性主要体现在其作为川开公司的股东之一,又是海天公司法定代表人、执行董事,并代表川开公司在海天公司行使控股股东的职权,是川开公司的高级管理人员。在本案中,李某玉并不是单独实施的关联交易行为,而是与川开公司共同实施。李某玉作为海天公司的执行董事,负责全面事务,其明知支付川开公司违约金的行为构成关联交易,并且损害其他人利益,仍然同意支付利息,所以李某玉是关联交易的主体。

综上所述,本案争议焦点为:(1)海天公司与通快公司之间是否形成关联交易;(2)本案中关联交易的主体是谁;(3)交易行为是否损害海天公司的利益。

裁判说理

二审法院认为:(1)关于通快公司收取海天公司 226 万元贷款利息的行为是否是川开公司利用关联关系损害海天公司的利益的问题。第一,通快公司与海天公司签订《委托贷款合同》,通快公司按约向海天公司发放了 5000 万元的贷款。《委托贷款合同》约定,国家政策发生可能对借款安全发生重大不利影响的调整的,委托人可以提前收回已发放贷款。2016 年 4 月,海天公司 2000t/d 熟料水泥生产线项目被行政部门确定为不符合产业政策的项目,行政部门的决定对海天公司的生产经营及还款存在不利的影响,通快公司按约在 2016 年 5 月提前收回贷款是行使合同的权利,没有损害海天公司的利益。第二,《委托贷款合同》虽约定利率为0%,但之后海天公司向通快公司支付了226万元的资金利息,同时补充约定借款利率调整为固定年利率7.2%,表明双方对合同关于利息的内容进行了变更。海天公司虽与通快公司系关联公司,但海天公司使用了通快公司5000万元的资金,获得了资金占有、使用的相应利益,海天公司按年利率7.2%向通快公司支付相应的资金占有利息226万元符合商业银行贷款的市场行情,不属于川开公司利用关联关系将海天公司利益向通快公司转移,没有损害海天公司的利益。海天公司上诉要求川开公司及李某玉赔偿226万元利息损失的理由不成立,法院不予支持。

(2)关于通快公司收取海天公司753.3333万元违约金的行为是否是川开公司利用关联关系损害海天公司的利益的问题。第一,《公司法》第21条规定:"公司的控股股东、实际控制人、董事、监事、高级管理人员不得利用其关联关系损害公司利益。违反前款规定,给公司造成损失的,应当承担赔偿责任。"第二,《委托贷款合同》中虽约定国家政策发生可能对借款安全发生重大不利影响调整的,委托人可以提前收回已发放贷款,但该约定不表明出现对借款安全发生重大不利影响情形就属于海天公司的违约行为,只是约定海天公司出现还款困难时通快公司可以解除合同,即约定的合同解除条件,符合条件时通快公司可以行使解除权收回贷款。第三,2016年4月,海天公司的生产线项目被确定为不符合产业政策,该决定对海天公司的生产经营及还款存在不利的影响,但海天公司未明确表示也未以行为表示不履行对通快公司的还款义务,且在通快公司要求还款时及时支付了借款本金履行了合同义务,生产线项目的取消不是海天公司的违约行为也不是预期违约行为。第四,海天公司在《委托贷款合同》的履行中没有违约行为,通快公司无权收取违约金,海天公司在归还本金的同时按年利率24%向通快公司支付违约金753.3333万元,是公司的控股股东川开公司利用关联关系对通快公司的利益输送,损害了海天公司利益,川开公司应向海天公司承担相应的赔偿责任。

(3)关于李某玉是否应与川开公司承担连带赔偿责任的问题。第一,2015年8月至2016年5月,在《委托贷款合同》履行期间,李某玉既不是海天公司的股东,也不是通快公司的股东,没有直接或间接地控制海天公司与通快公司,李某玉虽系川开公司的股东,但持股比例仅占2.32%,也没有控制川开公司,李某玉与通快公司没有关联关系;第二,李某玉是海天公司的法定代表人,系由海天公司的控股股东川开公司指派到海天公司任职,李某玉在海天公司支付利息及违约金支票上盖章的行为属于职务行为,利用关联关系向通快公司进行利益输送的主体是川开公司而不是李某玉,李某玉不应对川开公司的行为承担连带赔偿责任。

专业点评

所谓关联交易,是指公司与其关联人之间发生的一切转移资源或者义务的法律行为。其特征是:交易双方中一方是公司,另一方是公司的关联人;交易双方的法律地位名义上平等,但交易实由关联人一方所决定;交易双方存在利益冲突,关联人可能利用控制权损害公司的利益。按照关联人的身份不同,关联交易分为董事自我交易与控制股东自我交易。董事自我交易指董事、监事、高级管理人员本人及其关联人与公司的交易,控制股东自我交易指控股股东、实际控制人及其关联人与公司的交易。关联交易是一种特殊的自我交易,实质上是一种利益冲突的交易。在公司的经营过程中,关联交易是无法避免的。关联交易本身是中性的,关联人并不当然滥用权利,关联交易甚至可以提高交易效率、节省交易成本,因此,法律并非简单地禁止关联交易,而是重在采取一定办法对关联交易进行防范,防范关联人在关联交易中滥用控制权,损害公司的利益。我国集中的公司股权结构决定了不公平关联交易多发生在控制股东自我交易领域,不公平的董事自我交易虽存在,但不是主要问题所在。我国公司控制股东自我交易的形式多样,存在于产品销售、担保、资产收购、资金占用等公司经营的每一个环节。在过去的十几年里,许多上市公司的控制股东通过关联交易将公司的巨额利益“输送”(tunnel)给自己及其关联人,可谓触目惊心,成为上市公司以及资本市场健康发展的一大隐患。控制股东忠实义务的主要适用场合就是关联交易,法律加强对控制股东自我交易的规制,就是更好地落实控制股东忠实义务。《公司法》主要通过两个条款对关联交易加强规制:第 21 条规定,公司的控股股东、实际控制人等不得利用其关联关系损害公司利益,否则,赔偿由此给公司造成的损失。这是公司法关于关联交易的一般性规定,核心思想是不禁止关联交易本身,而是要求控股股东、实际控制人不得违反对公司的忠实义务,通过不公平关联交易损害公司利益。联系《公司法》第 217 条关于“关联关系”的界定,可以看出这一规定的不足:对控制股东自我交易的定义过于狭窄,没有纳入控股股东、实际控制人的关联人与公司之间的交易。第16条规定,公司为股东、实际控制人提供关联担保的,须经股东会(包括股东大会,下同)决议,且该股东以及受实际控制人支配的股东回避表决。这一规定排除关联股东的表决权,足以防止不公平关联担保行为的发生。此外,《证券法》第130条第2款规定,证券公司不得为股东及其关联人提供融资或者担保。在我国《公司法》中,只有关联交易造成公司利益受损的情况,才应承担损害赔偿责任。在具体判断是否造成公司利益受损时应当深入探究交易本身是否符合商业惯例、商业逻辑。

法条链接

《公司法》(2018年)

第二十一条　公司的控股股东、实际控制人、董事、监事、高级管理人员不得利用其关联关系损害公司利益。

违反前款规定,给公司造成损失的,应当承担赔偿责任。

第一百四十八条　董事、高级管理人员不得有下列行为:

(一)挪用公司资金;

(二)将公司资金以其个人名义或者以其他个人名义开立账户存储;

(三)违反公司章程的规定,未经股东会、股东大会或者董事会同意,将公司资金借贷给他人或者以公司财产为他人提供担保;

(四)违反公司章程的规定或者未经股东会、股东大会同意,与本公司订立合同或者进行交易;

(五)未经股东会或者股东大会同意,利用职务便利为自己或者他人谋取属于公司的商业机会,自营或者为他人经营与所任职公司同类的业务;

(六)接受他人与公司交易的佣金归为己有;

(七)擅自披露公司秘密;

(八)违反对公司忠实义务的其他行为。

董事、高级管理人员违反前款规定所得的收入应当归公司所有。

第二百一十六条　本法下列用语的含义:

(一)高级管理人员,是指公司的经理、副经理、财务负责人,上市公司董事会秘书和公司章程规定的其他人员。

(二)控股股东,是指其出资额占有限责任公司资本总额百分之五十以上或者其持有的股份占股份有限公司股本总额百分之五十以上的股东;出资额或者持有股份的比例虽然不足百分之五十,但依其出资额或者持有的股份所享有的表决权已足以对股东会、股东大会的决议产生重大影响的股东。

(三)实际控制人,是指虽不是公司的股东,但通过投资关系、协议或者其他安排,能够实际支配公司行为的人。

(四)关联关系,是指公司控股股东、实际控制人、董事、监事、高级管理人员与其直接或者间接控制的企业之间的关系,以及可能导致公司利益转移的其他关系。但是,国家控股的企业之间不仅因为同受国家控股而具有关联关系。

三、关联交易的正当性评判

案件名称

兖矿公司、永峰公司诉东圣公司等公司关联交易损害责任纠纷案

案号

一审:(2017)黔民初70号;二审:(2020)最高法民终55号

裁判要旨

公司控股股东将其个人对外投资股权转让给公司属关联交易,但不能仅因关联交易径行认定存在利用关联交易将出资转出的抽逃出资情形。通过交易公司可获得合理对价的,则交易行为未侵犯公司利益,控股股东当然也无须承担赔偿责任。关联交易的正当性应同时符合三个标准:公司内部程序合法合规,严谨有效、信息披露合法合规,内部透明、交易价格公允。

案情简介

上诉人(原审原告):兖矿公司

被上诉人(原审被告):东圣公司

被上诉人(原审被告):金最公司

被上诉人(原审被告):潘某

被上诉人(原审被告):李某涛

被上诉人(原审被告):东陶公司

被上诉人(原审被告):王某

被上诉人(原审被告):贾某涛

原审原告:永峰公司

原审第三人:恒盛公司

能化公司是国有独资兖矿集团有限公司及其下属企业兖矿鲁南化肥厂与中国煤炭(海外)集团有限公司共同投资设立的港澳台与境内合资有限责任公司,其中兖矿集团有限公司持有能化公司51.37%的股权份额。永峰公司和恒盛公司均是自然人投资或控股的有限责任公司,金最公司是法人独资有限责任公司。

2012年1月30日,能化公司、永峰公司、金最公司及恒盛公司共同签署《东圣公司出资协议书》(以下简称《出资协议书》)、《东圣公司章程》(以下简称《公司章程》),共同以货币出资方式投资设立东圣公司,注册资本2亿元,各股东的出资额及股权比例分别为:金最公司出资9000万元,股权比例45%;能化公司出资8000万元,股权比例40%;恒盛公司出资2000万元,股权比例10%;永峰公司出资1000万元,股权比例5%。

根据新联谊会计师事务所有限公司邹城分所出具的新联谊邹验字(2012)第001号《验资报告》,东圣公司注册资本已于公司设立时全额实缴到位。2012年3月6日,东圣公司领取了原贵州省工商行政管理局颁发的《企业法人营业执照》,公司类型为其他有限责任公司,法定代表人为王某。

2012年3月25日,东圣公司召开首次股东会会议和第一届董事会第一次会议。东圣公司股东会同日作出《首次股东会会议决议》,主要内容:(1)金最公司委派陶某为公司股东代表、能化公司委派李某岗为公司股东代表、恒盛公司委派王某为公司股东代表、永峰公司委派张某文为公司股东代表;(2)审议通过《股东会议事规则》;(3)公司董事会由七名董事组成,包括金最公司委派的贾某涛、邓某春、潘某3人,能化公司委派的李某岗、张贵山、颜士华3人及恒盛公司委派的王某,并推举贾某涛为东圣公司董事长;(4)公司监事会由3名监事组成,包括永峰公司委派的张某文、金最公司委派的费某、能化公司委派的孔某书。并推举张某文为东圣公司监事会主席。东圣公司董事会同日作出《第一届董事会第一次会议决议》,主要内容为:选举、聘任公司高级管理人员,其中李某涛被聘任为东圣公司财务总监;审议通过了

《关于董事会议事规则的议案》等公司文件；董事会授权李某岗全面主持公司工作，在授权期间，收购煤矿、托管经营、投资决策等事项，须形成完整方案，提交董事会研究决策。

2013年12月1日，东圣公司董事会发出《董事会会议通知》。2013年12月23日，东圣公司召开了"第一届第二次董事会会议"。会议议程有六项："1. 审议《东圣公司二〇一三年工作报告》；2. 审议《东圣公司二〇一三年财务决算(预案)》；3. 审议《东圣公司二〇一四年工作计划(生产、安全、技术指标)》；4. 审议《东圣公司二〇一四年财务预算》；5. 审议其他议案；6. 形成公司第一届第二次董事会会议决议。"当日，东圣公司作出《第一届第二次董事会决议》，其中决议第3项内容为"审议并批准董事潘某提交的《关于收购目标公司议案》"；第6项内容为"一致同意由公司法定代表人王某负责组织收购目标公司工作，并代表东圣公司与相关方签订系列收购文件"。王某、李某岗、张某山、贾某涛、颜某华、潘某等董事签名。同日，董事长王某主持召开了东圣公司临时股东会议，并作出《临时股东会议决议》：全体股东一致同意东圣公司收购目标公司，收购具体工作由王某负责组织实施，并授权王某代表东圣公司与相关各方签订相关文件。陶某、李某岗、王某、张某文作为股东代表签字。

同日，金最公司(甲方)、东陶公司(乙方)与东圣公司(丙方)、目标公司共同签署了股权转让协议，其中载明：目标公司注册资本10,000万元，金最公司持有目标公司65%股权，东陶公司持有目标公司35%股权，截至2013年11月23日，目标公司负债52,158.26万元。金最公司、东陶公司拟将其持有的目标公司股权转让给东圣公司，东圣公司同意受让。股权转让款10,000万元为承债式转让，在协议生效后的3个工作日内支付股权转让定金8000万元；在协议生效后6个月内支付股权转让余款2000万元并负责使目标公司能有资金归还债务。股权转让款支付完成且目标公司归还其全部债务后，金最公司、东陶公司不再持有目标公司股权。股权转让协议项下的交易款项支付至金最公司账户。其中股权转让协议第4.2条约定："各方理解并同意，按照本协议进行股权转让的目的是使丙方能获得对目标公司的控股权，进而使丙方能通过持有目标公司的股权而间接控制晴隆公司已经控制的煤矿资产和'贵州省煤矿企业兼并重组主体资格'，最终获得晴隆公司的煤矿资产收益。"

协议签订次日，东圣公司将8000万元定金汇入了金最公司账户。

股权转让协议共有11份附件，包括：(1)晴隆公司对外投资情况和煤矿资产情况；(2)~(8)为北京金杜律师事务所作出的7份法律尽职调查报告，主要内容为对目标公司的法律尽职调查报告，以及对恩盛煤矿等6个煤矿的法律尽职调查报告；

(9)北京金杜律师事务所《恒盛矿业煤矿收购项目法律问题总结》;(10)黔西南仁信会计师事务所作出的截至2013年11月30日,目标公司《审计报告书》,主要内容为对目标公司的财务报表,包括2013年11月30日资产负债表,2013年11月利润表和现金流量表以及会计报表的审计;(11)中天银会计师事务所作出的晴隆公司2012年度《审计报告》,主要内容为:对晴隆公司财务报表,包括2012年12月31日的资产负债表,2012年度的利润表、现金流量表的审计。

兖矿公司、永峰公司向贵州省高级人民法院提出诉讼请求:(1)依法认定被告东圣公司于2013年12月23日与被告金最公司、东陶公司签署《关于目标公司的股权转让协议》(以下简称《股权转让协议》)的行为,以及东圣公司于2013年12月24日支付金最公司8000万元"股权转让定金"的行为,属于金最公司利用关联交易将出资转出的抽逃出资行为。(2)判令被告金最公司全额返还东圣公司通过关联交易抽逃的出资8000万元,并按照每年15%的利息支付实际非法占用该8000万元出资款期间的利息损失,暂计至2017年6月23日为4200万元;东陶公司对被告金最公司通过关联交易抽逃的出资本息承担连带赔偿责任。(3)判令被告东圣公司董事王某、贾某涛、潘某、李某涛对金最公司返还出资本息承担连带赔偿责任。(4)诉讼费用由金最公司承担。

诉讼过程

因认为金最公司将其在东圣公司的8000万元出资抽逃占用至今,兖矿公司、永峰公司以公司关联交易损害责任纠纷诉东圣公司、金最公司、潘某、李某涛、东陶公司、王某、贾某涛至贵州省高级人民法院,请求判令:(1)金最公司利用关联交易将出资转出的抽逃出资行为;(2)金最公司全额返还东圣公司通过关联交易抽逃的出资8000万元,东陶公司对金最公司通过关联交易抽逃的出资本息承担连带赔偿责任。贵州省高级人民法院一审判决驳回原告诉讼请求。后兖矿公司不服,向最高人民法院提出上诉,被判决驳回上诉,维持原判。

裁判结果

一审判决:驳回兖矿公司、永峰公司的诉讼请求。

二审判决:驳回上诉,维持原判。

主要争点

兖矿公司、永峰公司认为:兖矿公司、永峰公司与金最公司均系东圣公司股东。2013年12月23日,东圣公司以其董事会、股东会作出内容无效的决议为基础和根据,与金最公司、东陶公司签署内容违反法律、行政法规强制性规定的《股权转让协议》;2013年12月24日,东圣公司以《股权转让协议》为假托之据,支付金最公司8000万元“股权转让定金”。从法律实质上来看,是东圣公司与金最公司和东陶公司假借股权转让名义,共同帮助金最公司利用关联交易将出资转出的抽逃出资行为,直接损害了原告作为东圣公司股东的合法权益和东圣公司本身的法人财产权。王某、贾某涛、潘某、李某涛等人,利用各自具有的“双重”乃至“多重”关联的董事或高级管理人员身份,直接促成金最公司将其在东圣公司的8000万元出资抽逃占用至今。

一、原告是东圣公司的合法股东,依法享有股东权益。兖矿公司是山东省国有资产监督管理委员会直接监管的大型国有独资公司兖矿集团有限公司依法合营投资设立的国有资本控股公司,兖矿公司51.37%的股权份额由其直接持有,因此是《企业国有资产法》所规定的国有资本控股公司;原告永峰公司则是依法设立的民营企业。2012年1月30日,由兖矿公司、永峰公司与金最公司以及第三人恒盛公司共同签署《出资协议书》《公司章程》,以货币出资方式设立东圣公司,注册资本人民币2亿元,其中金最公司出资9000万元,占45%股权;兖矿公司出资8000万元,占40%股权;恒盛公司出资2000万元,占10%股权;永峰公司出资1000万元,占5%股权。经会计师事务所出具《验资报告》审验,东圣公司注册资本已由股东各方全额实缴到位。东圣公司领取了公司登记机关签发于2012年3月6日、注册号为52000000007××××的《企业法人营业执照》。

二、东圣公司与金最公司、东陶公司签署《股权转让协议》,通过该关联交易协议帮助大股东金最公司抽逃出资8000万元,严重损害原告作为非关联股东的合法权益。东圣公司于2013年12月23日以董事会、股东会名义违法作出《第一届第二次董事会决议》第3项、第6项决议和《临时股东会议决议》,上述决议已被贵州省高级人民法院以(2015)黔高民商初字第14号一审民事判决依法确认无效。东圣公司违法作出上述决议事项当日,与金最公司、东陶公司签署《股权转让协议》。金最公司借助其与东陶公司共同实施股权转让的名义,于次日以收取“股权转让定金”为手段,从东圣公司以银行转账汇款方式成功抽逃注册资本8000万元。这种行为在法律上属于典型的利用关联交易抽逃出资的不法行为,严重损害了原告作为非关联股东的合法权益。首先,《股权转让协议》项下的转让方金最公司,既是持有目标公司

65%股权的控股股东,又是持有受让方东圣公司45%股权份额的第一大股东,《股权转让协议》的合同主体之间、收购的目标公司以及其下属的晴隆公司之间,均存在以金最公司的股权投资为纽带的关联关系。其次,作为东圣公司董事、高级管理人员的王某、贾某涛、潘某、李某涛等人,同时在金最公司、东陶公司、目标公司、晴隆公司以及第三人之间,存在“双重”乃至“多重”的董事、高级管理人员关联身份。王某、贾某涛、潘某、李某涛等人利用其重叠的关联身份,共同对东圣公司进行操控,使东圣公司于2013年12月23日召开的董事会会议对潘某提交的所谓收购议案违法作出《第一届第二次董事会决议》第3项、第6项决议,并违法临时召开股东会会议并形成《临时股东会议决议》签署《股权转让协议》,第二天即不法完成对所谓“股权转让定金”的转账支付,帮助金最公司通过关联交易抽逃出资8000万元。最后,《股权转让协议》属于内容严重违反法律、行政法规的强制性规定的关联交易,在客观上严重损害原告作为非关联股东的合法权益。(1)被告东圣公司据以签署《股权转让协议》的内部决策文件,即《第一届第二次董事会决议》第3项、第6项决议和《临时股东会议决议》内容无效,自始没有法律约束力,被告东圣公司没有取得签署《股权转让协议》的民事行为能力和主体资格。上述决议内容已被法院一审以民事判决依法确认无效。(2)《股权转让协议》内容违反《公司法》第20条、第21条、第35条,《企业国有资产法》第30条、第43条、第46条等涉及关联交易合法性的相应效力性强制规定。(3)《股权转让协议》直接违背了《出资协议书》第1条所明确的东圣公司设立目的,即直接收购有关目标煤矿(过户受让煤矿采矿权,收购煤矿资产),并成为贵州省煤矿企业兼并整合主体;同时违背了《公司章程》第13条“股东不得抽逃出资”的规定。结合《股权转让协议》所附的全部附件文件,东圣公司与金最公司、东陶公司签署《股权转让协议》并以“定金”方式积极配合金最公司利用关联交易将出资转出,属于协议三方以虚假的意思表示实施的不法行为。(4)《股权转让协议》鉴于部分第3条和协议正文第1条第1.3项所列目标公司52,158.26万元负债,但并未在协议正文相关条款中明确列示其中欠金最公司303,007,585.42元,欠东陶公司172,791,666.67元,合计高达475,799,252.09元的重大关联交易事项,金最公司和东陶公司企图以仅在协议附件的相应会计报表附注中说明的方式将巨额股东关联借款债务负担转嫁给东圣公司,这属于依照《合同法》第52条第3项所规定的应确认无效的法定情形。(5)《股权转让协议》项下的所谓交易款项支付均统一由金最公司指定账户收取的相关约定,说明《股权转让协议》实为东圣公司与金最公司、东陶公司恶意串通,借用东陶公司名义帮助金最公司通过关联交易完成对其出资资金“转出”的事实依据,这在客观上损害了原告作为东圣公司的第三方非关联股东的合法权益,也符合《合同法》第 52 条第 2 项、《企业国有资产法》第 72 条所规定的应确认无效的法定情形。以上案件事实与理由足以证明,东圣公司与金最公司、东陶公司签署《股权转让协议》,并向金最公司支付 8000 万元所谓股权转让"定金"的行为,并非一项真实合法、对价公允的关联交易,而是通过关联交易帮助金最公司抽逃注册资本的一项非法买卖。据此,金最公司理应全额返还其所抽逃转出的出资本金金额,并按照中国人民银行同期贷款基准利率的四倍支付实际非法占用该 8000 万元出资款期间的利息损失;东陶公司应对此承担连带赔偿责任。

三、王某、贾某涛、潘某、李某涛等人,应对金最公司返还出资本息承担连带责任。王某、贾某涛、潘某、李某涛等人作为东圣公司具有关联身份的董事、高级管理人员,通过东圣公司董事会进行违法表决,利用《股权转让协议》实施关联交易协助金最公司抽逃出资,根据《公司法》第 21 条、第 152 条,《企业国有资产法》第 43 条、第 46 条、第 71 条第 6 项、第 72 条,以及《公司法解释三》第 14 条之规定,均应依法对金最公司返还出资本息承担连带责任。

东圣公司、金最公司、潘某、李某涛答辩认为:不同意原告的全部诉讼请求,请求予以驳回。具体理由如下:

一、本案发生的背景情况。各方设立东圣公司的目的是优先考虑利用兖矿公司所拥有大型煤矿周边矿井相对于全井田开拓布局的有利位置,拟对兖矿公司大型煤矿周边煤矿及其他具有收购价值的目标煤矿实施收购整合,维护兖矿公司所属大型煤矿及井田边界完整和资源安全,充分发挥各方的优势,形成利益共同体。按照《出资协议》的约定,为了实现对煤炭资源和产能的收购,在时任兖矿公司董事长王某的组织下,从 2013 年 7 月开始,东圣公司的股东讨论进一步在各自现有产能基础和资源优势的基础上深化合作的可行性,并决定以东圣公司为主体,对金最公司实际控股的目标公司及其控股晴隆公司所属的 6 对矿井进行收购,以弥补兖矿公司没有焦煤矿的不足,为将来东圣公司整体上市作准备。为了摸清目标公司及所属 6 对矿井的资源价值、生产能力和目标公司的债权债务情况,确保东圣公司对目标公司收购的合法性和合理性,从 2013 年 8 月开始,由兖矿公司主导,组织了专业全面的尽职调查团队,包括律师事务所律师、兖矿公司的专业技术人员、会计师等对目标公司及其所属矿井进行了详尽的尽职调查。在经过 4 个月的尽职调查后,相关调查团队出具了尽职调查报告,认定目标公司及其所属矿井的价值,从程序和技术基础上保证了收购的合法性,也使兖矿公司对目标公司及其所属 6 对矿井有全面详尽的掌握。目标公司于 2012 年 8 月 14 日在贵州省贵阳市注册成立,实缴注册资金 1 亿元人民币。目标公司持有晴隆公司 80% 的股权,而晴隆公司名下拥有证照齐全的 6 个焦煤煤矿,规划产能每年 165 万吨,技改完成后产能在每年 210 万吨以上。煤矿的探明总储量一亿吨以上,以焦煤为主。在《股权转让协议》签署时,晴隆公司已经受让或正在变更名下 6 个焦煤煤矿的采矿权,且当时 6 个煤矿的评估价值为 29 亿余元。也就意味着,目标公司持有晴隆公司 80% 的股权,其资产评估值已超过了 23.2 亿元。更为重要的是,晴隆公司当时系贵州省政府批复的第一批煤矿企业兼并重组主体企业,只有省政府批准的主体才可以后续收购其他煤矿,从而实现《出资协议》项下各方股东的目的。而东圣公司本身不具有上述资质,其后续无法收购其他煤矿。基于上述原因,东圣公司于 2013 年 12 月 23 日召开董事会和股东会,通过了东圣公司对目标公司及其所属的晴隆公司(包括 6 对矿井)收购的决议。在东圣公司的董事会和股东会批准了对目标公司的收购后,东圣公司和目标公司的股东金最公司、东陶公司签署了《股权转让协议》,并按照协议约定支付了第一笔款项。在董事会及股东会的决议过程中,以及《股权转让协议》签署并开始履行后,无论是兖矿公司还是永峰公司从未提出过任何异议,各方均认可上述交易。当时交易的对价按照目标公司经审计的净资产 1 亿元收购,需承担 5.2 亿余元的债务。2014 年 3 月 12 日,兖矿公司的董事长由王某变更为梁某训,整个合作发生了颠覆性的变化。因梁某训董事长不认可前任的经营思路和合作方式,不认可各方签署的《出资协议》及董事会和股东会决议,其通过各种方式否认前任所作的投资决策,也不再按照《出资协议》履行指派技术人员管理团队负责煤矿管理等义务。基于此,各方股东被迫就《股权转让协议》是否继续履行几经协商,但兖矿公司董事长梁某训为了达到终止收购的目的,要求召开东圣公司股东会强行解除已经生效的《股权转让协议》。由于股东会未能就此议案形成决议,其指示兖矿公司停止履行东圣公司股东职责,致使东圣公司日常的生产经营业务处于停滞状态,并威胁对东圣公司进行清算,甚至要追究东圣公司董事的刑事责任。由于兖矿公司新任董事长的上述行为,恶化了股东之间的合作关系,致使东圣公司的管理和生产陷于停顿状态,东圣公司正在进行的矿井建设和技改工作无法按照计划开展。东圣公司的利益因此遭到严重损失。东圣公司处于无人办公、无经营地点,公司处于瘫痪的状态,员工纷纷离职并提起多宗劳动仲裁要求索赔,公司处于破产清算的边缘。2014 年 10 月 29 日,兖矿公司和永峰公司提起了公司决议纠纷诉讼,要求确认原股东会及董事会作出的收购决议无效,经过一审和二审判决,最高人民法院第五巡回法庭撤销了原贵州省高级人民法院(2015)黔高民商初字第 14 号民事判决,并作出(2017)最高法民终 416 号判决书。终审判决确定了东圣公司原董事会和股东会所作出的收购决议的法律效力,并未认定董事或股东代表基于履行职务行为应当承担任何责任,并驳回了兖矿公司和永峰公司的所有诉讼请求。2017 年 9 月 11 日,晴隆公司工商登记发生变更,其注册资本金从 5 亿元增加至 14 亿元。目标公司持有 90% 的股权,实际出资为人民币 12.6 亿元。

二、原告的诉讼请求没有事实和法律依据,不应得到法院的支持。

(1)最高人民法院生效判决已经认定东圣公司关于收购目标公司股权的董事会和股东会决议合法有效,故参与决议的董事不应基于其职务行为承担任何责任,原告主张董事王某、贾某涛、潘某、李某涛应当就金最公司返回出资本息承担连带赔偿责任没有任何事实和法律依据,应当予以驳回。东圣公司的董事共有 7 名,其中兖矿公司指派 3 名,金最公司指派 3 名,第三人恒盛公司指派一名。2013 年 12 月 23 日,参与东圣公司第一届第二次董事会的成员不仅包括金最公司指派的 3 名董事,还包括兖矿公司指派的 3 名董事李某岗、颜某华、张某山,以及恒盛公司指派的 1 名董事王某,7 名董事一致同意东圣公司收购目标公司股权的提议,并予以签字确认。同时,《股权收购协议》中代表东圣公司签字的主体为被答辩人兖矿公司指派的董事颜某华。如果被答辩人认定涉案 4 名董事基于其履行职务的签字行为需要承担相应的责任,则其余同样履行董事职务并参与签字的董事也应当一并列为本案被告,参与本案诉讼,共同承担相应的责任。

(2)东圣公司与金最公司、东陶公司签署《股权转让协议》已经公司合法决策审议通过,系各方真实意思表示,且该等决策的法律效力已被最高人民法院生效判决予以确认,其不存在滥用股东权利损害东圣公司利益的行为,更不属于被答辩人所称金最公司利用关联交易将出资转出的抽逃出资行为。①关于抽逃出资的认定标准。关联交易的行为若该交易真实、价格公平,则不应据此认定其为抽逃出资,被认定为抽逃出资必须满足“损害了公司权益”的前提条件。②东圣公司收购目标公司股权的行为确属于关联交易,但其行为并不违反《公司法》和公司章程的规定。关联交易并不为法律所禁止,事实上,正当的关联交易往往可以避免无序竞争带来的资源浪费,实现优化配置,加速交易效率,具有积极作用。东圣公司 4 名股东在设立之初就已经通过签署《出资协议》的方式明确:东圣公司设立的目的是优先考虑利用兖矿公司所拥有大型煤矿周边矿井相对于全井田开拓布局的有利位置,拟对兖矿公司大型煤矿周边煤矿及其他具有收购价值的目标煤矿实施收购整合,维护兖矿公司所属大型煤矿及井田边界完整和资源安全,充分发挥各方的优势,形成利益共同体。同时,约定公司设立后一年内,完成 5 个左右煤矿的收购,技改规划能力达到每年 150 万吨。力争到 2013 年年末收购整合煤矿达到新增生产能力每年 240 万吨,技改能力每年 300 万吨以上。公司设立后 3 年,力争实现收购整合 20 个煤矿,矿井技改后煤炭生产能力达到每年 600 万吨。东圣公司在约定期限内收购一定数额的煤矿并做大做强，是各股东一致协商确认的结果及目标。而东圣公司以净资产作为对价收购目标公司的股权从而间接控制晴隆公司名下6对焦煤煤矿，以提升东圣公司的煤矿生产能力完全符合《出资协议》的各项约定。该关联交易实际上是大股东金最公司让渡了自身的利益，其目的是实现优化配置，加速交易效率，做大做强东圣公司，其符合各方股东的利益具有积极作用。最高人民法院作出的（2017）最高法民终416号判决中认定，东圣公司董事会、股东会决议内容中关于收购目标公司并授权王某组织收购工作的行为，参与表决的董事及股东代表与决议事项有关联关系，确属于公司的关联交易。参与表决的董事及股东代表与决议事项虽具有关联关系，但法律并未对其形式表决权作出限制，并不能因此认定其行为构成滥用股东权利。法律并不禁止有限责任公司股东、董事或高级管理人员与公司订立合同或进行交易，但前提是不得违反公司章程的规定或者需要经股东会同意。在本案中，决议的内容确实与部分股东及董事存在关联性，但董事会和股东会已经一致决议通过，同意上述关联交易，故无论按照《公司法》还是公司章程的规定，有关联关系的股东和董事均不存在违规或不当行为，该等关联交易不被法律禁止。③关于本案股权收购行为是否实际损害了公司权益，是否使公司资产不合理减少？第一，从程序上看，东圣公司董事会和股东会已经一致决议通过该等股权收购方案，履行了公司内部合法程序：2013年12月23日，东圣公司召开的第一届第二次董事会，公司7名董事，包括被答辩人能化公司委派的3名董事均悉数到场，所有董事对决议内容均无任何异议，最终形成了《第一届第二次董事会决议》，该决议第3项为"审批批准了董事潘某先生向董事会提交的《关于收购目标公司的议案》"、第6项为"会议一致同意由公司法定代表人王某先生负责组织收购贵州海隆矿业投资管理有限公司工作，并代表东圣公司与相关方签订系列收购文件"。在董事会召开之后，又召开了临时股东会。东圣公司的四方股东均指派了股东代表参加临时股东会，所有股东均对临时股东会的决议无任何异议，并一致通过了《临时股东会议决议》。全体股东一致同意东圣公司收购目标公司，收购具体工作由董事长王某先生负责组织实施，并授权王某先生代表东圣公司与相关各方签订相关文件。需要重点强调的是，永峰公司参加本次临时股东会的股东代表正是其法定代表人张某立。最高人民法院作出的（2017）最高法民终416号判决已正式认定了上述决议的法律效力。无论该等决议是否涉及其他股东或董事的利益，董事会和股东会的召开包括其决议内容、法律后果也都是各方股东明确知晓且认可的结果。原告所称"《第一届第二次董事会决议》第3项、第6项及《临时股东会议决议》为无效决议"被驳回后，原告的诉讼主张实质上已丧失了基本的前提条件。另外，股权收购事项实际为原告与金最公司、恒盛公司收购大型煤矿计划的一部分，《出资协议》签署时，东圣公司各股东均出席会议并达成一致意见。东圣公司收购海隆矿业与各方股东签署的《出资协议》的合同目的是完全符合和匹配的，也是各方股东设立东圣公司的目的之所在。第二，从交易过程上看，东圣公司本着审慎原则，在进行董事会和股东会决议之前四五个月，即已花费巨资委托北京金杜律师事务所，黔西南仁信会计师事务所对拟收购的目标公司实际控制的晴隆公司名下的6对焦煤煤矿，目标公司的财务情况等进行了专业的尽职调查并出具了多份《法律尽职调查报告》及《审计报告书》，确认该交易项下资产真实有效，交易价格公允合理，上述专业机构的报告均作为《股权转让协议》的附件，在签署时各方均清楚知晓，该交易本身并不损害东圣公司的任何合法权益。第三，从实际效果上看，该股权收购事项实为增加了东圣公司的资产及收购其他煤矿的资格，不存在侵害或损害公司、股东、国家利益的情形。董事会决议和股东会决议目的是收购海隆矿业100%的股权，而海隆矿业当时持有贵州晴隆80%的股权，贵州晴隆名下有6对焦煤的采矿权。《股权转让协议》约定的是按照净资产予以转让，即海隆矿业经审计的净资产约为人民币1亿元，东圣公司按照上述经审计的净资产予以收购海隆矿业100%的股权，该收购行为并不涉及任何溢价，也不存在虚增或提高价格，更无无形资产的转让等。按照海隆矿业经审计的净资产价值进行股权转让是最为公平合理的交易模式，未损害任何第三方的利益。就晴隆公司名下的6对焦煤煤矿的评估值，根据北京天健兴业资产评估有限公司及四川立诚矿业评估咨询有限公司分别于2012年10月31日和2013年4月30日出具的6份《评估报告书》可以确认，在东圣公司收购目标公司100%股权之前，上述6对煤矿的评估价值已经超过29亿元。目标公司持有晴隆公司80%的股权，其股权的评估价值就超过23.2亿元。而在2013年，焦煤煤炭价格仍在上升，采矿权价值亦大幅攀升，海隆矿业的资产扣除负债其净资产已经达到十几亿元，而东圣公司仅按照1亿元的对价收购上述海隆矿业100%的股权不仅不亏损，还有极大的收益。更为重要的是，按照贵州省关于煤矿企业的兼并及重组政策，只有纳入贵州省政府批准范围的企业才享有收购其他煤矿的资格，而东圣公司因当时规模较小还不具备担任煤矿兼并重组主体的条件，而晴隆公司在2013年12月20日已经取得贵州省煤矿企业兼并重组工作领导小组下发的贵州省煤矿企业兼并重组主体企业确认的通知，其属于第一批煤矿企业兼并重组主体，而目标公司持有晴隆公司80%的股权。如果东圣公司持有目标公司100%股权，并间接控制晴隆公司，各方再以东圣公司实际控制的晴隆公司作为平台公司实施收购重组，则《出资协议》项下各方股东的目的才可能实现。第四，决议通过当日就签署《股权转让协议》，次日支付定金8000万元系正常交易流程安排，绝非被答辩人所称的具有抽逃出资的目的。首先,该交易从2013年7月启动,并根据被上诉人兖矿公司的建议委托了金杜律师事务所进行尽职调查,同时委托审计公司出具了审计意见,因尽职调查周期已经持续很久严重影响了并购进展,故在尽职调查即将结束时就通知各方董事召开董事会,在决议通过之后立即签署了《股权转让协议》。其次,签署《股权转让协议》时,兖矿公司指派的3名董事均在场,大家讨论了合同版本之后,并由王某董事长授权兖矿公司指派的总经理颜某华负责签署,在签署之前,兖矿公司指派的另一董事李某岗向王某董事长进行了汇报并征得同意后签署的。再次,《股权转让协议》约定的第一笔款为人民币8000万元,协议约定3日内支付,故第二日支付也是按照协议约定执行,其符合正常的交易惯例。最后,东圣公司如支付完毕1亿元的股权转让款,且可以获得目标公司100%的股权,而目标公司目前持有晴隆公司80%的股权,晴隆公司的注册资本金为人民币14亿元,且其名下的6对焦煤煤矿的评估值远远超过14亿元,该交易对价公允其合理。同时,该交易进行完毕,东圣公司还可以获得晴隆公司的贵州煤矿兼并重组的资格,实现各方股东签署《出资协议》的目的。

(3)原告主张"东圣公司为国有资本参股公司"以及"决议内容所涉的交易标的资产没有依法进行评估,违背了国务院91号令的强制性规定"缺少法律依据,该主张不能成立。①东圣公司并非《国有资产评估管理办法》《企业国有资产法》项下的国家参股企业,其不适用上述规定。《国有资产评估管理办法》(国务院令第91号)并未对适用主体、国有资产作出明确的定义,根据法律规范文件的效力级别,其适用主体可从《企业国有资产法》判断;《企业国有资产法》第5条规定,"本法所称国家出资企业,是指国家出资的国有独资企业、国有独资公司,以及国有资本控股公司、国有资本参股公司";《企业国有资产法》第11条规定,"国务院国有资产监督管理机构和地方人民政府按照国务院的规定设立的国有资产监督管理机构,根据本级人民政府的授权,代表本级人民政府对国家出资企业履行出资人职责。国务院和地方人民政府根据需要,可以授权其他部门、机构代表本级人民政府对国家出资企业履行出资人职责。代表本级人民政府履行出资人职责的机构、部门,以下统称履行出资人职责的机构"。根据上述规定,《企业国有资产法》规范的企业为国家出资企业,即由政府或国有资产监督管理机构履行出资人义务的企业。因此,《企业国有资产法》中所称的"国有资本参股公司"专指国家履行出资人义务的公司;东圣公司的股东兖矿公司属于港澳台合资企业,出资人为兖矿集团有限公司及中国煤矿(海外)集团有限公司,兖矿集团有限公司系国有资本控股公司,但非政府或国有资产监督管理机构,其对外出资不属于国有资本控股或参股,故东圣公司亦不属于"国家参股公司”,不适用《国有资产评估管理办法》《企业国有资产法》的规定。②东圣公司收购目标公司的股权系按照净资产进行收购,而净资产已经专业的会计师事务所进行了审计,并出具了《审计报告》,确认其资产价值,该收购行为不存在溢价,也不存在无形资产或其他需要评估的虚拟资产的价值。金最公司和东陶公司是完全按照其实际投入的货币资金进行的转让,故其不存在侵害东圣公司利益的情形,也不存在不公允或不真实交易的情形,更不属于抽逃公司注册资本的行为。综上所述,原告的诉请缺乏事实和法律依据,且通过司法的形式干扰了正常商业行为,请求驳回原告的诉讼请求。

能化公司上诉认为:(1)东圣公司与金最公司、东陶公司签订《股权转让协议》的行为属于关联交易,该行为既不合理也不合法,且股权转让并非各方当事人的真实意思表示,其真实目的是协助金最公司抽逃出资。①东圣公司未按照《公司法》及公司章程规定召开董事会、股东会,程序不合法。②股权转让协议约定的定金高达8000万元,违反《担保法》第91条的规定。东圣公司在签订协议的第二天就将定金全额支付,以定金名义进行财务转账的意思表示明确。另外,股权转让协议所附的全部附件内容“文不对题”。之所以形成这种极不合常理的股权交易模式,唯一合理解释就是股权转让协议并非当事人的真实意思表示。③东陶公司作为转让方,向东圣公司转让其持有的目标公司35%股权,却不收取任何转让款。这种行为既侵犯了东陶公司股东和债权人的合法权益,也明显违反股权转让的正常交易规则和惯例。④潘某为达到挽回投资损失的目的,虚构股权转让交易,与东圣公司签订股权转让协议,收取“股权转让款定金”。(2)股权转让协议的内容严重违反法律、行政法规的强制性规定,属于无效协议。该股权交易行为在客观上严重损害东圣公司及其他非关联股东和债权人的合法利益,属于利用关联交易的抽逃出资行为。①案涉股权转让关联交易审批违法,且潘某、贾某涛、李某涛、王某没有依法回避,并行使了表决权。②东圣公司作为国有资产监督管理的子公司,在收购非国有单位股权时,应当依法对标的资产进行审计评估,但本案涉及的标的资产并未进行审计评估。③东圣公司以“定金”方式将8000万元出资划转给金最公司,既未取得目标公司股权,也未取得与目标公司有关的任何权益,目标公司至今仍被金最公司实际控制,8000万元资金未换取任何对价资产,严重损害公司非关联股东和债权人权益。(3)一审判决认定事实不当。①东圣公司支付股权转让款后无法取得公正、合理的等值资产或权益。股权转让协议签署时,中航信托股份有限公司作为大股东持有晴隆公司64%的股权,目标公司仅持有晴隆公司16%的股权且已质押给中航信托股份有限公司。目标公司对晴隆公司不控股,不具有控制权。②股权转让协议约定的权利义务极不对等,大股东利用优势地位相互串通损害东圣公司及小股东利益的目的非常明显。(4)潘某、李某涛、王某、贾某涛作为东圣公司董事,未能依法勤勉尽责,并配合、协助金最公司抽逃出资,东陶公司作为恒盛公司的关联企业,签订不真实、不合法的股权转让协议,为金最公司抽逃出资提供便利,存在明显过错,应当依法承担连带赔偿责任。

东圣公司、金最公司、李某涛、潘某在二审中共同辩称:(1)金最公司、东陶公司与东圣公司进行的关联交易未侵害东圣公司利益,不属于通过关联交易抽逃公司注册资本的行为。①东圣公司收购目标公司股权的行为确属关联交易,但该行为并未违反《公司法》和公司章程规定,也未使公司资产不合理减少,相反增强了东圣公司各项实力和兼并重组煤矿业务的资质。②股权转让协议签署次日,东圣公司按约支付的8000万元是按照公司内控流程支付的款项,该款项支付是经东圣公司财务发起、财务总监签字以及能化公司指派至东圣公司的总经理颜某华签字确认后支付,绝非东圣公司所称的抽逃出资行为。(2)能化公司和东圣公司均非国家出资企业,亦非国有资本控股公司或国有资本参股公司,其不适用《企业国有资产法》的相关规定,更不存在违反强制性规定的情形。①东圣公司并非《企业国有资产法》和《国有资产评估管理办法》规定项下的国有参股企业,不适用上述规定。②东圣公司收购目标公司股权是按净资产进行的收购,而净资产已经专业会计师事务所审计,并出具《审计报告》。该收购行为不存在溢价,也不存在无形资产或其他需要评估的虚拟资产价值,不存在侵害东圣公司利益和不真实交易的情形。(3)东圣公司基于4名董事在董事会决议上签字的行为就认定其属于配合金最公司抽逃注册资本,从而要求其就金最公司返还出资本息承担连带赔偿责任,没有事实和法律依据。

综上所述,本案争议焦点为:东圣公司签订股权转让协议及支付定金的行为是否属于利用关联交易损害公司利益的抽逃出资行为。

裁判说理

一审贵州省高级人民法院认为,最高人民法院(2017)最高法民终416号民事判决已经认定,“《第一届第二次董事会决议》《临时股东会议决议》并不具备违反法律、行政法规的情形”。故上述决议均属有效,法院不再赘述。案涉《股权转让协议》系根据上述决议签订,协议当事人意思表示真实,并不违反法律、行政法规的效力性强制性规定,属有效协议。《股权转让协议》共有11份附件,对股权转让涉及的目标公司、晴隆公司的资产、股权状况等事项作了详细披露。原告虽主张《股权转让协议》的相应附件内容存在相互矛盾或者“文不对题”等问题,但《股权转让协议》既已签订,即应视为协议当事人对股权转让的相关事项均知悉,尽到了谨慎注意义务,并在此基础上权衡利弊,慎重考虑后作出的决定。原告不能以此为由否定《股权转让协议》的效力。此外,《股权转让协议》的签订并不违反《公司法》第20条、第21条、第35条,《企业国有资产法》第30条、第43条、第46条的规定,且这些规定也非效力性强制性规定。原告也不能证明《股权转让协议》的签订存在恶意串通或者以合法形式掩盖非法目的的情形,《股权转让协议》是有效协议,对协议当事人具有约束力,各方应诚信履行,且履行协议并不存在法律上或者事实上的障碍,即便履行过程中存在障碍,或者出现违约情形、法定解除的情形,协议各方可根据《合同法》的相关规定,主张其权利。《公司法》第35条规定:“公司成立后,股东不得抽逃出资。”《公司法解释三》第12条规定:“公司成立后,公司、股东或者公司债权人以相关股东的行为符合下列情形之一且损害公司权益为由,请求认定该股东抽逃出资的,人民法院应予支持:……(四)利用关联交易将出资转出……”《公司法解释五》第1条第1款规定:“关联交易损害公司利益,原告公司依据公司法第21条规定请求控股股东、实际控制人、董事、监事、高级管理人员赔偿所造成的损失,被告仅以该交易已经履行了信息披露、经股东会或者股东大会同意等法律、行政法规或者公司章程规定的程序为由抗辩的,人民法院不予支持。”根据上述规定,仅为关联交易并不能认定属于抽逃出资,还需该关联交易损害公司权益。最高人民法院(2017)最高法民终416号民事判决认定,“东圣公司董事会、股东会作出关于收购目标公司并授权王某组织收购工作的决议,参与表决的董事及股东代表与决议事项有关联关系,确属公司关联交易”。案涉《股权转让协议》第4.2条约定:“各方理解并同意,按照本协议进行股权转让的目的是使丙方能获得对目标公司的控股权,进而使丙方能通过持有目标公司的股权而间接控制晴隆公司已经控制的煤矿资产和‘贵州省煤矿企业兼并重组主体资格’,最终获得晴隆公司的煤矿资产收益。”抽逃出资中的“抽逃”,是指股东出资资金或者相应的资产从公司转移给股东时,股东并未向公司支付公正、合理的对价,即未向公司交付等值的资产或权益。在本案中,晴隆公司的法人股东目标公司的持股比例为80%,法人股东云南鸿庆投资有限公司的持股比例为20%。晴隆公司名下拥有红岩煤矿等6个煤矿的合法采矿权,且根据贵州省煤矿企业兼并重组工作领导小组作出的《关于对贵州省煤矿企业兼并重组主体企业(第一批)确认的通知》(黔煤兼并重组〔2013〕17号),晴隆公司为贵州省煤矿企业兼并重组主体企业。因此,《股权转让协议》履行后,东圣公司可以实现其签订《股权转让协议》第4.2条约定协议目的,即通过目标公司间接控制晴隆公司已经控制的煤矿资产和贵州省煤矿企业兼并重组的主体资格。因此,《股权转让协议》既约定了东圣公司的义务,亦约定了权利,东圣公司支付相应的股权转让价款,亦能获得相应的对价。《股权转让协议》的履行并不损害东圣公司的利益。

最高人民法院认为:(1)关于股权转让协议的效力问题。首先,东圣公司签订股权转让协议对目标公司股权进行收购,事先经召开该公司董事会和临时股东会审议批准并形成决议,公司全体董事代表及股东代表均参加了决议过程并签字。根据最高人民法院(2017)最高法民终416号民事判决确认的事实,上述董事会决议和临时股东会决议的内容并不违反法律、行政法规的规定,应属有效。能化公司在本案中又主张,召开董事会和临时股东会的程序不合法,但未提交证据证明其依照《公司法》第22条的规定向人民法院申请撤销案涉董事会决议及临时股东会决议,该主张不能成立。其次,东圣公司在签订股权转让协议前,已委托相关机构对目标公司及晴隆公司进行尽职调查和资产审计,对目标公司及晴隆公司的资产股权状况进行披露。能化公司主张案涉标的资产未进行审计评估,与事实不符。能化公司还主张协议附件内容存在矛盾,但是,能化公司的派出董事颜某华以东圣公司总经理身份签订股权转让协议时,对协议附件内容应该知悉,但其并未提出异议,应视东圣公司对协议附件内容的认可,能化公司的上述主张不能否定股权转让协议的效力。最后,从合同的履行过程看,东圣公司支付8000万元定金已经该公司财务做账确认,总经理颜某华亦在支付8000万元的《用款联签单》上签字确认,《用款联签单》上明确载明8000万元“付款事项”为“定金”。能化公司主张案涉股权交易系抽逃出资行为,与上述事实不符。因此,东圣公司签订股权转让协议是其真实意思表示,该协议内容未违反法律、行政法规的强制性规定,合法有效。能化公司对股权转让协议的效力提出异议,但未能提交有效证据证明该协议存在恶意串通或以合法形式掩盖非法目的的情形,故能化公司该项主张不能成立,法院不予支持。(2)关于本案是否存在抽逃出资并损害公司利益的问题。首先,从协议的签订目的来看,东圣公司签订股权转让协议,既符合《出资协议书》第1条载明的成立东圣公司的目的,即“共同出资设立公司作为兼并整合贵州省辖区内煤矿的主体”,也符合《出资协议书》第4条载明的收购目标煤矿的范围,即包括“焦煤等其他具有收购价值的中小煤矿”。虽然最高人民法院(2017)最高法民终416号民事判决已确认案涉交易属于关联交易,但能化公司举示的证据不能证明关联方签订股权转让协议及支付定金时,具有抽逃出资的主观故意。东陶公司和金最公司作为股权出让方,对收取的股权转让款如何进行分配,与本案无直接关联,也无证据证明股权转让款的分配问题对东圣公司的利益造成损害。其次,从合同的履行结果来看,若股权转让协议履行成功,东圣公司不仅可持有目标公司100%的股权，还可间接控制晴隆公司及该公司持有的6个煤矿采矿权和贵州省煤矿企业兼并重组主体资格；若该协议履行失败，东圣公司也可根据股权转让协议第6.9.2条的约定，以已支付的8000万元定金作为转让价款，按照目标公司届时的实际价值，计算东圣公司的持股比例。结合以上事实，东圣公司可通过案涉股权交易获得合理对价，该股权交易行为不属于利用关联交易将出资转出的抽逃出资情形，并未损害东圣公司利益，能化公司的相应主张不能成立。能化公司还主张，王某、贾某涛、潘某、李某涛因配合、协助抽逃出资，应承担连带赔偿责任，如前所述，案涉股权交易并非抽逃出资损害公司利益的行为，该主张缺乏事实基础，法院不予支持。

专业点评

在本案中，东圣公司可通过股权交易获得相应合理对价，因此虽然股权交易行为属于关联交易，但该关联交易具有正当性，不存在利用关联交易将出资转出的抽逃出资行为，未损害公司利益。最高人民法院在裁判时，主要考虑了以下要素：第一，公司内部程序是否合法合规，是否严谨有效。对目标公司股权收购由全体董事代表及股东代表签字，应认为程序合法合规。第二，信息披露是否合法合规，做到内部透明。在本案中，东圣公司在签订股权转让协议前，已对目标公司进行了尽职调查与资产审计，对目标公司的资产状况进行了披露，因此，可以认为该关联交易是在信息透明情形下作出的理性选择。第三，交易价格是否公允。对东圣公司而言，本案中的股权转让8000万元可获得合理的对价，符合商业逻辑，公司利益并未受损。基于上述因素的考量，最高人民法院认为，该关联交易具有正当性，并未侵害公司利益。这种裁判思路也可以运用到商事律师的实务工作中，具有参考价值。

法条链接

1.《公司法》(2018 年)

第二十条 公司股东应当遵守法律、行政法规和公司章程,依法行使股东权利,不得滥用股东权利损害公司或者其他股东的利益;不得滥用公司法人独立地位和股东有限责任损害公司债权人的利益。

公司股东滥用股东权利给公司或者其他股东造成损失的,应当依法承担赔偿责任。

公司股东滥用公司法人独立地位和股东有限责任,逃避债务,严重损害公司债权人利益的,应当对公司债务承担连带责任。

第二十一条 公司的控股股东、实际控制人、董事、监事、高级管理人员不得利用其关联关系损害公司利益。

违反前款规定,给公司造成损失的,应当承担赔偿责任。

第三十五条 公司成立后,股东不得抽逃出资。

第一百四十二条 公司不得收购本公司股份。但是,有下列情形之一的除外:

(一)减少公司注册资本;

(二)与持有本公司股份的其他公司合并;

(三)将股份用于员工持股计划或者股权激励;

(四)股东因对股东大会作出的公司合并、分立决议持异议,要求公司收购其股份;

(五)将股份用于转换上市公司发行的可转换为股票的公司债券;

(六)上市公司为维护公司价值及股东权益所必需。

公司因前款第(一)项、第(二)项规定的情形收购本公司股份的,应当经股东大会决议;公司因前款第(三)项、第(五)项、第(六)项规定的情形收购本公司股份的,可以依照公司章程的规定或者股东大会的授权,经三分之二以上董事出席的董事会会议决议。

公司依照本条第一款规定收购本公司股份后,属于第(一)项情形的,应当自收购之日起十日内注销;属于第(二)项、第(四)项情形的,应当在六个月内转让或者注销;属于第(三)项、第(五)项、第(六)项情形的,公司合计持有的本公司股份数不得超过本公司已发行股份总额的百分之十,并应当在三年内转让或者注销。

上市公司收购本公司股份的,应当依照《中华人民共和国证券法》的规定履行信息披露义务。上市公司因本条第一款第(三)项、第(五)项、第(六)项规定的情形收购本公司股份的,应当通过公开的集中交易方式进行。

公司不得接受本公司的股票作为质押权的标的。

2.《公司法解释三》(2014 年)①

第十二条　公司成立后，公司、股东或者公司债权人以相关股东的行为符合下列情形之一且损害公司权益为由，请求认定该股东抽逃出资的，人民法院应予支持：

(一)制作虚假财务会计报表虚增利润进行分配；

(二)通过虚构债权债务关系将其出资转出；

(三)利用关联交易将出资转出；

(四)其他未经法定程序将出资抽回的行为。

第十四条　股东抽逃出资，公司或者其他股东请求其向公司返还出资本息、协助抽逃出资的其他股东、董事、高级管理人员或者实际控制人对此承担连带责任的，人民法院应予支持。

公司债权人请求抽逃出资的股东在抽逃出资本息范围内对公司债务不能清偿的部分承担补充赔偿责任、协助抽逃出资的其他股东、董事、高级管理人员或者实际控制人对此承担连带责任的，人民法院应予支持；抽逃出资的股东已经承担上述责任，其他债权人提出相同请求的，人民法院不予支持。

3.《公司法解释五》(2019 年)②

第一条　关联交易损害公司利益，原告公司依据公司法第二十一条规定请求控股股东、实际控制人、董事、监事、高级管理人员赔偿所造成的损失，被告仅以该交易已经履行了信息披露、经股东会或者股东大会同意等法律、行政法规或者公司章程规定的程序为由抗辩的，人民法院不予支持。

公司没有提起诉讼的，符合公司法第一百五十一条第一款规定条件的股东，可以依据公司法第一百五十一条第二款、第三款规定向人民法院提起诉讼。

4.《企业国有资产法》

第十一条　国务院国有资产监督管理机构和地方人民政府按照国务院的规定设立的国有资产监督管理机构，根据本级人民政府的授权，代表本级人民政府对国家出资企业履行出资人职责。

国务院和地方人民政府根据需要，可以授权其他部门、机构代表本级人民政府对国家出资企业履行出资人职责。

代表本级人民政府履行出资人职责的机构、部门，以下统称履行出资人职责的机构。

---

① 现已修改为《公司法解释三》(2020 年)第 12 条。

② 现已修改为《公司法解释五》(2020 年)第 1 条。

第三十条　国家出资企业合并、分立、改制、上市，增加或者减少注册资本，发行债券，进行重大投资，为他人提供大额担保，转让重大财产，进行大额捐赠，分配利润，以及解散、申请破产等重大事项，应当遵守法律、行政法规以及企业章程的规定，不得损害出资人和债权人的权益。

第四十三条　国家出资企业的关联方不得利用与国家出资企业之间的交易，谋取不当利益，损害国家出资企业利益。

本法所称关联方，是指本企业的董事、监事、高级管理人员及其近亲属，以及这些人员所有或者实际控制的企业。

第四十六条　国有资本控股公司、国有资本参股公司与关联方的交易，依照《中华人民共和国公司法》和有关行政法规以及公司章程的规定，由公司股东会、股东大会或者董事会决定。由公司股东会、股东大会决定的，履行出资人职责的机构委派的股东代表，应当依照本法第十三条的规定行使权利。

公司董事会对公司与关联方的交易作出决议时，该交易涉及的董事不得行使表决权，也不得代理其他董事行使表决权。

四、关联交易的因果关系和损害数额认定规则

案件名称

陕鼓汽轮机公司诉高某华等公司关联交易损害责任纠纷案

案号

再审：(2021)最高法民再181号

裁判要旨

公司法保护合法有效的关联交易，并未禁止关联交易。但仅以该交易已经履行了信息披露、经股东会或者股东大会同意等法律、行政法规或者公司章程规定的程序为由抗辩的，人民法院不予支持。合法有效关联交易的实质要件是交易对价公允，故应当从交易的实质内容即合同约定、合同履行是否符合正常的商业交易规则以及交易价格是否合理等进行审查。案涉关联交易价格是否符合市场公允价格，应当从交易的实质内容，即合同约定、合同履行是否符合正常的商业交易规则以及交易价格是否格合理等进行审查。

案情简介

再审申请人:陕鼓汽轮机公司

被申请人:高某华

被申请人:程某

2009年5月26日,陕鼓汽轮机公司注册成立,高某华为副董事长、总经理。2012年6月7日,陕鼓汽轮机公司成立销售部,聘任程某为部长(兼)。陕鼓汽轮机公司《公司章程》第34条规定,公司高级管理人员(经营层)包括:总经理1人,副总经理若干人、总工程师1人、财务负责人1人。第3条规定,董事及公司经营层人员不得自营或者为他人经营与本公司同类的业务或者从事损害本公司利益的活动。从事上述业务或者活动的,所有收入应当归公司所有。董事及公司经营层人员除《公司章程》规定或者股东会同意外,不得同本公司订立合同或者进行交易。董事及公司经营层人员执行公司职务时违反法律、行政法规或者《公司章程》的规定,给公司造成损害的,应当依法承担赔偿责任。2009年5月12日,钱塘公司注册成立。高某华、程某、张某、包某明出资额分别为20万元、10万元、10万元、10万元,持股比例分别为40%、20%、20%、20%。2016年9月23日,钱塘公司召开股东会决议清算组正式成立,负责人为张某,成员为张某、程某、高某华,并于当日提交清算组备案申请。2016年11月18日,钱塘公司出具公司清算报告,各项税收、职工工资已结清;债权债务已清理完结;截至2016年11月18日,共有总资产4万元,总负债0元,净资产4万元;偿还债务后剩余的净资产按股东出资比例分配。2016年11月18日,钱塘公司召开股东会,决议公司清算组出具的清算报告已经公司股东会审议确认,报告不含虚假内容,如有虚假,全体股东愿意承担一切法律责任。钱塘公司于2016年11月18日注销。

2010年至2015年5月,陕鼓汽轮机公司与钱塘公司共签订采购合同近2100份,总额约为25,000万元。

2015年6月30日,陕鼓汽轮机公司专项调查工作组作出了《陕鼓汽轮机向钱塘公司采购业务核查报告》,记载:关联方情况,据了解1.钱塘公司法人被陕鼓汽轮机聘任为技术顾问;2.陕鼓汽轮机个别股东又在钱塘公司担任股东。采购模式,据了解钱塘公司不具备协作和加工能力,实质上为贸易公司,陕鼓汽轮机转给钱塘公司所有采购件,钱塘公司全部转包外部协作单位完成。采购量情况,2010年至2015年,陕鼓汽轮机全部采购量369,391,852元,陕鼓汽轮机从钱塘公司采购量242,953,426元,占其总采购量的66%。除2010年、2015年外,从钱塘公司每年平均采购量5000万~6000万元。采购量在1000万元以上的采购件包括冷凝器、汽缸、转子总成、隔板、阀、叶片、主轴,其采购总量占比超过80%。采购价格核查,价格核查采取现有合同价格与市场化询价的方法。因汽轮机零部件大多为铸锻件和结构件,无法查阅到汽轮机零部件图纸资料,只能从其采购合同中获取部分零部件材质、重量、单价、总价等信息,具备价格对比的仅汽缸类(采购量占比18.34%)。初步估算,气缸毛坯类估算,一是陕鼓汽轮机汽缸类采购价格均高于市场初步询价,二是陕鼓汽轮机在2012年汽缸类采购价格上涨(调价原因待查)。2010~2015年5月陕鼓汽轮机从钱塘采购汽缸类铸件毛坯1820万元。其采购价格高出市场初步询价估算成本增加288万元,2012年不详原因涨价估算2012~2013年采购成本增加79万元,合计367万元。主轴类毛坯,根据太重的询价主轴毛坯报价13.5元/kg,陕鼓汽轮机2014~2015年5月主轴毛坯采购价为24元/kg,高出太重报价78%。按照2014~2015年5月主轴毛坯采购量315万元估算,采购价格高出138万元。如果按照2010年至2015年5月全部主轴毛坯采购量1189万元估算,采购价格要高出521万元。以上两类估算采购成本增加合计888万元,占两类总采购量3009万元的30%。以上仅评估了陕鼓汽轮机从钱塘采购汽缸、主轴毛坯对比及估算成本增加影响额,且汽缸主轴毛坯采购量(3009万元)占从钱塘采购量(24,295万元)12%。要全面分析所有各类物资的价格情况,仍需进一步核实。

2017年4月5日,陕鼓汽轮机公司监事会作出了《陕鼓汽轮机公司部分高管进行关联交易损害公司利益的调查报告》,记载,2015年6月~2015年8月,监事会对陕鼓汽轮机公司财务进行专项检查,对董事、高级管理人员履行职务的行为进行监督调查。监事会经检查、调查发现的问题如下:

一、事实调查,涉嫌关联交易问题。陕鼓汽轮机公司向钱塘公司采购的合同量占总采购量的60%以上,并且采购的是汽缸、冷凝器等汽轮机主要大型部件,其采购价格对产品成本影响较大。因此,本次重点检查陕鼓汽轮机公司与钱塘公司的贸易往来。监事会通过与高某华、程某访谈;调阅工商信息;查阅合同、采购发票、付款凭证等资料,发现以下问题:1.高某华、程某是钱塘公司的主要股东和实际控制人。2.陕鼓汽轮机公司与钱塘公司交易金额大。经财务统计核算,陕鼓汽轮机公司自2009~2015年6月30日累计向钱塘公司采购入库报销25,689万元,占总采购量的61.4%;累计付款25,152万元,占采购付款的57.2%;应付账款余额537万元。3.与钱塘公司交易价格公允性。关联交易价格核查采取陕鼓汽轮机公司现有合同价格与市场询价的方法。(1)冷凝器,汽轮机冷凝器的采购价格比武汽、常州华立和南汽平均价格高12.27%,按照汽轮机累计采购量4836.89万元计算,采购价格高出593.55万元。(2)油站,汽轮机油站的采购价格比重庆亿美公司和陕西中润平均报价高 16.76%，按照汽轮机累计采购量 455.73 万元计算，采购价格高出 73.39 万元。(3)汽缸，按照图纸及与钱塘公司在同一地区的杭州汽轮铸锻有限公司前汽缸的粗加工价格 18 元/kg，陕鼓汽轮机公司价格高了 5.55%，按照采购量 4896 万元计算，采购价格高出 271.73 万元。

二、违法违纪行为初步认定。与钱塘公司的交易是关联交易，与钱塘公司交易未经公司内部及股东会审批，查阅陕鼓汽轮机公司会议纪要和文档，陕鼓汽轮机公司自成立至今的历届董事会和股东大会均无此交易议案和决议。经访谈了解，高某华、程某与钱塘公司的关联关系未向陕鼓汽轮机公司披露、审批或报批。其行为违反了《公司章程》第 36 条"董事及经营管理层除公司章程或股东会同意外，不得同本公司订立合同或进行交易"。

三、前期已经采取的措施。鉴于高某华、程某利用职务便利，采用关联交易，获取巨额利益。严重违反《公司法》规定和《公司章程》约定，不能再担任领导职务。已于 2015 年撤销高某华陕鼓汽轮机公司董事、副董事长、总工程师职务；解聘程某陕鼓汽轮机公司销售顾问。

诉讼过程

因合同交易造成公司损失产生纠纷，陕鼓汽轮机公司以公司关联交易损害责任纠纷向最高人民法院申请再审，请求撤销原判并判令高某华、程某赔偿损失。最高人民法院再审判决撤销原判；高某华、程某赔偿损失。

裁判结果

再审裁定：(1)撤销陕西省高级人民法院(2020)陕民终 777 号民事判决及陕西省西安市中级人民法院(2017)陕 01 民初 469 号民事判决；(2)高某华、程某于本判决生效之日起 15 日内向陕鼓汽轮机公司赔偿损失 7,064,480.35 元；(3)驳回陕鼓汽轮机公司的其他诉讼请求。

主要争点

陕鼓汽轮机公司再审请求：(1)依法撤销(2020)陕民终 777 号民事判决；(2)将本案发回再审或直接改判支持陕鼓汽轮机公司的上诉请求。事实和理由如下：(1)高某华、程某的关联交易行为程序不合法，原审判决未对陕鼓汽轮机公司与钱塘公司之间的关联交易进行审查有误。此外，高某华、程某违反陕鼓汽轮机公司《公司章程》第36条规定,给公司造成损害的,应当依法承担赔偿责任。2009年11月25日,钱塘公司召开股东会,股权变更后高某华持股40%,程某持股20%。2010年至2015年5月,陕鼓汽轮机公司与钱塘公司共签订采购合同近2100份,总额约为25,000万元。该违法行为如下:①隐瞒关联交易行为。一是关联关系未披露。高某华、程某控制陕鼓汽轮机公司期间,陕鼓汽轮机公司与钱塘公司发生了大量交易,但是高某华作为公司总经理,享有最高审批权,并未将关联交易的相关情况向公司股东会、董事会进行披露,也未将其2人控股钱塘公司的关联关系向公司股东会、董事会进行披露,对公司其他股东、董事、监事隐瞒了关联关系。二是市场公允价格未披露。高某华、程某未要求陕鼓汽轮机公司对外进行公开招标,而是直接指定其控股企业钱塘公司作为中间商进行采购,未考虑市场公允价格。三是陕鼓汽轮机公司作为国有参股的企业,其股东西安陕鼓动力股份有限公司(以下简称陕鼓动力公司)为国有上市公司,上级单位西安陕鼓集团有限公司以及国有资产管理委员会内部均有纪委部门,对关联关系以及关联交易不可能抱有放任、默认态度。在2015年年初,通过工商系统查询高某华、程某与钱塘公司的股权关联关系后,陕鼓汽轮机公司纪委立即成立调查组展开调查,随后即免除了高某华、程某的职务,继而提起了本案的诉讼程序。②关联交易程序违法。高某华、程某利用关联关系进行关联交易,不仅违反法律规定,也违反陕鼓汽轮机公司《公司章程》约定,在未经股东会同意的情况下,2人控股的钱塘公司与陕鼓汽轮机公司订立大量高额合同。(2)交易对价高于市场价,不具备公允性。①陕鼓汽轮机公司与钱塘公司交易时,未向其他公司询价比较,也未进行定向或公开招标,交易金额不具备公允性。②钱塘公司财务报表显示,2010年至2016年每年主营业务收入(销售总额)减去主营业务成本(采购总额)的差额近3000万元,说明不通过钱塘公司直接采购,至少可以降低同等金额的采购合同总价。③根据陕鼓汽轮机公司询价结果,表明向钱塘公司采购价均高于市场价。④陕鼓汽轮机公司于2015年5月停止关联交易后,陕鼓汽轮机公司自行采购价格低于钱塘公司采购价。(3)关联交易行为缺乏正当必要性。①钱塘公司注册资本只有50万元,除与陕鼓汽轮机公司的关联交易25,000万元外,无其他任何客户,不符合市场常理。②钱塘公司收到陕鼓汽轮机公司采购订单后,全部转给其他供应商进行生产。③陕鼓汽轮机公司完全可以通过其他方式成立并控制一家新的公司进行采购,而不是由陕鼓汽轮机公司高级管理人员控制的钱塘公司在其中赚取高额的非法利润。由此可见,钱塘公司与陕鼓汽轮机公司之间的关联交易既不合理,也不合法,完全不符合《公司章程》和法律规定,并非法律所允许的关联交易。这些关联交易是高某华、程某利用关联关系转移陕鼓汽轮机公司利益到高某华、程某个人名下的违法行为。(4)钱塘公司存续期间,所获得的利润总和就是陕鼓汽轮机公司的损害数额。钱塘公司是专门为关联交易而设立的空壳公司,其所有业务均是与陕鼓汽轮机公司的关联交易,其所有的营业利润就是通过关联交易从陕鼓汽轮机公司转移得来的。在关联交易被发现后,钱塘公司迅速自行清算解散也证明这一点。一审法院根据钱塘公司历年的资产负债表和利润表,得出钱塘公司在公开的账目上存续期间合计利润为7,578,851.41元。对此,陕鼓汽轮机公司表示认可,高某华、程某也未对此提出上诉。但是二审法院在无任何证据支持的情况下,直接认定一审法院的该结论不符合会计准则无依据,且对数额未查明就径行作出裁判有误。

高某华、程某辩称:(1)原审判决认定事实清楚,适用法律正确。①原审判决根据陕鼓汽轮机公司与案外人钱塘公司之间的交易时间(2010~2015年)长达5年且交易金额巨大,达25,000万元,认为陕鼓汽轮机公司应当知道关联交易的存在,该认定与事实相符。②原审判决认定高某华、程某并非陕鼓汽轮机公司的实际控制人,高某华对于陕鼓汽轮机公司的采购合同与哪一家企业签订无决定权,并且指出陕鼓汽轮机公司并无证据证明其与钱塘公司签订的合同是受到了高某华的授意或影响。这一事实的认定完全符合实际情况。③原审判决根椐公司关联交易损害责任纠纷本质上属于侵权纠纷的基本法理,认为陕鼓汽轮机公司所举的证据不足以证实关联交易损害了陕鼓汽轮机公司的利益,原审判决举证责任的分配以及证据的认证完全符合法律的规定。(2)陕鼓汽轮机公司提出的再审请求无事实依据及法律依据。①陕鼓汽轮机公司提出的要求高某华、程某承担7,578,854.41元无事实和法律依据。②陕鼓汽轮机公司请求以钱塘公司利润作为其赔偿数额无《公司章程》依据和法律依据。③陕鼓汽轮机公司未能举证证明关联交易损害其公司的利益。④钱塘公司并不是陕鼓汽轮机公司所称的只是转手的中间商。⑤钱塘公司与陕鼓汽轮机公司所签订的合同价格完全是公允的,甚至是低于市场价格,钱塘公司与陕鼓汽轮机公司之间的相关交易根本未损害陕鼓汽轮机公司的合法利益。⑥陕鼓汽轮机公司主张钱塘公司利润的数据有误,钱塘公司未分配利润只有3,639,969.64元,而非7,578,854.41元。

综上所述,本案争议焦点为:案涉关联交易是否损害陕鼓汽轮机公司利益的问题。

裁判说理

一审法院认为,本案争议焦点是陕鼓汽轮机公司与钱塘公司之间的采购行为是否属于关联交易;若属于关联交易,则案涉关联交易是否损害了陕鼓汽轮机公司的利益。高某华、程某同时担任陕鼓汽轮机公司董事、高级管理人员和钱塘公司的股东以及陕鼓汽轮机公司与钱塘公司之间存在采购合同关系的事实,陕鼓汽轮机公司与高某华、程某均无异议。《公司法》第 216 条第 4 款规定:“关联关系,是指公司控股股东、实际控制人、董事、监事、高级管理人员与其直接或间接控制的企业之间的关系,以及可能导致公司利益转移的其他关系。但是,国家控股的企业之间不仅因为同受国家控股而具有关联关系。”在本案中,2010 年至 2015 年 5 月,高某华、程某同时任职的陕鼓汽轮机公司与钱塘公司之间签订了大量采购合同。鉴于高某华、程某的双重身份和陕鼓汽轮机公司和钱塘公司之间的交易行为,陕鼓汽轮机公司和钱塘公司之间构成关联关系,其交易构成关联交易。《民法总则》第 84 条规定:“营利法人的控股出资人、实际控制人、董事、监事、高级管理人员不得利用其关联关系损害法人的利益。利用关联关系给法人造成损失的,应当承担赔偿责任。”《公司法》第 21 条规定:“公司的控股股东、实际控制人、董事、监事、高级管理人员不得利用其关联关系损害公司利益。违反前款规定,给公司造成损失的,应当承担赔偿责任。”我国法律并不禁止关联交易,禁止的是利用关联关系损害公司利益。关联交易是否合法有效应当从交易信息是否充分披露、交易程序是否合法、交易对价是否公允等方面综合判断。结合本案查明的案件事实分析,首先,陕鼓汽轮机公司与钱塘公司之间从 2010 年至 2015 年 5 月签订了约 2100 份采购合同,涉及金额高达 25,000 万元,双方不仅交易时间长而且交易金额高。此种情况下,即使高某华、程某未提供直接证据证明向陕鼓汽轮机公司披露担任钱塘公司股东的相关事实,陕鼓汽轮机公司作为交易的一方对于钱塘公司的相关股权情况应当是可以通过查询工商档案知晓的。在本案中,陕鼓汽轮机公司仅以高某华、程某未披露相关任职情况而否认关联交易的合法性不具有合理性。其次,尽管庭审中高某华已自认陕鼓汽轮机公司与钱塘公司之间的交易未经股东会决议批准,但是应当注意到高某华、程某仅为陕鼓汽轮机公司的董事,高某华还兼任副董事长,2 人既不是公司控股股东也不是实际控制人或法定代表人。高某华、程某对陕鼓汽轮机公司对外采购合同的订立是否具有决定权缺乏证据支持。陕鼓汽轮机公司在本案中也未提供证据证明陕鼓汽轮机公司与钱塘公司之间的交易是高某华、程某直接订立或者授意他人订立。高某华、程某是否利用其特殊身份促成关联交易尚难以确认。最后,陕鼓汽轮机公司提供的《陕鼓汽轮机向钱塘公司采购业务核查报告》《陕鼓汽轮机公司部分高级管理人员进行关联交易损害公司利益的调查报告》是其单方制作，并且在内容上虽然认定采购配件价格过高，但是其依据的是初步询价而得出价格过高的结论。陕鼓汽轮机公司与钱塘公司之间的采购合同涉及的相关配件并无统一市场定价。各个生产厂基于生产成本、产品自身质量等因素，会导致产品价格有高低差异，而这种价格差异是否必然导致陕鼓汽轮机公司利益受损尚缺乏依据。陕鼓汽轮机公司的财务报表显示，在整个关联交易的2011年至2015年，陕鼓汽轮机公司始终处于盈利状态，该事实也可以在一定程度反映关联交易未对公司利益造成损害。综合上述分析，本案中陕鼓汽轮机公司提供的证据均无法证明高某华、程某作为陕鼓汽轮机公司的董事、高级管理人员违反了忠诚的义务，在陕鼓汽轮机公司与钱塘公司之间的关联交易中损害了陕鼓汽轮机公司的利益。陕鼓汽轮机公司的诉讼请求，不予支持。

二审法院认为，本案中，高某华、程某在担任陕鼓汽轮机公司董事、高级管理人员的同时为钱塘公司合计持股60%的股东，高某华、程某与钱塘公司之间具有关联关系，钱塘公司与陕鼓汽轮机公司之间的交易系关联交易，对此双方当事人均无异议。本案的争议焦点在于，钱塘公司与陕鼓汽轮机公司之间的关联交易行为是否损害陕鼓汽轮机公司的利益。《公司法》对不损害公司利益的关联交易并不禁止，判断关联交易是否有损公司利益的实质要件是看交易对价是否公平公允，应当从合同约定、合同履行是否符合正常的商业交易原则以及交易价格是否合理等进行审查。在本案中，陕鼓汽轮机公司主张其利益受损的理由是，钱塘公司在与陕鼓汽轮机公司的关联交易中约定的采购价格均明显高于同期市场价格，使其产品成本增加造成利润减少，该减少的利润即是其遭受损害的表现。但其提供的《陕鼓汽轮机向钱塘公司采购业务核查报告》《陕鼓汽轮机公司部分高级管理人员进行关联交易损害公司利益的调查报告》均为其单方制作，且案涉采购配件均非标准件，无统一市场定价，不同厂家生产的产品之间价格差别较大，其通过初步询价进行比对得出价格过高的结论显然缺乏科学依据。因此，仅从上述两份调查报告不足以说明案涉关联交易价格不合理。同时，钱塘公司与陕鼓汽轮机公司之间关联交易的期间为2009年至2015年6月，涉及约2100份采购合同，采购金额总计高达25,000万元，而从钱塘公司存续期间的资产负债表来看，其经营利润符合正常的商业规律，通过其历年的资产负债表也不能判断案涉关联交易有失公允，因此陕鼓汽轮机公司主张钱塘公司所获利润是其多支出的采购成本，属于其损失的理由无事实及法律依据，其上诉理由不能成立。

最高人民法院再审认为，(1)高某华、程某是否履行了披露义务。披露关联交易有赖于董事、高级管理人员积极履行忠诚及勤勉义务，将其所进行的关联交易情况向公司进行披露及报告。根据陕鼓汽轮机公司《公司章程》第36条关于“董事及公司经营层人员不得自营或者为他人经营与本公司同类的业务或者从事损害本公司利益的活动。从事上述业务或者活动的，所有收入应当归公司所有。董事及公司经营层人员除公司章程规定或者股东会同意外，不得同本公司订立合同或者进行交易。董事及公司经营层人员执行公司职务时违反法律、行政法规或者公司章程的规定，给公司造成损害的，应当依法承担赔偿责任”的规定，在本案中，高某华、程某作为董事及高级管理人员，未履行披露义务，违反了董事、高级管理人员的忠诚义务。根据《公司法》第21条关于“公司的控股股东、实际控制人、董事、监事、高级管理人员不得利用其关联关系损害公司利益”的规定，高某华、程某的行为不仅违反陕鼓汽轮机公司《公司章程》的约定，也违反上述法律规定。

(2)案涉关联交易价格是否符合市场公允价格。《公司法》保护合法有效的关联交易，并未禁止关联交易，合法有效关联交易的实质要件是交易对价公允。参照《公司法解释五》第1条关于“关联交易损害公司利益，原告公司依据公司法第二十一条规定请求控股股东、实际控制人、董事、监事、高级管理人员赔偿所造成的损失，被告仅以该交易已经履行了信息披露、经股东会或者股东大会同意等法律、行政法规或者公司章程规定的程序为由抗辩的，人民法院不予支持”的精神，应当从交易的实质内容即合同约定、合同履行是否符合正常的商业交易规则以及交易价格是否合理等进行审查。第一，高某华、程某设立钱塘公司后，高某华、程某利用关联交易关系和实际控制陕鼓汽轮机公司经营管理的便利条件，主导陕鼓汽轮机公司与钱塘公司签订若干采购合同。案涉诉讼双方均认可交易模式为钱塘公司在市场上采购加工定制产品后，转售给钱塘公司的唯一客户陕鼓汽轮机公司。陕鼓汽轮机公司提交第三组证据虽不能直接证明关联交易给陕鼓汽轮机公司造成了损失，但证据3送货单证明生产加工单位可直接向陕鼓汽轮机公司发货，进一步证明能够从市场上直接采购到生产所需的零部件，法院对该证据予以采信。在这种交易模式中，陕鼓汽轮机公司本可以在市场上采购相关产品，而通过钱塘公司采购产品则增设不必要的环节和增加了采购成本，由钱塘公司享有增设环节的利益。第二，关于高某华、程某所提交的黄某和仁友公司出具的《情况说明》。鉴于黄某系钱塘公司的前股东和前法定代表人，故黄某与本案具有利害关系，且黄某作为证人未出庭作证。此外，虽然仁友公司出具《情况说明》，但仁友公司的股东包某明也为钱塘公司股东，与本案仍有利害关系。依据最高人民法院《关于民事诉讼证据的若干规定》第90条第3项关于“下列证据不能单独作为认定案件事实的根据：……(三)与一方当事人或者其代理人有利害关系的证人陈述的证言;……”的规定,仅凭两份《情况说明》无法认定本案存在大型汽轮机公司对外协加工单位限制的情形。故上述两份证据不足以证明高某华、程某所称设立钱塘公司是为了避开同业公司对外协厂家限制的主张。此外,在取消与钱塘公司的关联交易后,陕鼓汽轮机公司也通过市场直接采购的方式购买了相关产品,高某华、程某未能对此作出合理解释。第三,高某华、程某也未能进一步提供证据证明其主张降低陕鼓汽轮机公司采购成本的抗辩事实成立。综上所述,陕鼓汽轮机公司关于高某华、程某将本可以通过市场采购的方式购买相关产品转由向钱塘公司进行采购而增加购买成本,陕鼓汽轮机公司所多付出的成本,损害了陕鼓汽轮机公司权益的主张,有事实和法律依据。陕鼓汽轮机公司关于案涉交易对价高于市场价且不具备公允性的上诉主张,法院予以采信。

(3)高某华、程某的行为与陕鼓汽轮机公司损害结果的发生具有因果关系。关联交易发生在高某华、程某任职董事期间,高某华于2011年7月8日任副董事长、总经理。《公司章程》中明确约定了总经理职责为主持生产经营工作,陕鼓汽轮机公司也提交了审批单等证据证明高某华实际履行了总经理的职权。而程某作为董事,并兼任其他公司职务,参与并影响陕鼓汽轮机公司的运营。在高某华任总经理主持生产经营工作期间,关联交易额所占陕鼓汽轮机公司采购总额的比例大幅上升,并在高某华、程某被解除相应职务后,关联交易急速减少并消失。关联交易的发生及变化与高某华、程某任职期间及职务变化存在同步性。根据《公司法》第21条关于“公司的控股股东、实际控制人、董事、监事、高级管理人员不得利用其关联关系损害公司利益。违反前款规定,给公司造成损失的,应当承担赔偿责任”的规定,高某华、程某共同实施的关联交易行为,损害了陕鼓汽轮机公司利益。

专业点评

司法实务中,关联交易损害责任纠纷需要从主体、行为、损害结果、因果关系4个因素考量:第一,主体上,要满足《公司法》规定,损害方为公司的控股股东、实际控制人、董事、监事或者高级管理人员;第二,损害方要有实际开展关联交易的行为;第三,损害的表现形式是直接经济损失与本应得的间接的合法经济利益损失两种;第四,损害方的关联交易与公司的受损具有因果关系。

上述4点考量因素均需要受损公司承担举证责任。在实践中，对于证明关联关系、关联交易相对容易，但要证明董事、高级管理人员的关联交易损害了公司的利益，损失的具体金额，以及关联交易与公司的受损之间的因果关系，却相对较难，如公司无法充分举证，则要承担举证不能的后果。合法有效的关联交易应当满足信息披露充分、程序合法、价格公允等条件。《公司法解释五》第1条进一步规定，即使履行法定程序都不能豁免关联交易赔偿责任，在最高人民法院民二庭相关负责人就该司法解释适用答记者问时强调，关联交易的实质是公平，即合法有效的关联交易应当符合公平原则。针对一审、二审举证不能的败诉结果，受损公司在再审时提交了更多的证据来证明高某华对公司的实际掌控，其具有公司财务最终的审批权及对外合同签订和执行的权利，以及案涉关联交易价格并不公允，关联交易损害公司利益的证据。在举证充分的情形下，再审法院在认定时更加强调了董事、高级管理人员应承担的忠实义务，即高某华、程某是否主动履行了披露关联关系和关联交易的义务，同时以《公司法解释五》的精神，对相关交易结构进行了实质审查。建议企业管理者在公司章程中或在内部制度中详尽忠实义务及责任。通过章程的制度设计，对董事、高级管理人员在经营中的职责、权限予以规范化、明细化。对于可能产生董事、高级管理人员利益输送的交易行为通过章程或内部制度予以事先的风险防范。

法条链接

1.《公司法》(2018年)

第二十一条　公司的控股股东、实际控制人、董事、监事、高级管理人员不得利用其关联关系损害公司利益。

违反前款规定，给公司造成损失的，应当承担赔偿责任。

第一百四十九条　董事、监事、高级管理人员执行公司职务时违反法律、行政法规或者公司章程的规定，给公司造成损失的，应当承担赔偿责任。

第二百一十六条　本法下列用语的含义:

(一)高级管理人员,是指公司的经理、副经理、财务负责人,上市公司董事会秘书和公司章程规定的其他人员。

(二)控股股东,是指其出资额占有限责任公司资本总额百分之五十以上或者其持有的股份占股份有限公司股本总额百分之五十以上的股东;出资额或者持有股份的比例虽然不足百分之五十,但依其出资额或者持有的股份所享有的表决权已足以对股东会、股东大会的决议产生重大影响的股东。

(三)实际控制人,是指虽不是公司的股东,但通过投资关系、协议或者其他安排,能够实际支配公司行为的人。

(四)关联关系,是指公司控股股东、实际控制人、董事、监事、高级管理人员与其直接或者间接控制的企业之间的关系,以及可能导致公司利益转移的其他关系。但是,国家控股的企业之间不仅因为同受国家控股而具有关联关系。

2.《公司法解释五》①

第一条　关联交易损害公司利益,原告公司依据公司法第二十一条规定请求控股股东、实际控制人、董事、监事、高级管理人员赔偿所造成的损失,被告仅以该交易已经履行了信息披露、经股东会或者股东大会同意等法律、行政法规或者公司章程规定的程序为由抗辩的,人民法院不予支持。

公司没有提起诉讼的,符合公司法第一百五十一条第一款规定条件的股东,可以依据公司法第一百五十一条第二款、第三款规定向人民法院提起诉讼。

五、关联交易损害公司利益的判断标准

案件名称

东驰公司诉耿某友、刘某联、晨东公司公司关联交易损害责任纠纷案

案号

一审:(2014)晋商初字第2号;二审:(2019)最高法民终496号;再审:(2020)最高法民申2580号

---

① 现已修改为《公司法解释五》(2020年)第1条。

裁判要旨

关联交易正当性判断标准可以从形式正当和实质正当两方面入手，且以实质正当为最终判断标准。关联交易实质正当的判断取决于关联交易是否损害了公司利益，应当对交易的实质内容即合同约定、合同履行是否符合正常的商业交易原则以及交易价格是否合理等进行审查。

案情简介

原告：东驰公司

被告：耿某友

被告：刘某联

被告：晨东公司

晨东公司于2005年7月27日成立，股东为耿某友、刘某联。东驰公司于2009年11月19日成立，股东为耿某友、刘某联。2011年4月13日，耿某友、刘某联将持有的东驰公司的全部股权，以人民币共计102万元转让给李某兵、牛某明。李某兵（代振东集团）持有东驰公司60%的股份，牛某明持有东驰公司40%的股份。

2010年10月25日，东驰公司医药分公司（甲方）与晨东公司（乙方）签订《资产转让协议》，协议内容为：甲、乙双方同意将乙方所有资产、债权、债务全部无偿转让给甲方。截至2013年12月31日，东驰公司代晨东公司偿还债务73,841,961.83元，东驰公司收回债权金额为4,821,258元。

诉讼过程

因认为耿某友、刘某联、晨东公司利用关联关系损害东驰公司利益，东驰公司以公司关联交易损害责任纠纷诉耿某友、刘某联、晨东公司至山西省高级人民法院，请求判令被告赔偿损失，山西省高级人民法院一审判决支持原告诉讼请求。后耿某友、刘某联、晨东公司不服，向最高人民法院提起上诉，被判决驳回上诉，维持原判。耿某友、刘某联、晨东公司等仍不服，向最高人民法院申请再审，被裁定驳回再审申请。

裁判结果

一审判决：耿某友、刘某联及晨东公司于判决生效之日起15日内偿还东驰公司

55,963,762.98 元及利息。

二审判决:驳回上诉,维持原判。

再审裁定:驳回耿某友、刘某联、晨东公司的再审申请。

主要争点

耿某友、刘某联、晨东公司上诉请求:撤销一审判决,依法改判驳回东驰公司的全部诉讼请求或者发回重审。事实与理由:(1)晨东公司与东驰公司之间的关联交易行为(业务、资产及债权债务重组行为)合法有效,对东驰公司权益没有造成损害。首先,晨东公司与东驰公司签订的《业务转接协议》《资产转让协议》是双方真实意思表示,不违反法律行政法规强制性规定,也符合公司内部决策程序,均合法有效。其次,山西振东医药有限公司(以下简称振东医药公司)与耿某友、刘某联订立的《合作备忘录》并未限制晨东公司将资产、业务无偿转让给东驰公司后,东驰公司承接晨东公司债权债务的重组情况。由于东驰公司的股东为耿某友、刘某联和晨东公司,因此东驰公司承接晨东公司的债权债务,在本质上与振东医药与耿某友、刘某联订立的《合作备忘录》第 4 条晨东公司债务由耿某友、刘某联、晨东公司承担是完全一致的。最后,东驰公司的利益并未因《资产转让协议》的订立和履行而受到任何损害。东驰公司通过该关联交易取得净资产 496 万余元,从转让的实际财务结果来看,本案不存在关联交易损害东驰公司权益的客观后果。(2)一审法院对本案会计资料这一核心证据的认定存在明显错误。先认定晨东公司未向东驰公司移交完整会计资料,又认定东驰公司与晨东公司账务存在混同,还认定东驰公司实际收回晨东公司债权 4,821,258 元,前后矛盾,导致判决认定事实不清。(3)东驰公司未提供任何案涉资产转让会计资料原件,其所提供的山西世信会计师事务所[2012]003 号《审计报告》载明审计依据“委托方提供的相关财务资料、凭证及账簿均为复印件”,依法不能作为证据采信。一审法院依此报告作出判决,认定事实不清。

东驰公司答辩称:耿某友、刘某联、晨东公司的上诉请求及理由不能成立,请求驳回上诉,维持原判。事实与理由:(1)耿某友、刘某联、晨东公司承认本案属于关联交易,却认为对东驰公司的权益没有造成任何伤害,与事实不符。首先,晨东公司就其向东驰公司转让的债权,只向东驰公司提供了一份载明客户名称和欠款金额的应收账款明细表,缺少催收凭据。经东驰公司发函询问,最终回函确认债权的寥寥无几,仅收回债权 4,821,258 元。其次,耿某友离职前利用实际控制东驰公司的职务之便,代晨东公司偿还了巨额债务,严重损害了东驰公司的利益。(2)一审判决对会计资料的认定不存在矛盾。双方当事人在一审中对于会计资料复印件形成过程及真实性均予以确认，并就东驰公司代晨东公司付款的情况进行了逐笔核对，不存在缺乏核心证据的问题。

综上所述，本案争议焦点为：关联交易是否损害东驰公司利益以及东驰公司损失数额。

裁判说理

一审法院认为，本案为公司关联交易损害责任纠纷。本案争议焦点为：(1)东驰公司与晨东公司之间的资产转让是否构成关联交易；(2)案涉关联交易是否损害东驰公司的利益；(3)东驰公司的利益若有损失，损失为多少。关于东驰公司与晨东公司之间的资产转让是否构成关联交易的问题。耿某友、刘某联为夫妻关系。2010 年 8 月 30 日，晨东公司受让耿某友、刘某联持有的东驰公司的股份，与耿某友、刘某联共同成为东驰公司的股东；2011 年 3 月 1 日，晨东公司退出东驰公司，东驰公司的股东恢复为耿某友、刘某联。晨东公司从成立到 2011 年 8 月 31 日，其股东一直为耿某友、刘某联。2010 年 10 月 25 日，东驰公司、东驰公司医药分公司与晨东公司签订《资产转让协议》，将晨东公司的所有资产、债权、债务转让给东驰公司医药分公司。上述事实表明，在案涉《资产转让协议》签署与履行期间，东驰公司与晨东公司存在共同被耿某友、刘某联控制的关系，其相互之间的交易可能导致公司利益转移。根据《公司法》第 216 条第 4 项关于"关联关系，是指公司控股股东、实际控制人、董事、监事、高级管理人员与其直接或者间接控制的企业之间的关系，以及可能导致公司利益转移的其他关系"的规定，耿某友、刘某联、晨东公司、东驰公司之间构成关联关系，案涉资产转让为关联交易。

关于案涉关联交易是否损害东驰公司利益的问题。《公司法》第 3 条第 1 款规定："公司是企业法人，有独立的法人财产，享有法人财产权。公司以其全部财产对公司的债务承担责任。"第 21 条规定："公司的控股股东、实际控制人、董事、监事、高级管理人员不得利用其关联关系损害公司利益。违反前款规定，给公司造成损失的，应当承担赔偿责任。"《公司法》并不禁止关联交易，《公司法》保护合法有效的关联交易，合法有效的关联交易的基础性实质要件是交易对价公允。耿某友、刘某联、晨东公司主张在签订《资产转让协议》前，耿某友、刘某联通过东驰公司股东会决议形式履行了股东会表决程序，并形成了股东会决议，程序合法，不存在损害东驰公司的利益的问题。一审法院认为，耿某友、刘某联利用关联关系及实际控制东驰公司和晨东公司经营管理之便，主导东驰公司与晨东公司签订《资产转让协议》，将晨东公司的所有资产、债权、债务转让给东驰公司。在本次关联交易中，对于晨东公司转让给东驰公司的债权,晨东公司所提交的证据不足以证明其将相关债权凭证移交给东驰公司,并通知债务人,结果导致大部分债权无法实现。而对于晨东公司转让给东驰公司的债务,在耿某友、刘某联经营期间,由东驰公司代晨东公司将大部分债务偿还完毕。而且,依照《合作备忘录》的约定,晨东公司的一切负债均由晨东公司及耿某友、刘某联承担,而东驰公司于 2010 年 5 月开始就已经实际纳入了双方共同设立的振东医药物流公司的管理体系。故耿某友、刘某联将晨东公司债务转入东驰公司,由东驰公司偿还,损害了东驰公司作为独立法人对其财产享有的权益以及其他东驰公司债权人的利益,案涉关联交易损害了东驰公司的利益。

二审法院认为,本案二审争议焦点问题是关于本案关联交易是否损害东驰公司利益问题。东驰公司与晨东公司进行资产转让期间,均由耿某友、刘某联实际控制,各方当事人对相互之间的交易属于《公司法》第 216 条规定的关联交易均无异议,二审法院对一审法院关于案涉交易性质的认定予以确认。耿某友、刘某联、晨东公司上诉主张,本次交易在两家公司均形成了股东会决议,程序合法,不存在损害东驰公司利益的情形。但根据《公司法解释五》第 1 条"关联交易损害公司利益,原告公司依据公司法第二十一条规定请求控股股东、实际控制人、董事、监事、高级管理人员赔偿所造成的损失,被告仅以该交易已经履行了信息披露、经股东会或者股东大会同意等法律、行政法规或者公司章程规定的程序为由抗辩的,人民法院不予支持"的规定,不能仅凭案涉关联交易形式合法来认定双方之间的关联交易公平公允。在本案中,在晨东公司与东驰公司之间的关联交易符合形式合法的外观要件的情况下,应当对交易的实质内容即合同约定、合同履行是否符合正常的商业交易原则以及交易价格是否合理等进行审查。

首先,从案涉交易的背景来看。晨东公司与东驰公司签订《资产转让协议》,在耿某友、刘某联与振东医药公司开展合作之后。按照《合作备忘录》的约定,耿某友、刘某联与振东医药公司共同出资设立振东医药物流公司后,应由耿某友促成其控制的晨东公司及其关联企业(含东驰公司)的业务(资产盘点明细表中的所有资产)无偿转移至新公司(振东医药物流公司)名下。可见,耿某友、刘某联与振东医药公司合作建立在新公司收购包括东驰公司在内的耿某友所控制的所有关联企业的基础之上,并最终达到实际控制所有关联企业的目的。《合作备忘录》第 4 项关于"与晨东药业公司有关的一切负债均由晨东药业及耿某友、刘某联承担,该债务与新公司无关"的约定,确定了耿某友将资产转让后对晨东公司相关负债的处理原则,即晨东公司的负债应当由晨东公司、耿某友、刘某联实际承担。但耿某友、刘某联在其将持有的东驰公司股份转让、东驰公司已纳入振东医药物流公司经营体系的情况下,以关联交易的方式,将本应由其自行承担的晨东公司债务转由东驰公司承担,与《合作备忘录》约定的晨东公司债务承担方式不符,有明显地摆脱债务嫌疑。

其次,从案涉交易的履行情况来看。本案关联交易发生时,晨东公司与东驰公司均由耿某友、刘某联实际控制。晨东公司与东驰公司先后签订《业务转接协议》和《资产转让协议》,但两份协议仅约定了晨东公司进行资产转让的时间及"转让后东驰公司按资产、债权、债务转让明细记账",对于具体的交接事宜未予明确,也未再另行协商确定。东驰公司依据晨东公司移交的上述汇总表及相应明细,已代晨东公司清偿绝大部分债务,但向所涉多家单位发出应收账款询证函,收到回复却多为"无此账款"或"货款已结清",对此,晨东公司未能作出合理解释,也未能进一步提交证明债权存在的凭证或者采取措施进行补救。由此可见,在东驰公司已代晨东公司清偿绝大部分债务的情况下,晨东公司未能提供有效证据证明其向东驰公司转让的债权真实有效,从而导致东驰公司未能收回两份协议中约定的债权,损害了东驰公司的利益。

综上所述,一审法院判定耿某友、刘某联将晨东公司债务转入东驰公司,由东驰公司偿还,损害了东驰公司作为独立法人对其财产享有的权益以及其他东驰公司债权人的利益,有事实和法律依据。耿某友、刘某联、晨东公司关于其未损害东驰公司利益的上诉主张不能成立,法院不予支持。

再审法院认为,耿某友、刘某联、晨东公司再审申请事由,不能成立。(1)新证据不足以推翻原判决的认定。耿某友、刘某联、晨东公司提交了 9 份证据,主张为原判决下发后发现的新证据,以证明东驰公司未纳入振东医药物流公司经营体系,李某兵也没有为振东集团代持股份。法院认为,一方面,上述证据均为 2012 年至 2016 年生成,原二审判决落款日期为 2019 年 9 月 23 日,上述证据均早于原判决生成,但是耿某友、刘某联、晨东公司在原审中并未提交上述证据,也未就逾期提交给予合理解释。上述证据的提交不符合《民事诉讼法解释》第 388 条中"(一)在原审庭审结束前已经存在,因客观原因于庭审结束后才发现的;(二)在原审庭审结束前已经发现,但因客观原因无法取得或者在规定的期限内不能提供的"的新证据规定。另一方面,上述证据材料也不能证明原判决关于东驰公司已纳入振东医药物流公司经营体系的事实认定错误。原审已经查明,2010 年 7 月 1 日,耿某友、刘某联与振东医药公司补签的《合作备忘录》约定,双方拟合资成立新公司"振东医药物流公司"。双方皆以该公司作为平台,全力推动医药销售、医药物流等经营目标的实现,将晨东公司及相关公司逐步停止经营,并将其经营场所、所有无形资产、经营许可及销售网络等资产及主要经营人员均转移至新公司,由新公司运营;耿某友应促成其控制的晨东公司及关联企业的业务无偿转移至新公司名下。而东驰公司和晨东公司当时的股东均为耿某友、刘某联,属于关联企业。所以原判决上述认定并无不当。至于原判决认定李某兵(代振东集团)持有东驰公司60%的股份,与本案关联性不强,原审关于关联交易的事实并无不当。退一步讲,即便上述证据能够达到耿某友、刘某联、晨东公司所述证明目的,也并不能推翻原判决关于关联交易损害东驰公司利益的基本认定。综上所述,上述证据无法推翻原判决,故耿某友、刘某联、晨东公司关于新证据的再审申请理由,不能成立。(2)原判决认定关联交易的证据是否合理。耿某友、刘某联、晨东公司主张原判决认定关联交易的证据《山西世信会计师事务所[2012]0003号审计报告》因为相关财务资料、凭证及账簿均为复印件,不符合相关规定,所以不能作为证据使用。经查,在原一审中,东驰公司提交了《山西世信会计师事务所[2012]0003号审计报告》,耿某友、刘某联、晨东公司发表质证意见为:对客观性、合法性有异议,因此其证明内容也不能成立。一审法院认为,该份证据客观真实,与本案待证事实有关联,当事人只是对证明内容与证明力大小有异议,故予以采信。再审法院认为,首先,在原审法院组织双方对东驰公司代替晨东公司付款情况进行逐笔核对时,耿某友、刘某联、晨东公司对会计记账凭证复印件载明内容的真实性都表示认可,对于内容并未提出异议。其次,原审查明,晨东公司向东驰公司交接资产过程时,既未聘请专业机构进行资产审计,也未就移交全部资产和会计账簿的过程给出明确说明,而当时晨东公司和东驰公司又均由耿某友、刘某联所控制,所以晨东公司提供的证据不足以证明其向东驰公司移交了完整的会计资料。最后,耿某友、刘某联、晨东公司对于原审认定东驰公司代替晨东公司偿还债务73,762,036.83元,实际损失55,963,762.98元,并未提供相反证据予以推翻。综上所述,原审对于上述证据的采信也符合法律规定,耿某友、刘某联、晨东公司关于原审认定关联交易事实的大部分会计记账原始凭证为复印件,不能作为定案依据的再审申请理由,不能成立。

专业点评

《公司法》并不禁止关联交易,禁止的是不正当的关联交易。《公司法解释五》第1条规定:关联交易损害公司利益,原告公司依据《民法典》第84条、《公司法》第21条规定请求控股股东、实际控制人、董事、监事、高级管理人员赔偿所造成的损失,被告仅以该交易已经履行了信息披露、经股东会或者股东大会同意等法律、行政法规或者公司章程规定的程序为由抗辩的,人民法院不予支持。可见,关联交易正当性判断标准可以从形式正当和实质正当两方面入手,且以实质正当为最终判断标准。根据该规定,关联交易实质正当的判断取决于关联交易是否损害公司利益。鉴于现行法并未明确关联交易损害公司利益的判断标准,该案例的说理可以为司法实践提供有益参考。首先,应整体判断交易价格是否公平合理。本案中《资产转让协议》看似是公允合理的,但在履行过程中很多债权不能收回,晨东公司也不能解释和补正,整体上看该交易权利义务严重不对等,故本关联交易价格并非公平合理。其次,还要审查交易的实质内容是否符合正常的商业交易原则。如果某项关联交易价格虽然不合理,但公司通过该关联交易获得了其他利益,该交易也有可能被认定为正当的关联交易。

法条链接

1.《公司法》(2018 年)

第二百一十六条　本法下列用语的含义:

(一)高级管理人员,是指公司的经理、副经理、财务负责人,上市公司董事会秘书和公司章程规定的其他人员。

(二)控股股东,是指其出资额占有限责任公司资本总额百分之五十以上或者其持有的股份占股份有限公司股本总额百分之五十以上的股东;出资额或者持有股份的比例虽然不足百分之五十,但依其出资额或者持有的股份所享有的表决权已足以对股东会、股东大会的决议产生重大影响的股东。

(三)实际控制人,是指虽不是公司的股东,但通过投资关系、协议或者其他安排,能够实际支配公司行为的人。

(四)关联关系,是指公司控股股东、实际控制人、董事、监事、高级管理人员与其直接或者间接控制的企业之间的关系,以及可能导致公司利益转移的其他关系。但是,国家控股的企业之间不仅因为同受国家控股而具有关联关系。

2.《公司法解释五》[①]

第一条　关联交易损害公司利益,原告公司依据公司法第二十一条规定请求控股股东、实际控制人、董事、监事、高级管理人员赔偿所造成的损失,被告仅以该交易已经履行了信息披露、经股东会或者股东大会同意等法律、行政法规或者公司章程规定的程序为由抗辩的,人民法院不予支持。

公司没有提起诉讼的,符合公司法第一百五十一条第一款规定条件的股东,可以依据公司法第一百五十一条第二款、第三款规定向人民法院提起诉讼。

① 现已修改为《公司法解释五》(2020 年)第 1 条。

第五篇

股东决议纠纷

导 语

股东决议纠纷的频发,也意味着法人在内部治理的过程中存在不可调和的矛盾与冲突,而决议类纠纷,是突破公司自治向司法审查的最后一道救济。一般情况下,公司决议的成立要件有三:(1)有会议召开的事实。先有会议,再有决议。这是公司决议成立的前提,当然也有例外,如全体股东以书面形式作出一致决定。(2)具备会议召集程序。即会议召集程序合法合章,其中包含召集人的召集权,会议的通知、时间、地点、议题等内容。(3)具备决议程序。即决议事项须经过表决,且符合法律对表决通过要求的赞同比例或人数要求。

结合《公司法》的有关规定可知,现有法律框架内,公司决议纠纷包括三类,即公司决议不成立、无效、可撤销。公司决议内容违法,则决议无效。《公司法》第 22 条规定:公司股东会或者股东大会、董事会的决议内容违反法律、行政法规的无效。

公司决议的召集程序、表决方式违法或违反公司章程,则决议可撤销。股东会或者股东大会、董事会的会议召集程序、表决方式违反法律、行政法规或者公司章程,或者决议内容违反公司章程的,股东可以自决议作出之日起 60 日内,请求人民法院撤销。在公司决议可撤销的情形中,需要注意的是股东请求撤销决议,如会议召集程序或者表决方式仅有轻微瑕疵,且对决议未产生实质影响,一般法院不支持撤销。也就是说,不是所有的程序瑕疵都直接导致决议撤销的法律效果。

在实务中,是否提起撤销之诉,需要结合自身情况把握该程序瑕疵所产生的影响。公司未开会、未表决、表决比例不足,则决议不成立。《公司法解释四》第 5 条规定:"股东会或者股东大会、董事会决议存在下列情形之一,当事人主张决议不成立的,人民法院应当予以支持:(一)公司未召开会议的,但依据公司法第三十七条第二款或者公司章程规定可以不召开股东会或者股东大会而直接作出决定,并由全体股东在决定文件上签名、盖章的除外;(二)会议未对决议事项进行表决的;(三)出席会议的人数或者股东所持表决权不符合公司法或者公司章程规定的;(四)会议的表决结果未达到公司法或者公司章程规定的通过比例的;(五)导致决议不成立的其他情形。"

实践中,公司决议纠纷的成因常常包括:(1)小股东无法行使股东权利、无法实现股东利益是产生公司决议纠纷的直接表现形式。(2)公司决议的程序、方法、内容等违反法律或公司章程。(3)公司设立后或经营中,产生纠纷后,除有工商部门提供的公司章程模板外，无其他有效救济途径。(4)大股东控制公司，任意管理，无法实施有效规制措施等。以上情形反映出的实质问题是股东合作之初，出于“都是自己人”的信任，联手创业；出现纠纷后，出现信任危机，不仅沟通无效，也没有有效的纠纷解决机制，只能通过《公司法》赋予的股东知情权、表决权等权利，借助司法途径争夺公司控制权。

一、修改出资期限的股东会决议须经全体股东一致通过，不适用资本多数决

案件名称

姚某城与鸿大公司、章某等公司决议纠纷案①

案号

一审：(2019)沪0109民初11538号；二审：(2019)沪02民终8024号

裁判要旨

有限责任公司章程或股东出资协议确定的公司注册资本出资期限系股东之间达成的合意。除法律规定或存在其他合理性、紧迫性事由需要修改出资期限的情形外，股东会会议作出修改出资期限的决议应经全体股东一致通过。公司股东滥用控股地位，以多数决方式通过修改出资期限决议，损害其他股东期限权益，其他股东请求确认该项决议无效的，人民法院应予支持。

案情简介

上诉人(原审被告)：鸿大公司

被上诉人(原审原告)：姚某城

原审第三人：章某

原审第三人：蓝某球

原审第三人：何某松

2017年7月17日，姚某城和第三人何某松、蓝某球在第三人章某以开展特斯拉代理项目的邀请下，通过受让章某和案外人马某某的股权成为被告鸿大公司股东。

① 参见《最高人民法院公报》2021年第3期。

同日，鸿大公司修改公司章程为：鸿大公司注册资本增加至1000万元，章某认缴出资700万元、持鸿大公司70%股权，姚某城认缴出资150万元、持鸿大公司15%股权，何某松、蓝某球各认缴出资75万元、各持鸿大公司7.5%股权。

2018年7月10日，特斯拉公司工厂落户上海的新闻刊出，鸿大公司拟发展的唯一项目中止。因此，姚某城认为所谓特斯拉项目根本不存在。

2018年10月30日，鸿大公司和三个第三人在明知姚某城实际居住地、手机号码、微信号码等有效联系方式的情况下，却仅通过向姚某城早已出售多年的房屋地址快递寄送鸿大公司股东会通知，该邮件由他人签收，未送达姚某城。2018年11月18日，3名第三人在刻意隐瞒姚某城的前提下召开鸿大公司2018年第一次临时股东会，私自强行通过修改公司章程，将原章程约定的认缴时间从2037年7月1日提前至2018年12月1日，并免除姚某城监事职务、限制姚某城股东权利。股东会召开后，鸿大公司及3名第三人也未在合理期间内告知姚某城结果。此后，鸿大公司提起（2019）沪0109民初5509号案件诉讼，该案于2018年12月10日进入诉前调解、2019年1月4日第一次法院谈话时，鸿大公司均刻意隐瞒上述事实，直到在作出临时股东会决议60日后才在5509号案件中将上述决议提交法院。故姚某城于2019年2月25日收到法院转寄的鸿大公司补充证据才得知上述事实。

诉讼过程

因认为鸿大公司及3名第三人的行为损害了股东利益，姚某城以股东决议纠纷诉鸿大公司至上海市虹口区人民法院，请求判令确认鸿大公司于2018年11月18日作出的临时股东会决议无效，上海市虹口区人民法院一审判决部分支持原告诉讼请求。后鸿大公司不服，向上海市第二中级人民法院提起上诉，被判决驳回上诉，维持原判。

裁判结果

一审判决：（1）确认被告鸿大公司于2018年11月18日作出的2018年第一次临时股东会决议中的第二项决议“通过章程修正案”无效；（2）驳回原告姚某城的其他诉讼请求。

二审判决：驳回上诉，维持原判。

主要争点

鸿大公司上诉称：一审判决确认鸿大公司于2018年11月18日作出的临时股东

会决议第 2 项无效,属于适用法律错误。《公司法》规定,修改公司章程、增加或减少注册资本等事项的决议须经代表全体股东 2/3 以上表决权的股东通过。股东出资期限如需经过全体股东一致同意方能修改,实际上赋予任何股东一票否决权,该观点并无法律和章程依据。修改出资期限与公司增资、减资、合并、分立、解散等均属于公司及股东重大利益事项,其中增资、减资及解散公司对股东利益更为密切,高于出资期限的重要性,如果解散公司也须经过全体股东一致同意,则公司可能永远无法解散。本案不应适用《公司法》第 20 条第 1 款、第 22 条第 1 款的规定,临时股东会决议并未违反任何法律、行政法规,鸿大公司股东也未滥用股东权利、侵害公司或其他股东权利。且本案章某、姚某城、蓝某球、何某松、鸿大公司于 2017 年 6 月 27 日签订了《合作协议书》,约定姚某城应于 2017 年 6 月 30 日前履行出资义务,故本案不属于要求股东提前出资的情形。鸿大公司于 2017 年 7 月 17 日形成的章程与《合作协议书》,系一般约定与特殊约定的关系,应优先适用《合作协议书》的特殊约定。临时股东会决议将公司章程记载的出资期限修改为 2018 年 12 月 1 日,并未早于《合作协议书》约定的 2017 年 6 月 30 日,且何某松、蓝某球等均已按照《合作协议书》的约定实际出资到位,仅姚某城一人在 2037 年 7 月 1 日才出资,将导致《合作协议书》的根本目的无法实现。此外,股东出资是否存在紧迫性、合理性不影响股东会决议的效力。综上所述,本案临时股东会决议修改公司章程记载的出资期限应当适用资本多数决规则,具有正当性,并未损害姚某城的利益,且股东会召集、表决程序均合法,该股东会决议合法有效。因此,请求撤销一审判决第 1 项,改判驳回姚某城全部诉讼请求。

被上诉人姚某城答辩称:不同意上诉人鸿大公司上诉请求。在本案中,鸿大公司其他股东利用资本多数决规则修改章程中关于出资期限的规定,是对资本多数决的滥用。出资期限的提前或修改,须经全体股东一致同意。公司资本认缴制的核心是赋予公司自治及股东相应的出资期限利益。出资期限的修改决议不同于公司增资、减资、分立、合并及解散等情形,公司增资等情形的决议中股东固有权利均未改变。出资期限虽系公司章程记载的事项,但是涉及股东自身权利及出资期限利益,不能以多数决的方式进行修改而强迫不同意修改的股东接受。否则,对于其他小股东来说,认缴制度将不存在。本案表面上是修改公司章程的股东会决议,实质是章某、何某松、蓝某球等股东通过修改公司章程剥夺其他小股东的出资期限利益,限制了姚某城的合法权益。且对方称其他股东已按照《合作协议书》出资 700 万元,但其资金用途和使用情况不清,相关资产负债表显示没有出资变动,也没有其他股东出资及资本公积金注入,现单独要求姚某城出资不合理。且 2017 年 6 月 27 日的《合作协议书》明确载明其仅是初步法律文件,效力待定。2017 年 7 月,鸿大公司形成新的章程并完成股东变更且进行了工商变更登记,姚某城已正式成为工商登记的鸿大公司股东,所以各方的履行方式已经发生了重大改变。

综上所述,本案争议焦点为:(1)上诉人鸿大公司 2017 年 7 月 17 日形成的章程是否是对《合作协议书》约定的股东出资作出了变更;(2)本案修改股东出资期限是否适用资本多数决规则;(3)鸿大公司是否存在亟须股东提前出资的正当理由。

裁判说理

一审法院认为,原告姚某城诉请所针对的被告鸿大公司于 2018 年 11 月 18 日作出的临时股东会决议共有 4 项决议内容,姚某城要求确认无效的决议内容主要为第 2 项、第 3 项决议。关于第 2 项决议,一审法院认为,参与涉案股东会决议表决的股东为 3 名第三人,其中第三人章某持鸿大公司 70% 的股权且是鸿大公司法定代表人,3 名第三人共计持有鸿大公司 85% 的股权。根据鸿大公司章程,可以通过涉及鸿大公司重大事项的任何决议。但涉案第 2 项决议内容涉及将鸿大公司原章程中规定的股东出资时间从 2037 年 7 月 1 日提前至 2018 年 12 月 1 日,而该决议形成时间为 2018 年 11 月 18 日,即鸿大公司要求各个股东完成注册资本的缴纳期限从 20 年左右缩减于半个月不到的时间内,却未对要求提前缴纳出资的紧迫性等作出说明,不具有合理性;要求自然人于短期内完成 100 余万元的筹措,也不符合常理。综上所述,出资期限提前涉及股东基本利益,不能通过多数决的方式予以提前,所以,涉案临时股东会决议中第 2 项决议无效。对于第 3 项决议,其中作出的限制姚某城的股东权利是基于姚某城未按约定缴付 700 万元,该笔款项与第 2 项决议中所涉及的注册资本出资的含义、款项金额均不相同,故姚某城要求基于第 2 项决议确认第 3 项决议无效缺乏相应依据,且姚某城也没有提供其他证据证明第 3 项决议无效,姚某城应对此承担举证不能的法律后果。对于鸿大公司于 2018 年 11 月 18 日的临时股东会决议中除第 2 项、第 3 项决议外的其他内容,姚某城未举证证明该等内容无效,且姚某城在审理中也明确其诉请临时股东会决议无效实际仅针对第 2 项、第 3 项决议。综上所述,一审法院认为,2018 年 11 月 18 日鸿大公司临时股东会决议中仅第 2 项决议无效,其他内容均有效。

二审法院认为,关于争议焦点一,上诉人鸿大公司 2017 年 7 月 17 日的章程是否对《合作协议书》约定的股东出资作出了变更。根据 2017 年 6 月 27 日《合作协议书》的约定,被上诉人姚某城拟出资额为 700 万元,且应在协议签署后的 3 日内全部实缴至上诉人鸿大公司。而 2017 年 7 月 17 日,鸿大公司形成新的章程,明确章某认缴出资700万元,姚某城认缴出资150万元,蓝某球、何某松各认缴出资75万元,实缴时间均为2037年7月1日。可见,鸿大公司在姚某城并未按照《合作协议书》约定时间实缴出资的情况下,仍将其列为公司股东,且明确股东出资时间为2037年7月1日。并且,2017年7月21日,鸿大公司进行了相应工商变更登记,将姚某城正式登记为公司股东。因此,从各方的实际履行来看,姚某城作为鸿大公司股东的出资时间已变更至2037年7月1日。此外,《合作协议书》明确载明,其仅是各方合作的初步法律文件,"未来将可根据具体情况适时修改、调整、细化、充实"。由此,鸿大公司将姚某城的出资时间调整至2037年7月1日,也符合《合作协议书》的约定,且并不违反法律规定,合法有效。本案临时股东会决议第2项通过章程修正案将股东出资时间从2037年7月1日修改为2018年12月1日,显然属于要求股东姚某城提前出资的情形。因此,鸿大公司关于本案并非要求股东提前出资而是按照《合作协议书》要求姚某城出资的主张,与事实不符,不能成立。

关于争议焦点二,本案修改股东出资期限是否适用资本多数决规则。根据《公司法》的相关规定,修改公司章程须经代表全体股东2/3以上表决权的股东通过。本案临时股东会决议第2项是通过修改公司章程将股东出资时间从2037年7月1日修改为2018年12月1日,其实质是将公司股东的出资期限提前。而修改股东出资期限,涉及公司各股东的出资期限利益,并非一般的修改公司章程事项,不能适用资本多数决规则。理由如下:

首先,我国实行公司资本认缴制,除法律另有规定外,《公司法》第28条规定,"股东应当按期足额缴纳公司章程中规定的各自所认缴的出资额",即法律赋予公司股东出资期限利益,允许公司各股东按照章程规定的出资期限缴纳出资。股东的出资期限利益,是公司资本认缴制的核心要义,是公司各股东的法定权利,如允许公司股东会以多数决的方式决议修改出资期限,则占资本多数的股东可随时随意修改出资期限,从而剥夺其他中小股东的合法权益。

其次,修改股东出资期限直接影响各股东的根本权利,其性质不同于公司增资、减资、解散等事项。增资、减资、解散等决议事项一般与公司直接相关,但并不直接影响公司股东的固有权利。如增资过程中,不同意增资的股东,其已认缴或已实缴部分的权益并未改变,仅可能因增资而被稀释股份比例。而修改股东出资期限直接关系到公司各股东的切身利益。如允许适用资本多数决,不同意提前出资的股东将可能因未提前出资而被剥夺或限制股东权益,直接影响股东根本利益。因此,修改股东出资期限不能简单等同于公司增资、减资、解散等事项,也不能简单地适用资本多数决规则。

最后,股东出资期限是公司设立或股东加入公司成为股东时,公司各股东之间形成的一致合意,股东按期出资虽是各股东对公司的义务,但本质上属于各股东之间的一致约定,而非公司经营管理事项。法律允许公司自治,但需以不侵犯他人合法权益为前提。在公司经营过程中,如有法律规定的情形需要各股东提前出资或加速到期,则不能以资本多数决的方式,以多数股东意志变更各股东之间形成的一致意思表示。因此,本案修改股东出资期限不应适用资本多数决规则。

关于争议焦点三,鸿大公司是否存在亟须股东提前出资的正当理由。一般债权具有平等性,但司法实践中,具有优先性质的公司债权在一定条件下可以要求公司股东提前出资或加速到期。如公司拖欠员工工资而形成的劳动债权,在公司无资产可供执行的情况下,可以要求公司股东提前出资或加速到期以承担相应的法律责任。而本案并不属于该种情形。本案当事人对上诉人鸿大公司是否继续经营持不同意见,且双方均确认《合作协议书》的合作目的已无法实现,也无证据证明存在需要公司股东提前出资的必要性及正当理由,因此,一审判决认定,本案要求股东提前出资不具有合理性且不符合常理,并无不当。章某、何某松、蓝某球等股东形成的临时股东会决议,剥夺了被上诉人姚某城作为公司股东的出资期限利益,限制了姚某城的合法权益。一审判决确认该项决议无效,于法有据,予以认可。

专业点评

资本多数决,是指在股东大会上或者股东会上,股东按照其所持股份或者出资比例对公司重大事项行使表决权,经代表多数表决权的股东通过,方能形成决议。我国《公司法》第 42 条规定:“股东会会议由股东按照出资比例行使表决权;但是,公司章程另有规定的除外。”第 43 条规定:“股东会的议事方式和表决程序,除本法有规定的外,由公司章程规定。股东会会议作出修改公司章程、增加或者减少注册资本的决议,以及公司合并、分立、解散或者变更公司形式的决议,必须经代表三分之二以上表决权的股东通过。”资本多数决原则是《公司法》中一项不可或缺的基本原则,我们在承认其存在合理性和积极作用的同时,同样应该看到其弊端。其一,资本多数决削弱了少数股股东对公司事务的管理权力,容易引发了股东(大)会的形式化。其二,资本多数决原则容易被多数股股东为了实现自己的利益,以资本多数决为手段而实施的旨在损害公司利益和少数股股东利益的行为。其三,大小股东间本身存在利益上的冲突。《公司法》规定,股东会会议作出修改公司章程的决议必须经代表 2/3 以上表决权的股东通过,本案临时股东会决议第 2 项的内容是通过修改公司章程提前了股东出资期限。而 2013 年 12 月 28 日,第十二届全国人民代表大会常务委员会第六次会议审议通过了关于修改《公司法》的决定,明确将注册资本实缴登记制改为认缴登记制,取消了关于公司股东(发起人)应当自公司成立之日起 2 年内缴足出资,投资公司可以在 5 年内缴足出资的规定;取消了一人有限责任公司股东应当一次足额缴纳出资的规定,即法律已经赋予了公司股东出资期限利益,系股东的法定权利,随意修改出资期限是对中小股东合法权益的剥夺,并且修改股东出资期限并不同于公司增资、减资、合并、分立、解散,公司增资、减资、合并、分立、解散等与公司息息相关,但并不影响股东固有的权利,股东出资期限也是公司设立之初的一致约定,而不是对公司管理事项的约定,法律允许公司自治,但需以不侵犯他人合法权益为前提。所以,本案通过修改公司章程提前股东出资期限不适用资本多数决原则。

法条链接

1.《公司法》(2018 年)

第二十条第一款　公司股东应当遵守法律、行政法规和公司章程,依法行使股东权利,不得滥用股东权利损害公司或者其他股东的利益;不得滥用公司法人独立地位和股东有限责任损害公司债权人的利益。

第二十二条第一款　公司股东会或者股东大会、董事会的决议内容违反法律、行政法规的无效。

第二十八条第一款　股东应当按期足额缴纳公司章程中规定的各自所认缴的出资额。股东以货币出资的,应当将货币出资足额存入有限责任公司在银行开设的账户;以非货币财产出资的,应当依法办理其财产权的转移手续。

第三十七条　股东会行使下列职权:

(一)决定公司的经营方针和投资计划;

(二)选举和更换非由职工代表担任的董事、监事,决定有关董事、监事的报酬事项;

(三)审议批准董事会的报告;

(四)审议批准监事会或者监事的报告;

(五)审议批准公司的年度财务预算方案、决算方案;

(六)审议批准公司的利润分配方案和弥补亏损方案;

(七)对公司增加或者减少注册资本作出决议;

(八)对发行公司债券作出决议;

(九)对公司合并、分立、解散、清算或者变更公司形式作出决议;

(十)修改公司章程;

(十一)公司章程规定的其他职权。

对前款所列事项股东以书面形式一致表示同意的,可以不召开股东会会议,直接作出决定,并由全体股东在决定文件上签名、盖章。

第四十二条　股东会会议由股东按照出资比例行使表决权;但是,公司章程另有规定的除外。

第四十三条　股东会的议事方式和表决程序,除本法有规定的外,由公司章程规定。

股东会会议作出修改公司章程、增加或者减少注册资本的决议,以及公司合并、分立、解散或者变更公司形式的决议,必须经代表三分之二以上表决权的股东通过。

2.《九民纪要》

6.〔股东出资应否加速到期〕在注册资本认缴制下,股东依法享有期限利益。债权人以公司不能清偿到期债务为由,请求未届出资期限的股东在未出资范围内对公司不能清偿的债务承担补充赔偿责任的,人民法院不予支持。但是,下列情形除外:

(1)公司作为被执行人的案件,人民法院穷尽执行措施无财产可供执行,已具备破产原因,但不申请破产的;

(2)在公司债务产生后,公司股东(大)会决议或以其他方式延长股东出资期限的。

二、公司章程中对股东的罚款制度应有明确标准，否则股东会据此对股东罚款属于法定依据不足而无效

案件名称

安盛公司诉祝某股东会决议罚款纠纷案①

案号

暂无

裁判要旨

公司章程关于股东会对股东处以罚款的规定,是公司全体股东所预设的对违反公司章程股东的一种制裁措施,符合公司的整体利益,体现了有限公司的人合性特征,不违反公司法的禁止性规定,应合法有效。但公司章程在赋予股东会对股东处以罚款职权时,应明确规定罚款的标准、幅度,股东会在没有明确标准、幅度的情况下处罚股东,属法定依据不足,相应决议无效。

案情简介

原告(反诉被告):安盛公司

被告(反诉原告):祝某

原告安盛公司成立于2002年11月18日,注册资本180万元。2004年8月,被告祝某成为安盛公司员工,在审核岗位从事审核会计工作。2006年1月1日,祝某向安盛公司出资2万元,占注册资本的1.11%,安盛公司据此向祝某出具了股权证书。2007年1月1日,安盛公司对公司章程进行修订,修订后的公司章程将祝某记载为股东。公司章程第14条载明:安盛股份实行"股东身份必须首先是员工身份"的原则。第16条载明:新加入的股东若3年内离开公司,其股份由公司强行回购,回购价格按上年(自总经理批准离职之日起算)账面每股净资产扣除约定风险金比例后的余额确定,回购款项的支付时间为年度股东大会通过利润分配方案以后90日内。第19条载明:股东会由全体股东组成,是公司的最高权力机构,行使下列职

① 参见《最高人民法院公报》2012年第10期。

权:(1)决定公司的经营方针、发展计划和重大资产购置方案;(2)选举和更换董事,决定董事的报酬事项;(3)选举和更换由股东代表出任的监事,决定有关监事的报酬事项;(4)审议批准董事会的报告;(5)审议批准监事会或监事的报告;(6)审议批准公司的年度财务预算方案、决算方案;(7)审议批准公司的利润分配方案和弥补亏损方案;(8)对公司增加或者减少注册资本作出决议;(9)对公司合并、分立、变更公司形式、解散和清算等事项作出决议;(10)修改公司章程。第36条载明:股东退出分为自愿退出和强制退出。任何股东有下列行为之一出现时,必须全部转让其在公司的股份,由股东会强制取消其股东身份:(1)主观故意侵占或损害公司利益者;(2)利用在公司的地位和职权为自己牟私利者;(3)利用职权收受贿赂或者其他非法收入者;(4)私自动用公司资金或者将公司资金借贷给他人或者用本公司资产为个人债务提供担保者;(5)不按本章程的议事规则和国家有关法律、法规解决股东间有关公司发展和公司治理的分歧,而采取非法手段者;(6)违反公司同业禁止约定者;(7)受公司除名处分者;(8)其他有损公司利益,董事会决议强制退出者。此种情况下转让股份的价值按当时公司账面净值折算后扣除给公司造成的损失及股东会决议的罚款后的余额计算。祝某作为股东在上述公司章程上签名,但该章程中未明确记载罚款的标准及幅度。安盛公司制作的《安盛员工手册》,包含《奖惩条例》和《安盛同业禁止规定》。《奖惩条例》第7条规定:员工处罚分5种:警告、记过、记大过、降级或辞退、开除或除名;降级或辞退的,罚款1500元,造成经济损失的,赔偿另计;开除或除名的,罚款2000元,造成经济损失的,赔偿另计。《安盛同业禁止规定》载明:第1条,安盛全体人员不得利用工作时间兼职;不得兼职从事与本公司相同类型的业务;第2条,不得利用职务之便将本公司业务转给其他公司或个人;第3条,安盛员工离开安盛以后,自离职之日起2年内不得接受本单位客户委托,也不得以任何形式服务于本公司客户。安盛人员若违反上述第1条规定,则没收兼职所得,并按本公司奖惩条例接受处罚;若违反上述第2条、第3条规定,致使该客户离开本公司、让本公司蒙受损失的,则按每个客户2万元的金额补偿本公司,并按本公司奖惩条例接受处罚。祝某在上述《安盛员工手册》落款处签名。

2008年7月23日,被告祝某向原告安盛公司提交书面辞职报告,2008年7月25日,安盛公司作出关于自2008年7月25日起与祝某解除劳动合同的决定书。

2008年12月31日,原告安盛公司的董事会以群发短信形式通知公司股东(含被告祝某),决定于2009年1月5日17时在公司会议室召开临时股东会。2009年1月5日,安盛公司如期召开股东会,并形成关于对祝某股份处置和违反公司章程处理决定的股东会决议。决议载明:祝某股东身份在公司不满3年即离职,经调查发现，祝某在职期间以个人名义为曾与公司存有业务关系的瑞派尔公司、帝涛公司、茂研公司提供私下服务，利用职务之便为与公司没有任何服务协议的乐安公司等企业提供过相同类型的服务业务，根据公司章程规定，决定如下：（1）由公司强行回购祝某在公司的全部股份。（2）对祝某处以人民币5万元的罚款；公司应付回购股份的金额（股本和红利）24，107元抵减罚款，不足25，893元由祝某于2009年2月28日前将款项送达本公司财务；如果祝某在2009年2月28日前已认识到自己的问题，希望通过和谈解决，股东会授权董事会进行协商减轻处罚，但最低罚款不得低于24，107元，否则公司将通过法律途径追诉。（3）公司保留对祝某给公司造成损失的追偿权利。出席会议的毛某俊等13位股东在同意股东签字一栏进行签名。嗣后，安盛公司将上述股东会决议以特快专递方式邮寄给了祝某。

祝某不认可决议内容，拒绝上交罚款，故安盛公司诉至法院请求判令祝某立即给付安盛公司罚款人民币25，893元。

祝某在一审中提出反诉认为，安盛公司通过股东会决议形式对祝某处以罚款，不仅违反了民事主体平等原则，也侵害了祝某的财产权，反诉要求确认安盛公司于2009年1月5日所作股东会决议中关于罚款内容部分无效。

诉讼过程

因与祝某发生股东会决议罚款纠纷，安盛公司以股东会决议纠纷诉祝某至江苏省南京市鼓楼区人民法院，请求判令祝某立即给付安盛公司罚款人民币25，893元，江苏省南京市鼓楼区人民法院一审部分支持原告诉讼请求。

裁判结果

一审判决：（1）确认原告安盛公司2009年1月5日临时股东会决议第二项“对被告祝某处以人民币5万元的罚款”内容无效；（2）驳回原告安盛公司要求被告祝某支付25，893元的诉讼请求。

主要争点

原告安盛公司诉称：祝某在公司经营过程中，存在严重违反公司章程规定的行为，具体表现为：（1）祝某作为新股东，不满3年即离开公司；（2）祝某具有主观故意侵占或损害公司利益、利用在公司的地位和职权为自己谋私利、违反公司同业禁止约定的行为。鉴于上述行为，安盛公司为维护公司正常的经营管理秩序，于2009年

1 月 5 日依法律及公司章程规定召开股东会，并依据公司章程第 14 条、第 16 条、第 36 条的规定，经全体股东表决一致通过对祝某处以 5 万元罚款的股东会决议。该决议作出后，安盛公司多次要求祝某履行决议，均被祝某拒绝。故诉至法院请求判令祝某立即给付安盛公司罚款人民币 25,893 元。

被告祝某辩称：安盛公司于 2009 年 1 月 5 日作出的对祝某处以 5 万元罚款的股东会决议，缺乏事实与规范依据，且内容、目的违法，对祝某不具有法律约束力，安盛公司据此形成的股东会决议要求祝某给付 25,893 元不能成立，应驳回。公司与股东是平等的民事主体，安盛公司通过股东会决议形式对祝某处以罚款，不仅违反了民事主体平等原则，也侵害了祝某的财产权，故反诉要求确认安盛公司 2009 年 1 月 5 日所作股东会决议中关于罚款内容部分无效。

原告安盛公司针对反诉辩称：安盛公司的公司章程中明确载明了股东会可对股东处以罚款，安盛公司根据公司章程的记载对被告祝某处以罚款具有事实依据，不违反法律、行政法规的强制性规定，应属有效决议。

综上所述，本案争议焦点为：(1)股东会是否有权对股东进行罚款；(2)安盛公司是否有权依据《安盛员工手册》对祝某处以 5 万元的罚款。

裁判说理

一审法院认为，(1)有限公司的股东会无权对股东处以罚款，除非公司章程另有约定。股东履行出资义务后，其与公司之间是平等的民事主体，相互之间具有独立的人格，不存在管理与被管理的关系，公司的股东会原则上无权对股东施以任何处罚。《公司法》第 38 条第 1 项至第 10 项所规定的股东会职权中并不包含对股东处以罚款的内容。因此，在公司章程未作另行约定的情况下，有限公司的股东会并无对股东处以罚款的法定职权，如股东会据此对股东作出处以罚款的决议，则属超越法定职权，决议无效。《公司法》第 11 条规定，设立公司必须依法制定公司章程。公司章程对公司、股东、董事、监事、高级管理人员具有约束力。第 20 条规定，公司股东应当遵守法律、行政法规和公司章程，依法行使股东权利。由此可见，公司章程是公司自治的载体，既赋予股东权利，亦使股东承担义务，是股东在公司的行为准则，股东必须遵守公司章程的规定。在本案中，原告安盛公司章程第 36 条主要是关于取消股东身份的规定，但该条第 2 款明确记载"股东会决议罚款"，根据章程本身所使用的文义进行解释，能够得出在出现该条第 1 款所列 8 种情形下，安盛公司的股东会可以对当事股东进行罚款。鉴于上述约定是安盛公司的全体股东所预设的对违反公司章程股东的一种制裁措施，符合公司的整体利益，体现了有限公司的人合性特征,不违反公司法的禁止性规定,被告祝某也在章程上签字予以认可,所以,包括祝某在内的所有股东都应当遵守。据此,安盛公司的股东会依照《公司法》第38条第11项的规定,享有对违反公司章程的股东处以罚款的职权。(2)有限公司的公司章程在赋予股东会对股东处以罚款职权的同时,应明确规定罚款的标准和幅度,股东会在没有明确标准和幅度的情况下处罚股东,属法定依据不足,相应决议无效。被告祝某在原告安盛公司和瑞派尔公司委托记账合同关系停止后,仍作为瑞派尔公司的经办人向税务部门申请取消一般纳税人资格业务,该行为属于《安盛同业禁止规定》第1条及公司章程第36条第1款第6项的约定范畴,应认定祝某违反了公司章程,安盛公司股东会可以对祝某处以罚款。《安盛公司章程》第36条第2款所规定的"罚款"是一种纯惩罚性的制裁措施,虽与行政法等公法意义上的罚款不能完全等同,但在罚款的预见性及防止权力滥用上具有可比性。而根据《中华人民共和国行政处罚法》的规定,对违法行为给予行政处罚的规定必须公布;未经公布的,不得作为行政处罚的依据,否则该行政处罚无效。在本案中,安盛公司在修订公司章程时,虽规定了股东在出现第36条第1款的8种情形时,股东会有权对股东处以罚款,但却未在公司章程中明确记载罚款的标准及幅度,使得祝某对违反公司章程行为的后果无法作出事先预料,况且,安盛公司实行"股东身份必须首先是员工身份"的原则,而《安盛员工手册》的《奖惩条例》第7条所规定的5种处罚种类中,最高的罚款数额仅为2000元,而安盛公司股东会对祝某处以5万元的罚款已明显超出了祝某的可预见范围。故安盛公司临时股东会作出对祝某罚款的决议明显属法定依据不足,应认定为无效。

专业点评

股东会设立处罚权是公司内部自治性的体现,该处罚权的设置不仅要保护社团成员的基本权利和自由,还不得损害社会公共利益,不得违背公序良俗。自治权的设置还必须有明确的规章制度加以约束,公司章程在赋予股东会处罚权的同时,还需对罚款的标准、幅度明确规定,避免处罚无规章可依,相应处罚决议无效。

在本案中,法院裁判的逻辑环环相扣,首先,《公司法》赋予了股东会具有的法定职权,不包含股东会对股东罚款的权利,即股东会无权对股东处以罚款;其次,安盛公司章程规定的关于股东会对股东的处罚规定,是对违反股东义务的一种制裁措施,符合公司整体利益;最后,因在章程中没有规定具体的处罚标志及幅度,股东会对祝某的罚款在没有明确标准、幅度的情况下属于法定依据不足,决议无效。层层逻辑关系递进,说理清晰。

法条链接

《公司法》(2005 年)①

第十一条　设立公司必须依法制定公司章程。公司章程对公司、股东、董事、监事、高级管理人员具有约束力。

第十六条　公司向其他企业投资或者为他人提供担保,按照公司章程的规定由董事会或者股东会、股东大会决议;公司章程对投资或者担保的总额及单项投资或者担保的数额有限额规定的,不得超过规定的限额。公司为公司股东或者实际控制人提供担保的,必须经股东会或者股东大会决议。

前款规定的股东或者受前款规定的实际控制人支配的股东,不得参加前款规定事项的表决。该项表决由出席会议的其他股东所持表决权的过半数通过。

第二十二条　公司股东会或者股东大会、董事会的决议内容违反法律、行政法规的无效。

股东会或者股东大会、董事会的会议召集程序、表决方式违反法律、行政法规或者公司章程,或者决议内容违反公司章程的,股东可以自决议作出之日起六十日内,请求人民法院撤销。

股东依照前款规定提起诉讼的,人民法院可以应公司的请求,要求股东提供相应担保。

公司根据股东会或者股东大会、董事会决议已办理变更登记的,人民法院宣告该决议无效或者撤销该决议后,公司应当向公司登记机关申请撤销变更登记。

第三十七条　有限责任公司股东会由全体股东组成,股东会是公司的权力机构,依照本法行使职权。

第三十八条　股东会行使下列职权:

(一)决定公司的经营方针和投资计划;

(二)选举和更换非由职工代表担任的董事、监事,决定有关董事、监事的报酬事项;

---

① 现已修改为《公司法》(2018 年)第 11 条、第 16 条、第 22 条、第 36 条、第 37 条。

(三)审议批准董事会的报告;

(四)审议批准监事会或者监事的报告;

(五)审议批准公司的年度财务预算方案、决算方案;

(六)审议批准公司的利润分配方案和弥补亏损方案;

(七)对公司增加或者减少注册资本作出决议;

(八)对发行公司债券作出决议;

(九)对公司合并、分立、变更公司形式,解散和清算等事项作出决议;

(十)修改公司章程;

(十一)公司章程规定的其他职权。对前款所列事项股东以书面形式一致表示同意的,可以不召开股东会会议,直接作出决定,并由全体股东在决定文件上签名、盖章。

三、法院只审查股东会决议的程序及内容是否违法,不审查决议所依据的事实是否属实、理由是否成立

案件名称

李某军诉佳动力公司公司决议撤销纠纷案①

案号

一审:(2009)黄民二(商)初字第4569号;二审:(2010)沪二中民四(商)终字第436号

裁判要旨

人民法院在审理公司决议撤销纠纷案件中应当审查:会议召集程序、表决方式是否违反法律、行政法规或者公司章程,以及决议内容是否违反公司章程。在未违反上述规定的前提下,解聘总经理职务的决议所依据的事实是否属实,理由是否成立,不属于司法审查范围。

案情简介

上诉人(原审被告):佳动力公司

① 参见《最高人民法院指导案例第10号》(2012年)。

被上诉人(原审原告):李某军

原告李某军系被告佳动力公司的股东,并担任总经理。佳动力公司股权结构为:葛某乐持股40%、李某军持股46%、王某胜持股14%。3位股东共同组成董事会,由葛某乐担任董事长,李某军、王某胜为董事。公司章程规定:董事会行使包括聘任或者解聘公司经理等职权;董事会须由2/3以上的董事出席方才有效;董事会对所议事项作出的决定应由占全体股东2/3以上的董事表决通过方才有效。2009年7月18日,佳动力公司董事长葛某乐召集并主持董事会,3位董事均出席,会议形成了"鉴于总经理李某军不经董事会同意私自动用公司资金在二级市场炒股,造成巨大损失,现免去其总经理职务,即日生效"等内容的决议。该决议由葛某乐、王某胜及监事签名,李某军未在该决议上签名。故李某军起诉要求撤销被告佳动力公司于2009年7月18日形成的董事会决议。

诉讼过程

因不服股东决议,李某军以股东决议纠纷诉佳动力公司至上海市黄浦区人民法院,请求判令撤销佳动力公司于2009年7月18日形成的董事会决议,上海市黄浦区人民法院一审判决支持原告诉讼请求。后佳动力公司不服,向上海市第二中级人民法院提起上诉,被判决撤销原判,驳回李某军诉讼请求。

裁判结果

一审判决:撤销被告佳动力公司于2009年7月18日形成的董事会决议。

二审判决:(1)撤销上海市黄浦区人民法院(2009)黄民二(商)初字第4569号民事判决;(2)驳回李某军的诉讼请求。

主要争点

原告李某军诉称:被告佳动力公司免除其总经理职务的决议所依据的事实和理由不成立,且董事会的召集程序、表决方式及决议内容均违反了《公司法》的规定,请求法院依法撤销该董事会决议。

被告佳动力公司辩称:董事会的召集程序、表决方式及决议内容均符合法律和章程的规定,故董事会决议有效。

综上所述,本案争议焦点为:董事会的召集程序、表决方式及决议内容是否违反了《公司法》的规定。

裁判说理

法院生效裁判认为:根据《公司法》第 22 条第 2 款的规定,董事会决议可撤销的事由包括:(1)召集程序违反法律、行政法规或公司章程;(2)表决方式违反法律、行政法规或公司章程;(3)决议内容违反公司章程。从召集程序看,佳动力公司于 2009 年 7 月 18 日召开的董事会由董事长葛某乐召集,3 位董事均出席董事会,该次董事会的召集程序未违反法律、行政法规或公司章程的规定。从表决方式看,根据佳动力公司章程规定,对所议事项作出的决定应由占全体股东 2/3 以上的董事表决通过方才有效,上述董事会决议由 3 位股东(兼董事)中的 2 名表决通过,故在表决方式上未违反法律、行政法规或公司章程的规定。从决议内容看,佳动力公司章程规定董事会有权解聘公司经理,董事会决议内容中"总经理李某军不经董事会同意私自动用公司资金在二级市场炒股,造成巨大损失"的陈述,仅是董事会解聘李某军总经理职务的原因,而解聘李某军总经理职务的决议内容本身并不违反公司章程。

董事会决议解聘李某军总经理职务的原因如果不存在,并不导致董事会决议撤销。首先,《公司法》尊重公司自治,公司内部法律关系原则上由公司自治机制调整,司法机关原则上不介入公司内部事务;其次,佳动力公司的章程中未对董事会解聘公司经理的职权作出限制,并未规定董事会解聘公司经理必须要有一定原因,该章程内容未违反《公司法》的强制性规定,应认定有效,因此,佳动力公司董事会可以行使公司章程赋予的权力作出解聘公司经理的决定。所以,法院应当尊重公司自治,无须审查佳动力公司董事会解聘公司经理的原因是否存在,即无须审查决议所依据的事实是否属实,理由是否成立。综上所述,原告李某军请求撤销董事会决议的诉讼请求不成立,依法予以驳回。

专业点评

公司自治是私法自治原则在公司法领域的贯彻,公司自治,是指公司治理主体依照公司法和公司章程,自主安排公司治理机构,配置公司权力(利)、义务和责任的活动。而公司治理主体就是指公司的股东会、董事会、监事会、经理等公司机构。有限责任公司强调人合性,公司治理好比公司内部的"家务事",司法干预作为国家强制保障的最后一道屏障,司法机关应该在公司内部程序及其他途径无法解决时,才可介入公司的治理过程中。

董事会决议和股东会决议均属于公司决议,司法介入公司自治应秉承审慎原则。在上述案件中,二审法院认为,《公司法》的立法本意为最大限度赋予公司内部自治的权力,根据《公司法》第22条第2款的规定,股东会或者股东大会、董事会的会议召集程序、表决方式违反法律、行政法规或者公司章程,或者决议内容违反公司章程的,股东可以自决议作出之日起60日内,请求人民法院撤销。因《公司法》以及公司章程均未对董事会行使解聘公司经营的权力作出限制,故二审法院认定决议有效是正确的。

法条链接

《公司法》(2005年)①

第二十二条第二款　股东会或者股东大会、董事会的会议召集程序、表决方式违反法律、行政法规或者公司章程,或者决议内容违反公司章程的,股东可以自决议作出之日起六十日内,请求人民法院撤销。

四、任命非公司职工为公司职工代表监事的股东会决议内容无效

案件名称

保翔公司诉长翔公司公司决议效力确认纠纷案②

案号

一审:(2015)宝民二(商)初字第1817号;二审:(2017)沪02民终891号

裁判要旨

有限责任公司监事会中的职工代表监事应当具有该公司职工的身份,职工代表监事的产生方式应符合《公司法》第51条规定的职工民主选举产生的程序,并符合

① 现已修改为《公司法》(2018年)第22条。

② 参见《最高人民法院公报》2019年第11期。

该条规定的代表比例。公司股东会作出任命职工代表监事的决议,如果该被任命监事并非本公司职工,或被任命监事的产生程序、代表比例违反《公司法》第51条规定的,该部分决议内容应属无效。

案情简介

上诉人(原审第三人):江阳公司

上诉人(原审第三人):魏某礼

被上诉人(原审原告):保翔公司

原审被告:长翔公司

原审第三人:魏某鸿

原审第三人:徐某福

原审第三人:孔某志

长翔公司原为第三人江阳公司的全资子公司,2014年1月,保翔公司与江阳公司签订股权转让协议,约定江阳公司将其所持长翔公司50%股权转让给保翔公司,保翔公司、江阳公司各持长翔公司50%股权,后各方办理了股权变更登记手续。2014年4月,长翔公司召开临时股东会并形成股东会决议,决议第2项规定:设立公司监事会,聘请徐某福、孔某志为股东代表监事,免去魏某鸿监事职务,另一名职工代表监事由魏某礼担任。决议另对董事成员进行了任免并修改了章程。

魏某礼生于1948年,2008年已届退休年龄,其担任长翔公司法定代表人至2013年卸任,涉讼时其仍是第三人江阳公司法定代表人,但在诉讼过程中卸任。另外无证据证明魏某礼自2014年4月以来与长翔公司之间存在劳动关系。

在长翔公司工商登记备案材料中有一份落款日为2014年4月30日的长翔公司职工代表大会决议,主要内容为:长翔公司职工代表大会于2014年4月30日召开,应到职工代表5人,实到5人,会议由魏某礼主持;会议选举魏某礼为公司职工监事;同意5人,占职工代表总数100%;与会职工签名落款处未见魏某礼签名,有"朱某某""范某""杨某某""凌某某""张某"5人作为"职工代表"签名。在2014年5月之后,长翔公司均未为上述5名"职工代表"缴纳社会保险费。经审查其他证据材料,只有范某、张某与长翔公司建立劳动关系的证据较为充分,难以证明其他3人与长翔公司存在劳动关系。另外,缺乏能够证明该5人被长翔公司全体职工选举为职工代表或可代表长翔公司全体职工意志的相关证据。

保翔公司诉称:2014年1月,保翔公司通过向第三人江阳公司受让部分股权,成为长翔公司的股东,保翔公司和第三人各持有长翔公司50%股权。2014年4月,长翔公司召开临时股东会议并形成一份股东会决议(系争股东会决议),该股东会决议第2项决定设立监事会,任命徐某福、孔某志为股东代表监事,任命魏某礼为职工代表监事,免去魏某鸿的监事职务。因保翔公司入股长翔公司前,对江阳公司、长翔公司人员组成不了解,后保翔公司发现魏某礼为江阳公司法定代表人,非长翔公司员工,没有资格成为长翔公司的职工代表监事。保翔公司认为,系争股东会决议中关于监事任免的内容以及表决程序均违反了《公司法》关于职工代表监事的相关规定,魏某礼不能担任长翔公司的职工代表监事,故诉请法院判令:确认长翔公司于2014年4月通过的股东会决议关于公司监事会组成的决议条款无效。

诉讼过程

因不服股东决议,保翔公司以股东决议纠纷诉长翔公司至上海市宝山区人民法院,请求判令确认长翔公司于2014年4月30日作出的股东会决议第2项无效,上海市宝山区人民法院一审判决部分支持原告诉讼请求。后江阳公司、魏某礼不服,向上海市第二中级人民法院提起上诉,被判决驳回上诉,维持原判。

裁判结果

一审判决:被告长翔公司于2014年4月30日作出的股东会决议第二项(设立公司监事会,聘请徐某福、孔某志为股东代表监事,免去魏某鸿的监事职务,另一名职工监事由魏某礼担任)无效。

二审判决:驳回上诉,维持原判。

主要争点

江阳公司、魏某礼上诉称:系争股东会决议程序合法,内容真实有效,已经各股东确认并办理工商登记。选举魏某礼作为原审被告长翔公司职工代表监事程序亦合法有效,职工代表大会决议上的签字职工在当时是长翔公司职工,均有表决资格。魏某礼具备担任长翔公司职工监事资格,《公司法》上的职工并没有限定为劳动关系,应包括劳务关系、兼职人员等。

被上诉人保翔公司辩称:上诉人江阳公司、魏某礼的上诉请求没有事实和法律依据,应予驳回。魏某礼并非长翔公司职工,从未在原审被告长翔公司领取薪水,没有作为职工代表的资格。并且,在工商登记材料中,所谓职工代表大会决议的签字职工多数不是长翔公司职工,选举程序不合法,故系争股东会决议无效。

综上所述,本案争议焦点为:有限责任公司监事会中的职工代表监事是否应当具有该公司职工的身份。

裁判说理

一审法院认为,根据我国《公司法》第 51 条的规定,有限责任公司设监事会的,监事会中职工代表的比例不得低于1/3,监事会中的职工代表由公司职工通过职工代表大会、职工大会或者其他形式民主选举产生。该规定系为确保公司在经营决策管理过程中不侵害职工合法利益、保障现代企业治理中的职工民主权利而设立的,具有强制性,公司在设立监事会时必须遵守。根据该规定,首先,职工代表的监事必须从公司职工中产生,与公司没有劳动关系的人员不能成为职工代表监事;其次,职工代表监事必须由公司职工通过职工代表大会、职工大会或者其他形式民主选举产生,对不具有职工身份的人员或未经过职工民主选举方式产生的人员任命为职工代表监事的,该任命应属无效。

在本案中,系争股东会任命的职工代表监事魏某礼在被任命时及任命后与被告长翔公司并未形成劳动关系,魏某礼不具有长翔公司的职工身份。且魏某礼此前曾长期担任长翔公司法定代表人和长翔公司控股股东第三人江阳公司法定代表人的职务,该职务代表着长翔公司高级管理人员的身份和意志,不能代表长翔公司职工的身份和意志。因此,魏某礼不具有担任长翔公司职工代表监事的身份资格。另外,从在案证据来看,选举魏某礼为职工代表监事的朱某某、范某、杨某某、凌某某、张某等5 人中只有范某、张某2 人与长翔公司具有劳动关系,难以证明其余3 人与长翔公司有劳动关系,且难以证明该5 人曾被长翔公司全体职工选举为职工代表或可代表长翔公司全体职工的意志,故任命潘某礼为职工代表监事的程序亦不符合《公司法》的规定。综上所述,系争股东会决议中,任命魏某礼为长翔公司职工代表监事的内容应属无效;因监事会是一个整体,故该决议中的组成监事会的决议内容也应归于无效。长翔公司应根据《公司法》和公司章程的规定,重新选举和产生符合条件的监事会成员。

二审法院认为,与公司签订劳动合同或者存在事实劳动关系是成为职工代表监事的必要条件。上诉人魏某礼并不具备担任原审被告长翔公司职工代表监事的资格,理由如下:第一,职工代表大会是协调劳动关系的重要制度,职工代表须与公司存在劳动关系。参考中共中央纪委、中共中央组织部、国务院国有资产管理委员会、原监察部、中华全国总工会、中华全国工商业联合会制定的《企业民主管理规定》第

23 条的规定,“与企业签订劳动合同建立劳动关系以及与企业存在事实劳动关系的职工,有选举和被选举为职工代表大会代表的权利。依法终止或者解除劳动关系的职工代表,其代表资格自行终止”。在本案中,魏某礼因系争股东会决议作出时已不在长翔公司任职,未在长翔公司领取薪水,即与长翔公司不存在劳动关系,故魏某礼不具备作为职工代表的资格。第二,职工代表监事应通过职工代表大会、职工大会等形式,从职工代表中民主选举产生。《公司法》第 51 条第 2 款规定了监事会应包括公司职工代表,说明职工代表资格是成为职工代表监事的前提。在本案中,魏某礼并非职工代表,因此不具备担任长翔公司职工代表监事的资格。另外,《公司法》第 51 条第 2 款亦规定监事会中职工代表的比例不得低于 1/3,该比例系公司法上效力性强制性规定,在本案中,魏某礼不具备职工代表资格,另外 2 名监事系股东代表,职工代表比例为零,违反前款规定。故一审法院认定,系争股东会决议中任命魏某礼为长翔公司职工代表监事的条款无效,并无不当,二审予以支持。至于 2 名上诉人认为选举职工代表监事程序合法、签字职工均有表决资格的主张,因魏某礼不具备职工代表资格,无论签字职工是否具有表决资格,均无法改变监事会中无职工代表的事实,亦无法补正系争股东会决议相关条款的效力,故对于上诉人的该项主张,二审法院亦不予采纳。

专业点评

有限公司设立监事会应当包括股东代表和适当比例的公司职工代表,其中职工代表的比例不得低于 1/3,职工代表的监事必须从公司职工中产生,与公司没有劳动关系的人员不能成为职工代表监事。股东人数较少或者规模较小的有限责任公司,可以设 1 至 2 名监事,不设监事会,《公司法》对监事是否是公司职工没有明确的要求。

监事在公司中扮演类似监察机关的角色,主要负责检查公司财务,对公司董事、高级管理人员执行公务的监督,可提议召开临时股东会、提出议案,对董事、高级管理人员损害公司的行为提起诉讼。设立监事是为了保护股东利益,防止董事会的独断专行,保护债权人利益,防止发生损害公司股东、债权人利益行为的事情,维护公司及其股东的财产安全等合法权益。可见监事在公司治理组织中具备不可或缺的地位,但在现实中,企业往往对监事的身份不够重视。

在上述案件中,2 名股东各持有 50% 的股权,股权比例相同,并不能实际控制公司,于是一方股东想通过在监事上做文章,加大自己对公司的掌控度,但由于该监事的身份存在瑕疵,不被认可。通过该案例也提醒我们,除了股权比例的分配,董事、监事的设置对于公司控制权的影响也至关重要,在公司设立及其后的经营过程中应当予以全面考虑。当然,有限责任公司还是有一定人合的特点,选择合适的股东人选与建立良好的公司治理结构是同样重要的。否则,好的机制也只是方便权力监督和救济而已,而这些都不是我们投资公司的初衷。

法条链接

《公司法》(2013 年)①

第二十二条第一款　公司股东会或者股东大会、董事会的决议内容违反法律、行政法规的无效。

第五十一条　有限责任公司设监事会,其成员不得少于三人。股东人数较少或者规模较小的有限责任公司,可以设一至二名监事,不设监事会。

监事会应当包括股东代表和适当比例的公司职工代表,其中职工代表的比例不得低于三分之一,具体比例由公司章程规定。监事会中的职工代表由公司职工通过职工代表大会、职工大会或者其他形式民主选举产生。

监事会设主席一人,由全体监事过半数选举产生。监事会主席召集和主持监事会会议;监事会主席不能履行职务或者不履行职务的,由半数以上监事共同推举一名监事召集和主持监事会会议。

董事、高级管理人员不得兼任监事。

---

① 现已修改为《公司法》(2018 年)第 22 条、第 51 条。

第六篇

公司证照返还纠纷

导 语

公司证照是用于证明有关公司享有权利的各种证件和营业执照,以及表意的印鉴的集合。在公司经营过程中,公司证照是对外身份、意思表示之必要证明,是公司实际控制权的外在表示。其主要包括:(1)公司营业执照,是公司的身份证明及许可,是企业享受权利和承担义务的主体资格,包括《营业执照》《经营许可证》《组织机构代码》《税务登记证》《行业资质证书》《信誉等级证》《质量认证》《安全生产合格证》,以及公司开展经营活动所需的其他证照。如果涉及特殊行业,还需要该行业许可证。(2)公司印鉴,是公司从事商业活动的重要工具,代表公司的意思表示,从而对外为一定的法律行为。主要包括公章、合同专用章、财务专用章、发票章、法人章、各部门章等印鉴。(3)其他重要文件,主要记载公司经营过程中的各项人事、财务、经营情况。主要包括:股东名册、财务账簿、账册等。

公司证照对外代表公司的意志、起到公司表象作用,在公司产生重大变动或矛盾时,公司证照就成为争夺对象,公司证照返还纠纷由此产生。通常如有下列情形就容易引发证照返还纠纷:(1)原法定代表人离职,不办理公司印章交接;(2)公司股权转让后,新旧股东之间为公司控制权发生争议;(3)创始人与大股东之间为掌握公司控制权发生争议;(4)原法定代表人与较多股东因利益问题发生内部纷争;(5)公司之外的第三人因故非法侵占公司证照。

针对公司证照返还纠纷的主体,《公司法》第151条规定,董事、高级管理人员有本法第149条规定的情形的,有限责任公司的股东、股份有限公司连续180日以上单独或者合计持有公司1%以上股份的股东,可以书面请求监事会或者不设监事会的有限责任公司的监事向人民法院提起诉讼;监事有本法第149条规定的情形的,前述股东可以书面请求董事会或者不设董事会的有限责任公司的执行董事向人民法院提起诉讼。监事会、不设监事会的有限责任公司的监事,或者董事会、执行董事收到前款规定的股东书面请求后拒绝提起诉讼,或者自收到请求之日起30日内未提起诉讼,或者情况紧急、不立即提起诉讼将会使公司利益受到难以弥补的损害的,前款规定的股东有权为了公司的利益以自己的名义直接向人民法院提起诉讼。

《民事诉讼法》第51条第2款规定,法人由其法定代表人进行诉讼。其他组织由其主要负责人进行诉讼。

《民法典》第235条规定,无权占有不动产或者动产的,权利人可以请求返还原物。

在公司证照返还纠纷的审理中，法院首先会对公司法定代表人或诉讼代表人作出实质审查认定，因此，其可以成为公司控制权争夺的前置诉讼，也可以成为多数股东应对利益侵害时的救济手段。

一、法定代表人提出辞去职务后新法定代表人选举产生前仍应履职，具有公司诉讼代表人资格

案件名称

北京飞腾公司诉李某国、环亚律师所公司证照返还案①

案号

一审：(2018)京0116民初1927号；二审：(2019)京03民终14704号

裁判要旨

公司章程约定公司的董事长兼任公司的法定代表人，在公司未选举出合法有效的董事长任职法定代表人前，即使董事长申请辞去职务，仍应当履行原董事长职务、具有公司的诉讼代表人的资格。

案情简介

上诉人（原审原告）：北京飞腾公司

上诉人（原审被告）：李某国、环亚律师所

北京市怀柔区建筑开发公司经企业改制为北京飞腾公司，注册资本2588万元，工商登记中显示的法定代表人为李某珍。2000年12月28日的公司章程和2007年1月17日的章程修正案均规定，公司董事长为公司的法定代表人。2013年8月17日和9月2日，李某珍在董事会、班子会上明确提出辞去公司法定代表人、董事长职务，并于2013年9月4日向公司提交了《辞职报告》。2013年9月17日，北京飞腾公司召开董事会、班子会，决议同意李某珍辞去董事长职务，并选任李某国代理董事长

---

① 参见孙晓勇等：《中国法院2021年度案例－5－公司纠纷》，中国法制出版社2021年版。

职务，行使法定代表人权利。该决议于2018年2月经生效判决认定为不成立。

2013年9月17日，北京飞腾公司向其财务部发出《通知》，要求将财务印鉴移交环亚律师所保存。2013年9月17日，移交人孙某臣将公章印模交由接交人吕某茂。2013年10月22日，陶某玲将公司的银行开户许可证、企业法人营业执照正副本、组织机构代码证正副本、地税税务登记证正副本、国税税务登记证正副本交由接交人李某国，孙某臣为监交人。2014年7月23日，环亚律师所向原北京市工商行政管理局怀柔分局出具《证明》，认可自2013年10月9日北京飞腾公司的上述证照及财务章、法人人名章由其保存。北京飞腾公司在2013年9月17日前设置综合办公室，办公室主任是孙某臣，陶某玲是综合办公室管理人力、劳资方面的工作人员。

2014年8月7日，李某珍被刑事羁押，并于2016年11月23日无罪释放。

2018年3月8日，因公司治理纠纷，李某珍代表北京飞腾公司要求李某国、环亚律师所返还公司证照，以公司证照返还纠纷将李某国、环亚律师所诉至北京市怀柔区人民法院。

2018年3月16日，北京飞腾公司通过董事会决议，选举李某国担任董事长，同时履行法定代表人权利。该决议经生效法律文书被确认无效。2018年3月16日，公司通过董事会决议，委托环亚律师所保管北京飞腾公司证照、印章，该决议经生效法律文书判决被撤销。

2019年2月26日，公司召开班子会，通过决议，其中包括第一项，推选李某国担任北京飞腾公司负责人，主持全面经营工作；第二项，对北京飞腾公司原委托环亚律师所证照、公章、合同等自2019年2月26日起，继续由环亚律师所按过去流程托管管理。

诉讼过程

2018年3月8日，因公司治理纠纷，李某珍代表北京飞腾公司以公司证照返还纠纷诉李某国、环亚律师所至北京市怀柔区人民法院，请求返还公司证照，北京市怀柔区人民法院一审判决部分支持北京飞腾公司诉讼请求。后北京飞腾公司、李某国、环亚律师所均不服一审判决，向北京市第三中级人民法院提起上诉，被判决驳回上诉，维持原判。

裁判结果

一审判决：(1)确认北京飞腾公司与环亚律师所之间的保管合同关系解除；

(2)环亚律师所于本判决生效后7日内向北京飞腾公司返还公司公章、合同专用章、财务章、1枚李某珍法人人名章、营业执照正副本、组织机构代码证正副本、税务登记证正副本、银行开户许可证;(3)驳回北京飞腾公司其他诉讼请求。

二审判决:驳回上诉,维持原判。

主要争点

北京飞腾公司一审诉讼请求:判令被告李某国、环亚律师所返还北京飞腾公司公章、合同专用章、财务章、3枚李某珍法人人名章、营业执照正副本、组织机构代码证正副本、税务登记证正副本、银行开户许可证。

李某国、环亚律师所一审辩称:不认可李某珍代表北京飞腾公司提出的诉讼请求。理由如下:第一,李某珍不是北京飞腾公司法定代表人,无权提起本案诉讼;第二,本案诉争的印章证照是经过北京飞腾公司班子会,委托环亚律师所保管,属于合法、有权占有;第三,环亚律师所保管北京飞腾公司的公章、合同专用章、财务章、营业执照正副本、组织机构代码证正副本、税务登记证正副本、开户许可证,但仅有李某珍法人人名章1枚;第四,李某国属履行职务行为,从合同相对性角度看不是合同一方主体,不应当承担返还责任;第五,环亚律师所与北京飞腾公司就证照印章存在委托合同关系,合法有效且正在履行中,不应解除,更无须返还;第六,原告在事实理由部分对北京飞腾公司经营现状的陈述与事实不符。

北京飞腾公司上诉请求:(1)请求二审法院依法撤销北京市怀柔区人民法院(2018)京0116民初1927号民事判决第1项、第3项。(2)依法改判李某国、环亚律师所向北京飞腾公司返还公司公章、合同专用章、财务章、3枚李某珍法人人名章、营业执照正副本、组织机构代码证正副本、税务登记证正副本、银行开户许可证。

李某国、环亚律师所针对北京飞腾公司的上诉,共同辩称:(1)不同意北京飞腾公司的上诉请求和理由。李某珍没有权利代表北京飞腾公司提起诉讼。李某珍通过正常程序向公司提出了辞职,一审法院认定了该辞职行为,但又认定李某珍代表北京飞腾公司,逻辑矛盾。(2)环亚律师所与北京飞腾公司之间的委托保管合同是合法有效的,应当正常履行。(3)一审法院认定,李某珍在辞去职务后,仍然是北京飞腾公司法定代表人是错误的。

李某国、环亚律师所上诉请求:(1)请求二审法院依法撤销北京市怀柔区人民法院(2018)京0116民初1927号民事判决,改判驳回北京飞腾公司全部诉讼请求。(2)一审、二审诉讼费由北京飞腾公司承担。事实与理由:(1)李某珍不具有代表北京飞腾公司提起本案诉讼的代表资格。(2)环亚律师所不应将北京飞腾公司的证照印章返还。

北京飞腾公司针对李某国、环亚律师所的上诉辩称:不同意李某国、环亚律师所的上诉请求和理由,坚持上诉意见。

综上所述,本案争议焦点为:(1)李某珍是否具有代表北京飞腾公司提起本案诉讼的诉讼代表资格;(2)李某国、环亚律师所应否将涉案证照返还给北京飞腾公司。

裁判说理

法院生效裁判认为,北京飞腾公司截至本案终结辩论程序前并未选举出合法有效的董事长任职法定代表人。李某珍虽在 2013 年申请辞去董事长职务,但在北京飞腾公司未选举出新的董事长就任法定代表人之前,李某珍仍应当履行原董事长职务。而 2000 年 12 月 28 日的北京飞腾公司章程和 2007 年 1 月 17 日的章程修正案规定,北京飞腾公司的董事长兼任公司的法定代表人,基于李某珍履行原董事长职务这一前提,北京飞腾公司的法定代表人仍应当是李某珍,李某珍为公司的诉讼代表人。

北京飞腾公司与环亚律师所分别于 2013 年 9 月 17 日、2013 年 10 月 22 日之后形成对公章和证照的事实保管法律关系。虽然 2018 年 3 月 16 日涉及公章和证照继续保管的董事会决议被撤销,但不会直接对已经存在的法律关系产生影响。2019 年 2 月 26 日,班子会作出的决议并非代表公司意志,故班子会关于公章和证照继续保管的决议对已经存在的保管法律关系亦不产生影响。李某珍代表北京飞腾公司主张返还公司证照,是对保管物的取回,法律后果为保管合同关系解除,故环亚律师所应将公章证照返还。李某国非保管合同相对方,且无证据显示李某国或环亚律师所持有另外 2 枚李某珍法人人名章。

专业点评

在公司证照纠纷中,公司诉讼代表人的认定,一般为法定代表人,其最终依据是合法有效的董事会决议(对内)或工商登记(对外)。在本案中,尽管李某珍表达辞去公司法定代表人、董事长职务的意思表示,但由于未经有效董事会议确认,且法人登记未变更,北京飞腾公司亦未作出有效的变更法定代表人、董事的决议,因此,李某珍仍可代表公司,并最终取得公司证照的返还。

需要注意的是公司法定代表人、董事职务的认定要件,对于公司治理权力的归属有较大影响。公司作为市场经济的重要主体,实行意思自治原则,关于公司治理结构和机构设置,依照《公司法》和公司章程规定,由公司权力机构选举确认,同时通过工商登记对外公示。在机构和人员变动过程中,出现的新旧人员的交接和履职冲突,为了维护交易安全与公司权力机构意思自治原则的平衡,也就是说,在不影响交易安全的情况下,原则上遵循公司权力机构的意思。当然,利益平衡的前提是,公司法人等治理机构的变化是符合《公司法》和公司章程明确的程序的情形下的。

在本案中,为什么会在董事长辞去职务若干年后,再起纠纷,并成功翻盘。站在原被告双方各自立场都是有值得反思的问题。李某珍当年辞去董事长职务是真实意思表示,但是,后来入狱,出狱后又打官司拿回公司管理权,说明李某珍当年辞去董事长职务的时候,并没有实现其他的诉求。而被告在取得实际控制权若干年后,再次受到质疑。有限责任公司除了资合还有人合的因素,不同股东之间因为有共同愿景走在一起,但又因为争权夺利,诉至法庭。说明开设公司当初,双方的诉求并不匹配,在公司治理结构的设计上存在缺陷,从而使得经营若干年后,股东不再把心思放在经营上,而是放在"内斗"上,明显违背了初心。

法条链接

1.《合同法》①

第三百七十六条　寄存人可以随时领取保管物。当事人对保管期间没有约定或者约定不明确的,保管人可以随时要求寄存人领取保管物;约定保管期间的,保管人无特别事由,不得要求寄存人提前领取保管物。

第三百七十七条　保管期间届满或者寄存人提前领取保管物的,保管人应当将原物及其孳息归还寄存人。

① 现已修改为《民法典》第899条、第900条。

2.《民法总则》①

第六十一条　依照法律或者法人章程的规定，代表法人从事民事活动的负责人，为法人的法定代表人。

法定代表人以法人名义从事的民事活动，其法律后果由法人承受。

法人章程或者法人权力机构对法定代表人代表权的限制，不得对抗善意相对人。

3.《民事诉讼法》(2017年)②

第四十八条第二款　法人由其法定代表人进行诉讼。其他组织由其主要负责人进行诉讼。

4.《公司法》(2018年)

第四十五条　董事任期由公司章程规定，但每届任期不得超过三年。董事任期届满，连选可以连任。

董事任期届满未及时改选，或者董事在任期内辞职导致董事会成员低于法定人数的，在改选出的董事就任前，原董事仍应当依照法律、行政法规和公司章程的规定，履行董事职务。

5.《最高人民法院行政审判庭关于谭永智不服甘肃省人民政府房产登记行政复议决定请示案的答复》

2.公司的法定代表人应以在公司登记机关登记备案为准。经股东大会或者董事会任命的董事长虽未依法办理法定代表人登记手续，但在全体股东对股东大会或者董事会决议的合法性无异议的情况下，可以代表公司申请行政复议或提起诉讼。如其后的股东大会、董事会已经通过新的决议否定了对原董事长的任命，则原董事长无权代表公司申请复议或诉讼。公司股东对行政复议机关或人民法院受理原董事长的复议申请或起诉提出异议后，行政复议机关或人民法院不应作出实体裁判，而应中止案件审理，要求相关当事人先行依法解决公司决议纠纷，明确公司代表权。

二、公司证照“抵押”行为性质及效力的认定

案件名称

浦头公司诉恒晟集团公司证照返还案(经典案例)③

---

① 现已修改为《民法典》第61条。

② 现已修改为《民事诉讼法》(2021年)第51条第2款。

③ 参见国家法官学院等:《中国法院2020年度案例-5-公司纠纷》,中国法制出版社2020年版。

案号

一审:(2017)闽0203民初16609号;二审:(2018)闽02民终3241号

裁判要旨

行政会议形成的文件若仅对事实进行描述,不应认定为行政机关以行政手段进行的行政行为;为消除合同相对方的后续疑虑,推进合同目的达成而将其公章、财务章、营业执照正副本交付给相对方,上述行为并非以其公章、财务章、营业执照正副本作为抵押物或质物以担保债权实现的抵押或质押行为,不属于《担保法》的调整范围。

案情简介

上诉人(原审原告):浦头公司

被上诉人(原审被告):恒晟集团

浦头公司成立于2005年10月21日,注册资本为1000万元,自2015年1月22日起,股东为周某源、万嘉公司,分别持股90%、10%,工商管理部门备案的法定代表人为林某军。

"漳州万嘉现代城"工程项目于2009年6月8日开工建设,开发商为浦头公司,施工单位为恒晟集团。

2014年9月18日,恒晟集团以浦头公司为被申请人,以浦头公司拖欠工程进度款为由,向厦门仲裁委员会申请仲裁,要求浦头公司向其支付工程进度款2亿元。2014年9月29日,厦门仲裁委员会作出厦仲裁字[2014]第396号裁决书,裁决浦头公司应向恒晟集团支付本案工程进度款(含至2014年4月30日已产生的部分逾期付款利息)合计2亿元。2017年7月17日,福建省漳州市中级人民法院作出(2017)闽06执异8号执行裁定书,以双方当事人均未向仲裁机构陈述浦头公司已付4900万元工程款这一事实并提供证据,导致仲裁机构未能就该笔款项的真实用途及性质作出认定,属于当事人向仲裁机构隐瞒了足以影响公正裁决的证据为由,裁定不予执行上述仲裁裁决书。双方就相关工程款事宜仍存争议,且尚在司法审查中。

2015年2月16日,浦头公司在万嘉公司缺席的情况下,在周某源的主持下召开临时股东会,决议免去林某军执行董事和法定代表人职务、重新选举周某源为公司执行董事和法定代表人等事项。

2015年4月1日,福建省漳州市人民政府秘书长主持召开会议,协调万嘉现代城项目建设有关问题，福建省漳州市住房和城乡建设局等单位、万嘉现代城项目建设施工方代表林某平等人参加会议。《关于万嘉现代城项目建设有关问题协调情况的备忘录》载明：因拖欠投资方工程款等问题，项目开发商把公司公章、财务章、营业执照正副本证件抵押给施工单位；鉴于开发商公章、财务章、营业执照等证件掌握在施工单位手中已成为客观事实，原福建省漳州市工商行政管理局在开发商申请营业执照变更等问题上暂时不予办理，福建省漳州市公安局在开发商申请公章变更问题上严格审查，不予办理；施工单位应消除后续投资疑虑，继续推进后续工程建设，力争早日竣工交房，维护社会安定稳定。

2016 年 12 月 20 日，福建省漳州市中级人民法院作出(2016)闽 06 民终 2370 号民事判决，确认上述股东会决议合法有效，浦头公司、林某军应在判决生效之日起 30 日内执行上述股东会决议向原福建省漳州市工商行政管理局申请法定代表人变更登记及监事、经理、章程修正案备案登记手续。上述民事判决于 2017 年 3 月 25 日生效。

2017 年 4 月 28 日，周某源向福建省漳州市芗城区人民法院申请强制执行。在该案执行过程中，恒晟集团向福建省漳州市芗城区人民法院出具一份《恒晟集团关于周某源诉浦头公司强制执行一案的说明》，载明：兹因题述案件中，周某源要求浦头公司将公司公章、财务章、营业执照等公司章证移交周某源；现因上述浦头公司章证抵押在本公司处，本公司就此特说明如下：本公司乃浦头公司开发的“漳州万嘉现代城”的建设单位……2015 年 4 月，为解决浦头公司拖欠工程款问题，避免工程停工造成不稳定因素，福建省漳州市人民政府秘书长主持召开协调会，协调开发商浦头公司将公司公章、财务章、营业执照等公司章证抵押在施工单位即本公司处，以换取本公司继续投资……浦头公司章证抵押本公司，是本公司垫资建设的前提。

诉讼过程

2017 年 11 月 1 日，因公司章证归属产生纠纷，浦头公司以公司证照返还纠纷诉恒晟集团公司至福建省厦门市思明区人民法院，请求判令恒晟集团公司归还浦头公司的公章、财务章、企业法人营业执照正副本，福建省厦门市思明区人民法院一审判决驳回浦头公司诉讼请求。后浦头公司不服一审判决，向福建省厦门市中级人民法院提起上诉，被判决驳回上诉，维持原判。

裁判结果

一审判决:驳回原告浦头公司的诉讼请求。

二审判决:驳回上诉,维持原判。

主要争点

浦头公司一审诉讼请求:(1)恒晟集团立即归还浦头公司的公章、财务章、企业法人营业执照正副本;(2)本案诉讼费用由恒晟集团承担。事实和理由:浦头公司注册资金1000万元,股东为周某源、万嘉公司,分别持股90%、10%。周某源于2015年2月16日主持召开股东会,选举周某动为公司执行董事、经理。福建省漳州市中级人民法院确认该股东会决议合法有效,公司和林志军应当执行股东会决议,变更法定代表人登记。该案目前在福建省漳州市芗城区人民法院执行。2017年6月,恒晟集团向福建省漳州市芗城区人民法院出具说明,声称浦头公司公章、财务章、营业执照等公司章证抵押在恒晟集团。2014年9月,浦头公司原法定代表人林某军与恒晟集团隐瞒证据骗取厦门仲裁委员会裁决书。2017年2月,以周某动为法定代表人的浦头公司向福建省漳州市中级人民法院申请不予执行该仲裁裁决。2017年7月,该院裁定不予执行仲裁裁决。根据《关于国家行政机关和企业事业单位社会团体印章管理的规定》的规定,公章及执照均具有专属性,只能用于本单位的对外业务,不得作为其他用途,包括作为抵押品。公司公章、财务章、营业执照等公司章证也不是《担保法》所规定的抵押物或质押物。且恒晟集团利用浦头公司的公章、营业执照骗取仲裁裁决,其应立即归还浦头公司。故浦头公司提出如上诉请。

恒晟集团一审辩称:(1)2015年4月1日,漳州市政府作出的会议备忘录属于政府部门的行政行为,若浦头公司不服备忘录记载内容,应当先行提起行政诉讼,撤销该备忘录。(2)恒晟集团是依据生效行政行为接受浦头公司的公章,在对应的行政行为未被撤销或被认定无效之前,浦头公司无权要求恒晟集团返还该公章,且恒晟集团也不具有返还公章的实际条件。(3)即使会议备忘录的决定并非行政行为,浦头公司将公章交付给恒晟集团扣留是其在会议上明确同意的,且其也同意恒晟集团实际施工方提出的返还公章的前提条件,故浦头公司交付公章给恒晟集团实际施工方的行为是其与恒晟集团实际施工方达成的一份有效协议,双方均应积极遵守。(4)浦头公司将公章交给恒晟集团扣押并非《担保法》上规定的抵押法律行为,而只是双方之间关于公章保管的事实约定。

浦头公司上诉请求:(1)撤销一审判决,判令被上诉人立即归还上诉人公章、财务章、企业法人营业执照正副本等章证;(2)本案诉讼费用和保全费用5000元由被上诉人承担。事实与理由:(1)各类印鉴公章和营业执照作为特殊的物,不能成为交易的标的物。(2)上诉人提供的厦门仲裁委员会裁决书和福建省漳州市中级人民法院执行裁定书证明了被上诉人利用上诉人的公章骗取仲裁裁决。(3)依据《物权法》的规定,被上诉人应当立即归还上诉人公章、财务章和营业执照。

恒晟集团答辩称:(1)浦头公司将公章等证照交付给恒晟集团扣留是其在福建省漳州市政府召开的会议上明确同意的,并且也同意了恒晟集团提出的返还公章的前提条件。协议合法有效,是双方的意思自治行为,双方均应积极遵守,并不能因法定代表人的变更而废除。(2)恒晟集团是依据福建省漳州市政府召开的会议内容接收浦头公司的公章等证件,浦头公司无权要求恒晟集团返还该公章,并且恒晟集团也不具有返还公章的实际条件。

综上所述,本案争议焦点为:浦头公司将其公司证照交给恒晟集团保管的性质及效力。

裁判说理

一审法院认为,《关于万嘉现代城项目建设有关问题协调情况的备忘录》载明的"鉴于开发商公章、财务章、营业执照等证件掌握在施工单位手中已成为客观事实",系对事实的描述,并非行政机关以行政手段要求浦头公司将公章等章证交付恒晟集团的行政行为,故恒晟集团关于该备忘录属于行政行为、浦头公司应先行提起行政诉讼的相关主张,缺乏依据,不予支持。从在案的《关于万嘉现代城项目建设有关问题协调情况的备忘录》等证据来看,浦头公司系因拖欠投资方工程款而将其公章、财务章、营业执照正副本交付给恒晟集团,以此消除恒展集团的后续投资疑虑,继续推进后续工程建设。上述行为从目的、内容、手段、对象等方面看,并未违反法律、行政法规的强制性规定,且系双方当事人的真实意思表示。因此,在双方仍就案涉项目工程款存在争议,恒晟集团投资疑虑未消除的情况下,浦头公司要求恒晟集团返还公章、财务章、营业执照正副本,依据不足,不予支持。浦头公司的上述行为并非以其公章、财务章、营业执照正副本作为抵押物或质物以担保债权实现的抵押或质押行为,不属于《担保法》的调整范围,浦头公司以公章、财务章、营业执照正副本不能作为抵押物、质物为由,要求恒晟集团予以返还,缺乏依据,不予支持。

二审法院认为,本案讼争合同系双方当事人的真实意思表示,内容形式合法,未违反法律行政法规的禁止性规定,合法有效。依法成立的合同,对当事人具有法律约束力。合同明确约定浦头公司将公章、财务章、营业执照交给恒晟集团直至清偿全部拖欠的工程款为止,在未清偿工程款的情况下,浦头公司要求返还公章、财务章、营业执照没有事实和法律依据。综上所述,浦头公司的上诉理由不能成立,应予驳回;一审判决认定事实清楚,适用法律正确,应予维持。

专业点评

在行政机关的参与条件下(市政府秘书长组织召开协调会),为解决拖欠工程款问题、消除施工方垫资疑虑而将公司证章交付对方公司换取对方继续投资,该行为既非行政行为,又非抵押或质押行为。尽管该行为的实质是为了"保障浦头公司实现对拖欠工程款的债权偿还",从而使得恒晟集团继续垫资投资,法院却仅仅否定该行为认定为抵押或质押,而未明确该行为的实际法律性质。从类案判例中来看,若将公司证照作为抵押物,或被认定是"股权的权利质押"不得强制扣留使用证照,或直接否定公司证照作为抵押、质押物的资格,最终都判决返还。可见公司证照"抵押"有较大概率会判决返还,而本案中可能存在一定的行政保护而导致法院含糊行为性质,未判决返还。法院之所以会作出此等判决,除了政府的介入,给施工方一个信赖利益保护的政府公信力考量,更多的是因为当初设置该交易风险控制模式的基础性事实仍然存在,浦头公司至争议时都没有向恒晟集团支付工程款项,而且,因为浦头公司交付公章等之后,恒盛集团又进一步垫资,如果在双方没有达成合意,恒盛集团也没有获得权利救济的情况下,法院判决恒盛集团返还相应证照,的确对恒盛集团的合法利益保护是不利的。因此,法院基于此种风险控制方式并不违反法律行政法规的禁止性规定,所以,当事人的合意应该被尊重,受保护。这与"禁反言"原则是一致的。丹宁勋爵在20世纪70年代对禁反言作出定义,即:"禁反言……是一项审判原则和衡平法的原则。它是这样的:当一个人通过其言语或行为导致另一个人相信了某种特定的事实状态时,如果他推翻他的言语或行为会产生不公正或不公平的话,那么他将不被允许那样做。"一般而言,根据禁反言原则，禁止一方当事人否认法律已经作出判决的事项，或者禁止一方当事人通过言语（表述或沉默）或行为（作为或不作为）作出与其之前所表述的（过去的或将来的）事实或主张的权利不一致的表示，尤其是当另一方当事人对之前的表示已经给予信赖并依此行事的时候。在本案中，恒盛集团已经根据浦头公司的允诺，基于浦头公司公章证照都被恒盛集团保管，恒盛集团在合法权益得到实现前，不至于受到其他案外人干扰，并进而继续垫资将整个工程施工完毕，其行为不仅对浦头公司而言是一个履约的行为，对于社会财富而言，也是一个增量的过程，应该得到保护和褒奖。

法条链接

《民事诉讼法》（2017 年）

第六十四条第一款　当事人对自己提出的主张，有责任提供证据。

第一百七十条第一款第一项　原判决、裁定认定事实清楚，适用法律正确的，以判决、裁定方式驳回上诉，维持原判决、裁定。

三、法定代表人侵占公司证照返还纠纷的主体选择

案件名称

陈某源诉陈某滨公司证照返还纠纷案（经典案例）①

案号

一审：（2018）闽 0203 民初 7833 号；二审：（2018）闽 02 民终 4639 号

裁判要旨

公司经股东会议决议免去原执行董事的职务，任命另一股东为公司执行董事及

① 参见国家法官学院等：《中国法院 2020 年度案例 -5- 公司纠纷》，中国法制出版社 2020 年版。

法定代表人，故原执行董事已丧失代表公司对外行使职权、履行职务的资格，新任执行董事有权作为公司法定代表人参加诉讼。

案情简介

上诉人（原审被告）：陈某滨

被上诉人（原审原告）：陈某源

原审第三人：百安公司

2007 年 1 月 5 日，百安公司登记成立，陈某源、陈某滨分别持股 67%、33%；陈某滨系执行董事并担任法定代表人，林某荣系公司监事；公司登记住所地为福建省厦门市思明区湖滨南路 819 号宝福大厦 34 楼 C 座。2010 年至 2017 年，百安公司实际经营地变更为福建省厦门市思明区帝豪大厦 1807 号、1808 号。

2018 年 2 月 5 日，陈某源向陈某滨邮寄《关于提议召开 2018 年第一次临时股东会的督促函》《关于召开百安公司 2018 年第一次临时股东会的通知》，督促并提议陈某滨于 2018 年 2 月 28 日召开第一次临时股东会。该函件于 2018 年 2 月 6 日投递并显示“他人收—亲属”签收。

2018 年 2 月 28 日，百安公司于厦门市思明区帝豪大厦 1808 号会议室召开 2018 年第一次临时股东会，陈某源到会参加，陈某滨未到会。该会议作出股东会决议：免去陈某滨执行董事职务，选举车某琴为公司新一任执行董事，执行董事为公司的法定代表人。陈某源在会议记录上签字确认。

2018 年 3 月 20 日，陈某源向林某荣发出《敦促监事提起诉讼的函》，载明：公司法定代表人、执行董事陈某滨于 2017 年 12 月 14 日在未办理任何交接手续的情况下，离开百安公司岗位，并在利安达公司任职工作，至今未回百安公司履行管理职责，其将公司公章等印章私自带离百安公司，给公司生产经营及正常管理带来严重影响及损失，故督促林某荣在本函发出后 20 日内向人民法院提起诉讼，如到期不提起诉讼，陈某源作为百安公司股东有权依据《公司法》的规定以自己的名义提起诉讼。

2018 年 3 月 21 日，林某荣以书面《回函》形式回复陈某源，明确表示其已收到《敦促监事提起诉讼的函》，其作为监事不提起诉讼，同意陈某源就陈某滨损害公司利益一事提起诉讼。

2018 年 3 月 30 日，陈某源向陈某滨发出《敦促移交百安公司印章的函》，载明：鉴于陈某滨将公司公章等印章私自带离百安公司，给公司生产经营及正常管理带来严重影响及损失，故请陈某滨在本函发出后 3 日内到百安公司办理公章及其他工作事项的交接手续。该函件于当日投递，但被拒收。

2018 年 5 月 3 日，陈某源以公司证照返还纠纷将陈某滨诉至福建省厦门市思明区人民法院。庭审中，陈某源、陈某滨、百安公司均确认百安公司公章、财务章、营业执照、银行 U 盾在陈某滨处保管。

诉讼过程

2018 年，因公司章证归属产生纠纷，陈某源以公司证照返还纠纷诉陈某滨至福建省厦门市思明区人民法院，请求判令陈某滨向百安公司归还公司章证并赔偿因擅自将公章带离公司而造成的损失，福建省厦门市思明区人民法院一审支持原告部分诉请。后陈某滨不服一审判决，向厦门市中级人民法院提起上诉，被判决驳回上诉，维持原判。

裁判结果

一审判决：(1)被告陈某滨应于本判决生效之日起 10 日内将其持有的百安公司公章、财务章、营业执照、银行 U 盾返还给第三人百安公司；(2)被告陈某滨应于本判决生效之日起 10 日内配合第三人百安公司办理法定代表人为车某琴的变更登记手续；(3)驳回原告陈某源的其他诉讼请求。

二审判决：驳回上诉，维持原判。

主要争点

陈某源一审诉讼请求：(1)陈某滨向百安公司归还公司公章、财务章、营业执照、银行 U 盾；(2)陈某滨向百安公司赔偿因擅自将公章带离公司而造成的损失 1 万元；(3)陈某滨配合百安公司办理变更法定代表人为车某琴的企业变更登记手续。

陈某滨上诉请求：撤销一审判决第 1 项、第 2 项，改判驳回陈某源一审的起诉或发回重审。事实与理由：(1)陈某源不具备本案的诉讼主体资格。本案的案由是公司证照返还纠纷，而非损害公司利益责任纠纷，公司证照的所有权人应当是公司并非陈某源，即使股东会决议有效也应当由公司来主张权利，公司的股东无权越过公司直接向他人主张属于公司的财产。(2)一审法院对股东会决议的效力认定不当。陈某源通过公证形式向陈某滨送达召开股东会的通知，但没有任何证据表明陈某源向监事林某荣送达过该通知，因此无法说明存在监事不召集和主持股东会会议的情况。陈某源作为公司大股东，滥用大股东的优势地位，越过监事召开只有其一人参加的股东会,擅自作出罢免陈某滨的执行董事职务,变更法定代表人为车某琴的决议,损害小股东的利益,同时也损害了监事的知情权。一审法院将召集程序明显违法、违反公司章程规定的股东会决议直接认定为合法有效,存在明显的事实认定错误。一审法院认为,陈某滨并未另案提起撤销之诉,推定该决议合法有效,也属于法律适用错误。股东会决议效力的认定并非只能在确认和撤销之诉中作出,一审法院在本案中应当将其作为前置问题审理并作出正确的认定。

陈某源、百安公司辩称:(1)陈某源具备本案的诉讼主体资格。陈某源是百安公司的股东,持有67%的股权,在陈某滨损害公司利益给公司造成巨大损失时,经公司和监事确认不提起诉讼的前提下,其有权提起股东代表诉讼。(2)2018年2月28日召开的百安公司第一次临时股东会程序合法,作出的股东会决议合法有效。请求驳回上诉,维持原判。

综上所述,本案争议焦点为:原告陈某源作为百安公司控股股东直接起诉原法定代表人证照返还是否主体适格。

裁判说理

法院生效裁判认为,本案系公司证照返还纠纷,陈某源作为百安公司的股东,有权依照《公司法》第151条的规定向侵害公司合法利益的董事、监事、高级管理人员及他人提起股东代表诉讼。陈某源已书面向百安公司监事林某荣提出提起诉讼的请求,林某荣收到书面请求后拒绝提起诉讼,故陈某源作为股东有权为了公司的利益以自己的名义直接向人民法院提起诉讼。有关百安公司由谁代表诉讼的问题,百安公司已于2018年2月28日召开第一次临时股东会,会议决议免去陈某滨执行董事职务,任命车某琴为公司执行董事及法定代表人,故陈某滨已丧失代表百安公司对外行使职权、履行职务的资格,车某琴有权作为百安公司法定代表人参加本案诉讼。陈某滨认为,股东会决议属于可撤销决议,其仍有权保管公章等资料,但其并未另案提起撤销之诉,该决议应认定合法有效,故陈某滨的抗辩意见于法无据,法院不予采纳。

公司作为企业法人享有独立的法人财产权,公司证照系企业法人专有物,应依据法人授权依法使用。百安公司已于2018年2月28日作出决议免除陈某滨执行董事职务,任命车某琴为公司法定代表人,陈某滨继续持有百安公司公章、财务章、营业执照、银行U盾于法无据,陈某源诉请陈某滨返还百安公司上述证照,并办理相应的法定代表人变更登记手续,有事实和法律依据,法院予以支持。对于陈某源主张因陈某滨占有公司证照应赔偿百安公司损失1万元的诉讼请求,因其提交的有关税收证明、申报清单、报告书等证据,均无法证明陈某滨未交出上述证照给公司造成损失及损失的具体金额,故对陈某源该项诉求,不予支持。

专业点评

本案突出了合法股东会决议对公司证照纠纷中公司诉讼代表人认定的影响。同时,法院对公司证照的合法持有人(一般为法定代表人)进行认定时,也往往依据诉讼过程中合法有效的股东会决议,对诉讼过程中有效的决议提出效力抗辩,不影响其效力与法院的认定依据。因此,若要确定或抗辩公司诉讼代表人,其时间节点应该选择在主要诉讼开始前。而资格确认的依据主要是在诉讼提起前,公司权力机构所作的决议的程序和内容必须符合《公司法》和公司章程的相关规定。经过符合公司法和公司章程规定的程序后,公司权力机构作出的决议,对法定代表人作出变更的,即便该法定代表人没有经过工商变更登记,也不影响新当选的法定代表人作为诉讼代表人代表公司参加诉讼。这主要是突出公司治理结构中意思自治的基本原则,只要不违反法律行政法规禁止性规定,司法机关一般都不会否定其效力。

法条链接

1.《公司法》(2018 年)

第一百五十一条　董事、高级管理人员有本法第一百四十九条规定的情形的,有限责任公司的股东、股份有限公司连续一百八十日以上单独或者合计持有公司百分之一以上股份的股东,可以书面请求监事会或者不设监事会的有限责任公司的监事向人民法院提起诉讼;监事有本法第一百四十九条规定的情形的,前述股东可以书面请求董事会或者不设董事会的有限责任公司的执行董事向人民法院提起诉讼。

监事会、不设监事会的有限责任公司的监事,或者董事会、执行董事收到前款规定的股东书面请求后拒绝提起诉讼,或者自收到请求之日起三十日内未提起诉讼,或者情况紧急、不立即提起诉讼将会使公司利益受到难以弥补的损害的,前款规定的股东有权为了公司的利益以自己的名义直接向人民法院提起诉讼。

他人侵犯公司合法权益,给公司造成损失的,本条第一款规定的股东可以依照前两款的规定向人民法院提起诉讼。

2.《最高人民法院行政审判庭关于谭永智不服甘肃省人民政府房产登记行政复议决定请示案的答复》

公司的法定代表人应以在公司登记机关登记备案为准。经股东大会或者董事会任命的董事长虽未依法办理法定代表人登记手续,但在全体股东对股东大会或者董事会决议的合法性无异议的情况下,可以代表公司申请行政复议或提起诉讼。如其后的股东大会、董事会已经通过新的决议否定了对原董事长的任命,则原董事长无权代表公司申请复议或诉讼。公司股东对行政复议机关或人民法院受理原董事长的复议申请或起诉提出异议后,行政复议机关或人民法院不应作出实体裁判,而应中止案件审理,要求相关当事人先行依法解决公司决议纠纷,明确公司代表权。

四、代表公司诉请证照返还的适格主体认定

案件名称

凤永公司诉邵某公司证照返还纠纷案①

案号

一审:(2015)长民二初字第00357号;二审:(2016)皖01民终3540号

裁判要旨

公司外部纠纷应遵从商事外观主义,以工商登记作为认定原则,公司内部纠纷,应以公司内部有效决议文件来确定公司意志和公司意志代表。公司有权通过诉讼途径要求公司证照的实际保管、持有人返还公司证照。公司证照的实际保管、持有人没有合法理由和依据继续保管、持有公司证照时,应承担返还公司证照责任。

案情简介

上诉人(原审被告):邵某

被上诉人(原审原告):凤永公司

① 参见《人民法院报》2017年5月18日,第7版。

2006 年，外资企业风永公司成立，股东张某虎（挪威国籍）、股东权某南（韩国国籍）各占 50% 股份，法定代表人为权某南。

2008 年，股东发生变化，经安徽省对外贸易经济委员会批准，风永公司变更为合资企业，股东权某南无偿将自己拥有的风永公司 50% 的股份转让给嘉德公司。张某虎和嘉德公司成为风永公司的股东，各占风永公司 50% 的股份。邵某系嘉德公司法定代表人并任风永公司的总经理，由邵某实际控制风永公司财产权和经营权并掌管所有证照。

2008 年 11 月 2 日，风永公司作出《关于股权变更的董事会决议》，决定董事长由张某虎委派，由张某虎担任，取消权某南原委派的董事成员和董事长。

2008 年 12 月 18 日，风永公司章程、嘉德公司与张某虎签订的风永公司经营合同均载明，董事长由张某虎担任，董事长是公司的法定代表人。

2008 年 12 月 25 日，安徽省合肥市对外贸易经济合作局作出合外审（2008）116 号《关于同意风永公司股权变更的批复》，内容包括董事长由张某虎担任。张某虎、权某南、邵某均签署委托书委托杜某办理法定代表人工商登记变更手续，但仍然未予以变更。

诉讼过程

2015 年，因邵某作为公司总经理和实际控制人在公司股权发生转让后数年未履行该变更手续，风永公司要求返还完成变更手续的相关材料产生纠纷，风永公司以公司证照返还纠纷诉邵某至安徽省长丰县人民法院，请求判令邵某向风永公司归还公司章证，安徽省长丰县人民法院一审支持原告部分请求。后因邵某不服一审判决，向安徽省合肥市中级人民法院提起上诉，被判决驳回上诉，维持原判。

裁判结果

一审判决：（1）邵某于判决书生效之日起 10 日内返还风永公司公司公章、营业执照正副本、外商投资企业批准书、组织机构代码证正副本、税务登记证正副本；（2）驳回风永公司其他诉讼请求。

二审判决：驳回上诉，维持原判。

主要争点

风永公司一审起诉请求：嘉德公司、邵某向风永公司返还所有风永公司证照、印章、公司财务账簿等资料包括但不限于营业执照、外商投资企业批准书、组织机构代码证、税务登记证、公章、财务专用章、法人印鉴章、银行印鉴卡、银行U盾、合同专用章、公司账簿等。

邵某上诉请求:撤销一审判决,驳回风永公司的起诉。事实和理由:(1)一审判决认定事实不清,适用法律错误。2008年12月18日签署的《股权转让协议》已履行完毕。风永公司章程及风永公司合营合同均载明,由嘉德公司委派3名董事,由张某虎指定1名董事长,但因股东双方均没有委派或指定,造成了负责人变更无法履行的局面。风永公司没有完成负责人变更登记是章程、合同约定不明导致,责任不在邵某,一审判决认定邵某没有依据约定履行变更手续没有事实和法律依据。(2)风永公司的工商登记显示,法定代表人为权某南,依照法律规定,应当由法定代表人代表公司从事具体的民事行为。张某虎不是风永公司的法定代表人,对外无权代表风永公司实施民事行为,即无权代表风永公司提起诉讼。(3)保管公司印章、证件等纠纷系公司股东之间的内部事务,应通过协商一致的精神解决。张某虎与嘉德公司各占风永公司50%的股权,对风永公司享有平等的权利和义务,由谁执掌公司的印章、证件,应由双方坚持公平、公正的原则,协商一致予以处理。(4)股东张某虎在交付了用于支付土地出让金的78万美元后,因常年身居海外,不能参与公司的生产经营决策。而邵某从公司登记之日一直驻留公司,主持公司的日常工作,在另行投入资金2000余万元后,逐步完善了公司的基本建设,有效保证了公司的正常运营。因此,由邵某持有公司印章、证件更有利于公司的发展。

风永公司辩称:(1)一审判决认定事实清楚,证据充分,适用法律正确,程序合法。2008年12月18日签署的《股权转让协议》约定的股权虽已转让完毕,但嘉德公司出资等其他义务并未履行。嘉德公司只是风永公司的股东,邵某作为嘉德公司的法定代表人并不当然掌控风永公司。虽然邵某和其他董事会成员已经完成委托杜某办理法定代表人变更登记的授权,但由于公章等材料物品由邵某掌控,导致受托人杜某无法完成变更登记。然而,形式上的变更登记是否完成并不影响内部决议和章程的效力。(2)2008年11月2日的《关于股权变更的董事会决议》决定董事长由张某虎担任。2008年12月18日的公司章程及风永公司的经营合同均表明张某虎是风永公司的董事长。同时,根据《民事诉讼法》第48条关于法人由其法定代表人进行诉讼的规定,张某虎有权代表公司提起诉讼。企业登记机关对企业法定代表人登记只是单纯的形式审查,仅具有对抗第三人的效力,依据双方协议及董事会决议,对内部而言张某虎已经是董事长和法定代表人,本案各方均为风永公司内部成员,知道或应当知道各方的职务。(3)风永公司享有法人财产权,权利人有权请求返还原物,凤永公司请求返还的物品不仅是财产,还是公司控制权的象征。公司的公章、证件属于凤永公司所有,嘉德公司和邵某应返还上述物品交由张某虎代表公司持有。邵某持有公司印章、证件等是未履行股东义务而行使股东权利的侵占行为,其实际控制行为侵害了公司的权益。请求二审法院驳回上诉,维持原判。

综上所述,本案争议焦点为:(1)张某虎是否有权以凤永公司的名义提起本案诉讼;(2)邵某是否应承担返还凤永公司公司公章、营业执照正副本、外商投资企业批准书、组织机构代码证正副本、税务登记证正副本的责任。

裁判说理

一审法院认为,公司在股权发生转让后,应当依照股权转让协议和股东大会决议完成相关变更手续。邵某作为公司总经理和实际控制人应当积极履行该变更手续,现公司在股权发生变更后数年,邵某仍未履行该变更手续,故凤永公司依据《公司法》的相关规定要求返还完成变更手续的相关材料(公司公章、营业执照、外商投资企业批准书、组织机构代码证、税务登记证)的诉讼请求,予以支持。凤永公司要求返还的其他材料应当由变更后的公司依法享有的权利,故该诉讼请求不予支持。

二审法院认为,本案是公司证照返还纠纷,邵某关于凤永公司没有完成负责人变更登记的归责问题的第一点上诉理由与本案不属于同一法律关系,本院不予审查。

由此,本案二审的主要争议焦点为:(1)张某虎是否有权以凤永公司的名义提起本案诉讼;(2)邵某认为保管公司印章、证件等纠纷系公司股东之间的内部事务,应通过协商方式解决的上诉理由能否成立;(3)邵某是否应承担返还凤永公司公司公章、营业执照正副本、外商投资企业批准书、组织机构代码证正副本、税务登记证正副本的责任。

关于争议焦点一,张某虎是否有权以凤永公司的名义提起本案诉讼。公司证照返还纠纷,起诉的权利主体应为公司,义务主体为实际掌控公司证照的人员,权利义务内容为返还公司证照。认定凤永公司在本案中是否具备诉讼主体资格应从以下两方面分析:首先,法定代表人的职权问题,法定代表人是否有权以公司名义行使诉权;其次,张某虎身份的认定问题,其是否为凤永公司的法定代表人。

“公司自治”乃现代公司法之精髓,法律充分尊重公司的独立人格、独立财产及行为自由,充分尊重公司在创设、变更与消灭公司法律关系方面的自治精神。而公司自治之核心在于公司行为自由。公司行为自由既包括公司单方行为自由、公司双方行为自由,也包括公司章程及公司股东会决议、董事会决议的自由。公司有权在法律规定的范围内处分公司内部事务,但公司只是抽象的人资集合体,其从事的一切活动都是由公司内部的人来实施,法定代表人是公司意志的表示机关。董事会通过会议的形式,依据公司章程作出相应的会议决议,法定代表人则将相应的决议内容予以外部化。涉及诉讼时,公司的法定代表人享有以公司名义起诉的诉讼权利。

风永公司的工商登记显示法定代表人为权某南,但其董事会决议指定法定代表人由张某虎担任。根据《公司法》第 13 条规定:"公司法定代表人依照公司章程的规定,由董事长、执行董事或者经理担任,并依法登记。公司法定代表人变更,应当办理变更登记。"《公司登记管理条例》第 30 条规定:"公司变更法定代表人的,应当自变更决议或决定作出之日起三十日内申请变更登记。"可见,公司登记机关根据公司请求,依法为其变更法定代表人的变更登记行为并非行政许可行为,而是将公司的变更行为晓谕社会公众的行政登记和公示行为。只要申请变更登记的公司的变更决议不违反法律和行政法规,公司登记机关就应对公司相应的变更事项予以变更登记。变更登记并不产生设权的效力,其作用仅在于产生公示公信效力,目的在于保护信赖公司登记事项的善意第三人的利益。

公司外部纠纷应遵从商事外观主义,以工商登记作为认定原则,而本案系公司证照返还纠纷,系公司内部纠纷。工商登记与董事会决议选任的不同法定代表人同时存在,对于法定代表人的选任及判断谁能代表公司意志,属于公司内部纠纷,应以公司内部有效决议文件来确定公司意志和公司意志代表。2008 年 11 月 2 日的风永公司董事会决议决定,董事长由张某虎委派并由张某虎担任,邵某及嘉德公司均未提供证据证明其对 2008 年 11 月 2 日的董事会决议的效力提起相关诉讼,亦无证据证明该董事会决议是虚假或无效。根据上述董事会决议内容,再结合公司章程中董事长是公司的法定代表人的规定,能够认定,对风永公司内部,风永公司的董事长即法定代表人已变更为张某虎,因此,张某虎有权以风永公司名义提起本案诉讼,其行为可以代表风永公司的意志。

关于争议焦点二,邵某上诉称,保管公司印章、证件等纠纷系公司股东之间的内部事务,应通过协商一致的原则解决。法院认为,返还证照系公司内部事务,协商解决确为化解纠纷的最佳方式。但结合本案事实,2008 年 11 月 2 日的风永公司董事会决议决定董事长由张某虎担任,之后风永公司应根据董事会决议及时办理法定代表人变更登记手续,风永公司有责任也有能力完成该变更登记手续,但时至今日已将近 9 年时间,风永公司仍未完成变更登记手续。张某虎系挪威籍,经常居住在国外,自成为风永公司股东之后,由于地域限制,对公司经营不便亲力亲为,风永公司一直由邵某实际管理,风永公司公章及相关证件亦由邵某掌控,必然,法定代表人变更登记手续也须依赖于邵某的协助配合方能完成。上述情况说明邵某对于办理法定代表人变更登记一事态度消极,邵某与张某虎之间的分歧由来已久。在长达近9年的时间里,双方的分歧始终未能化解。通过自行协商无法解决问题时,张某虎选择以风永公司名义诉至法院,一审法院调解未果,二审期间双方申请庭外一个月时间和解,法院也组织双方当事人进行调解,均未达成一致意见。对于公司证照返还纠纷,公司内部无法自行解决时,为及时规范公司内部经营管理秩序,法律赋予公司通过司法途径解决的权利。风永公司要求邵某返还风永公司印章、证件系行使法律赋予其的权利,符合法律规定。因此,邵某提出的保管公司印章、证件等纠纷系公司股东之间的内部事务,应通过协商一致的精神解决的上诉理由,没有事实和法律依据,法院不予采信。

关于争议焦点三,邵某是否应承担返还风永公司公司公章,营业执照正副本、外商投资企业批准书、组织机构代码证正副本、税务登记证正副本的责任。根据《公司法》第3条的规定,有限责任公司作为独立法人,有独立的法人财产,享有法人财产权。法人财产不仅包括公司享有的货币、固定资产、债权、对外投资的股权、知识产权,还包括公司经营中依法建立的公司公章、营业执照、组织机构代码证、税务登记证等财务资料。风永公司作为外商投资企业,还必须拥有外商投资企业批准书等相关文件。上述公司证照对外代表着公司意志,是公司的象征。尽管公司拥有上述证照的所有权,一般而言,为方便公司内部的经营管理,公司证照往往由公司的法定代表人、总经理或公司指定的其他专人实际占有、控制,当公司相关人员发生相应变化后,以前有权保管、持有公司证照的人员则可能不再适合继续保管、持有公司证照。此时,应将公司证照返还给公司。结合本案,风永公司的证照原由总经理邵某控制,公司经过股权转让、法定代表人变更后,在公司相关变更登记事项未能顺利完成的情况下,公司认为,继续由邵某持有、控制公司证照影响该公司对内部治理的控制权,公司有权要求邵某返还相关证照,并进而决定由何人保管。邵某对其持有上述公章及证件的事实没有提出异议,嘉德公司系风永公司股东,邵某作为嘉德公司的法定代表人,有权以嘉德公司名义行使相应股东权利,但无权以此为由持有、控制公司公章及相应证件。因此,邵某没有证据证明其继续持有上述印章及证件有合法理由和依据,一审判决邵某向风永公司返还相关证照并无不当。

专业点评

在公司内部纠纷中,法定代表人的选任及判断谁能代表公司意志,主要依据公司内部有效决议文件来确定,以确保公司自治。工商登记则适用于对外的纠纷处理中,主要是为了突出对交易安全的保护;公司内部纠纷中,若工商登记的内容与内部有效文件产生冲突,法院最终会依据有效的内部文件认定法律事实。工商登记与内部文件产生冲突时,往往说明公司内部产生分歧,此时工商登记因其滞后性质,无法显示公司最新意志,因此在内部纠纷处理中,工商登记的效力不及公司权力机构依照法定和公司章程规定程序作出的合法内部文件。

本专题第 1 号、第 3 号、第 4 号案例的共通之处在于均以最新有效的内部文件认定公司诉讼代表人,同时也将公司法定代表人认定为公司证照的合法持有者。由此可见,该类公司证照返还纠纷实质上是公司治理者的“争夺”,若能前置确认公司法定代表人,则有利于该类案件的胜诉。公司作为拟制法人,是经济社会发展之后人类智慧拟制出来的独立人格,但是,作为拟制的独立人格,缺乏自然生命力,必然会有代理机构,从而,就有了公司控制权之争,公章、证照作为公司的权力象征,往往是股东之间或者股东与经营者之间经常会产生纠纷的领域,事实上,法定代表人和公司章程相关规定对于公章、证照的保管主体有决定性的主导作用,而在法定代表人确定上,工商登记的原法定代表人往往不如未经工商登记的新当选法定代表人,所以,原代表人方要“翻盘”,首先,应该提起确认股东会决议无效的诉讼,要求确认新当选法定代表人因为股东会决议无效或者撤销该股东会决议。其次,可以以此申请公司证照返还之诉中止审理。

法条链接

1.《公司法》(2013年)[①]

第三条 公司是企业法人,有独立的法人财产,享有法人财产权。公司以其全部财产对公司的债务承担责任。

有限责任公司的股东以其认缴的出资额为限对公司承担责任;股份有限公司的股东以其认购的股份为限对公司承担责任。

第十三条 公司法定代表人依照公司章程的规定,由董事长、执行董事或者经理担任,并依法登记。公司法定代表人变更,应当办理变更登记。

第一百四十七条 董事、监事、高级管理人员应当遵守法律、行政法规和公司章程,对公司负有忠实义务和勤勉义务。

董事、监事、高级管理人员不得利用职权收受贿赂或者其他非法收入,不得侵占公司的财产。

第一百四十九条 董事、监事、高级管理人员执行公司职务时违反法律、行政法规或者公司章程的规定,给公司造成损失的,应当承担赔偿责任。

2.《公司登记管理条例》(2016年)

第三十条 公司变更法定代表人的,应当自变更决议或者决定作出之日起30日内申请变更登记。

3.《民法通则》(2009)年[②]

第一百一十七条 侵占国家的、集体的财产或者他人财产的,应当返还财产,不能返还财产的,应当折价赔偿。

损坏国家的、集体的财产或者他人财产的,应当恢复原状或者折价赔偿。

受害人因此遭受其他重大损失的,侵害人并应当赔偿损失。

4.《最高人民法院行政审判庭关于谭永智不服甘肃省人民政府房产登记行政复议决定请示案的答复》

公司的法定代表人应以在公司登记机关登记备案为准。经股东大会或者董事会任命的董事长虽未依法办理法定代表人登记手续,但在全体股东对股东大会或者董事会决议的合法性无异议的情况下,可以代表公司申请行政复议或提起诉讼。如其后的股东大会、董事会已经通过新的决议否定了对原董事长的任命,则原董事长无权代表公司申请复议或诉讼。公司股东对行政复议机关或人民法院受理原董事

① 现已修改为《公司法》(2018年)第3条、第13条、第147条、第149条。

② 现已修改为《民法典》,该条文已失效。

长的复议申请或起诉提出异议后,行政复议机关或人民法院不应作出实体裁判,而应中止案件审理,要求相关当事人先行依法解决公司决议纠纷,明确公司代表权。

五、公司困境下,大部分股东可授权确定其他股东作为特定事项代表人以公司名义提起诉讼

案件名称

和森公司诉旷某某公司证照返还纠纷案

案号

一审:(2020)湘1321民初4088号;二审:(2021)湘13民终527号

裁判要旨

当原法定代表人与较多股东发生内部纷争,导致公司日常事务难以进行,可能影响公司根本利益的情况下,根据大部分股东授权确定其他股东作为特定事项代表人以公司名义提起诉讼,符合公司总体利益,可认定具有公司证照返还纠纷诉讼主体资格。

案情简介

上诉人(原审被告):旷某某

被上诉人(原审原告):和森公司

和森公司成立于2007年5月29日,注册资本198万元。由朱某某、旷某某等26名股东共同出资设立。

2014年4月23日,该公司召开股东会议,决议修订和森公司章程,该公司章程对股东会权利进行了约定,并约定公司不设董事会,设由股东会选举产生执行董事兼经理一人,执行董事兼经理任期为3年,任期届满,可连选连任。经股东会选举,公司执行董事兼经理(法定代表人)为旷某某。被告第一任期满后,没有离任,继续担任和森公司经理。

2020年9月11日,和森公司召开股东会议,内容是推进选举工作会议,会议决定成立筹备小组,由彭某某任组长。

2020年11月18日，该筹备小组发出“关于召开全体股东会议进行换届选举的通知”。

2020年11月25日，和森公司召开股东大会，并形成如下决议：(1)选举朱某某为公司执行董事兼经理(任法定代表人)，任期3年。(2)选举彭某某为公司监事，任期3年。(3)委托朱某某凭本决议以及其他相关必要文件到湖南省双峰县市场监督管理局等部门办理公司变更登记和公司章程修正备案等。

2020年12月1日，和森公司18名股东出具特定事项委托书，委托朱某某为特定事项代表人，通过法律途径向旷某某要求移交公章、印鉴、营业执照、申请变更工商登记；授权范围：代公司起诉，签署全部法律文书、全程参与诉讼、接收法律文书、申请执行、聘请代理律师等。委托期限至上述事项办理完毕为止。

诉讼过程

2021年1月18日，因旷某某以和森公司经理持续持有公司证照、拒不变更工商登记，和森公司以公司证照返还纠纷诉旷某某至湖南省双峰县人民法院，请求判令旷某某履行公司股东会决议，移交公司证照，并配合变更登记手续，湖南省双峰县人民法院一审判决部分支持原告诉讼请求。后旷某某不服一审判决，向湖南省娄底市中级人民法院提起上诉，被判决驳回上诉，维持原判。

裁判结果

一审判决：(1)被告旷某某在本判决生效后5日内向原告和森公司返还公司营业执照和公章，暂交朱某某保管；(2)驳回原告和森公司的其他诉讼请求。

二审判决：驳回上诉，维持原判。

主要争点

和森公司一审诉讼请求：(1)请求判令被告履行公司股东会决议，移交公司营业执照和公章及印鉴，暂交朱某某保管；(2)判令被告配合原告到湖南省双峰县市场监督管理局办理工商变更登记手续；(3)判令被告承担本案诉讼费用。

旷某某辩称：(1)原告不具有适格的诉讼主体资格，原告的起诉依法应予驳回；(2)原告所诉事实不真实；(3)原告于2020年11月25日召开的股东大会的召集程序、表决方式违反了法律及公司章程的规定，所形成的股东会决议依法应予撤销，故应从实体上驳回原告的诉讼请求。

旷某某上诉请求:(1)撤销湖南省双峰县人民法院(2020)湘1321民初4088号民事判决;(2)改判驳回被上诉人的起诉或诉讼请求;(3)判令一审、二审诉讼费由被上诉人承担。事实和理由:原审判决认定事实不清,适用法律错误,依法应予撤销并改判。(1)被上诉人不具有适格的诉讼主体资格,被上诉人的起诉依法应予驳回。①在本案中,上诉人作为被上诉人的法定代表人,其行为代表的是被上诉人。现被上诉人起诉自己的法定代表人,形成了被上诉人自己起诉自己的诉讼表象。②在本案中,被上诉人作为企业法人,其参与诉讼活动应当由法定代表人即上诉人进行,现被上诉人的法定代表人即上诉人没有提起本案诉讼的意思表示,被上诉人的其他组织机构亦未有提起本案诉讼或委托代理人进行诉讼的意思表示。③根据《公司法》第151条的规定,本案适格原告只能是公司的董事会(执行董事)、监事会(监事)或公司股东,而不能是公司本身。(2)被上诉人于2020年11月25日召开的股东大会的召集程序、表决方式违反了法律及公司章程的规定,所形成的股东会决议依法应予撤销。①被上诉人于2020年11月25日召开的股东大会,上诉人既不知是谁提议召开也没有接到召开股东会的通知。②《公司章程》第17条关于"每次股东会会议应由2/3以上表决权的股东人数出席会议方为有效"的规定,出席股东会的股东人数所持有的表决票如果少于18票,则股东会无效。而出席2020年11月25日股东大会的股东人数所持有的表决票只有17票,故2020年11月25日股东大会为无效股东会议。③因被上诉人于2020年11月25日召开的股东大会的召集程序、表决方式违反了法律及公司章程的规定。④上诉人系被上诉人公司股东,公司章程从未规定股东不可以保管公司的印章和证照,上诉人亦未阻挠印章、证照的正常使用,上诉人不存在无权占有公司的印章和证照的情形。(3)本案系公司证照返还之诉,原审法院没有适用《公司法》的规定来处理本案,明显是适用法律错误。(4)在原审诉讼过程中,被上诉人未变更过诉讼请求,原审判决表述错误。

和森公司辩称:(1)公司的起诉有适格的主体资格。①旷某某已不再具备公司法定代表人资格。②朱某某作为公司新当选的执行董事兼经理和公司的特别事项代表人,得到公司股东18人(超2/3以上股东)的推举和授权,授权朱某某代公司起诉、签署全部法律文书、全程参与诉讼、接收法律文书、申请执行、聘请代理律师。朱某某作为公司特别事项代表人行使上述权利,是公司股东的真实意思表示,具有适格的主体资格。③旷某某担任执行董事和法定代表人的职务已经到期,其职务身份依照公司章程自到期对应日已经自然解除,旷某某已经丧失了占有公司证照的法律依据。④关于因未执行股东会决议,造成了工商登记的法定代表人与股东任命的法定代表人不一致的情形而引发的争议,一审判决认为"公司外部纠纷应遵从商事外观主义……公司内部纠纷，应尊重公司章程规定，以公司内部有效决议文件来确定公司意志和公司意志代表”完全符合最高人民法院精神。(2)2020 年 11 月 25 日，公司股东大会及形成的决议均合法有效。①该股东大会的召集程序、表决方式符合公司章程；②该股东大会于 2020 年 11 月 16 日公布了选举程序和方案，2020 年 11 月 25 日按该方案严格进行，并有湖南省双峰县公证处全程参与公证和保全证据，并出具了公证书；③该股东会决议是基于依据法律及公司章程按程序换届选举并已选举朱某某为公司执行董事兼经理且成为公司法定代表人，选举彭某某为公司监事的这一基本事实而作出的合法有效决议，而不是如上诉方所称的可提起撤销权之诉而“尚未生效的股东会决议”；④本案系公司证照返还纠纷，与股东会决议无关。股东会决议有效与否根本不影响本案的公司证照返还。(3)本案上诉人应予返还公司营业执照、公章。①上诉人旷某某至今一直持有公司营业执照、公章(上诉人一审庭审时亲口承认)。②上诉人已无权占有公司证照和公章。上诉人旷某某作为公司法定代表人掌握和保管公司证照系基于公司的授权而为之，但其已于 2020 年 4 月 24 日任期届满，按章程规定公司的授权已自然终止，其已不再是公司法定代表人，其掌握和保管公司证照的法律基础已不存在。③公司作为企业法人，有独立的法人财产，享有法人财产权。公司证照是公司运营、对外意思表示的重要载体，是公司的合法财产，任何单位和个人不得侵犯。公司有权要求无权占有人返还公司证照。

综上所述，本案争议焦点为：(1)和森公司的诉讼主体资格问题；(2)旷某某是否应向和森公司返还公司营业执照和公章。

裁判说理

一审法院认为，公司外部纠纷应遵从商事外观主义，以工商登记作为认定原则，由于本案系公司证照返还纠纷，系公司内部纠纷，由于原法定代表人旷某某不认可股东会决议效力且未配合办理移交手续等原因，未能及时办理工商变更，以致工商登记法定代表人与股东会新选任的法定代表人同时存在，对于法定代表人的选任及判断谁能代表公司意志，应属于公司内部纠纷，应尊重公司章程规定，以公司内部有效决议文件来确定公司意志和公司意志代表。因此，朱某某根据大部分股东授权以公司名义提起诉讼，其行为应可以代表公司意志；故原告有主体资格；被告旷某某在任期已届满，且未获股东会合法任命的情况下，继续持有和森公司的公章，无事实和法律依据，理应将公章移交给原告持有；故对原告要求被告移交公司营业执照和公章的诉讼请求，一审法院予以支持；公司证照及公章为公司经营所必需，对外代表着公司的意志。公司作为法人，证照及公章是企业的专用物品，拥有所有权，但这些物品须由具体的自然人予以保管。在本案中,和森公司的章程并未规定公司证照及公章应由谁进行保管或控制,在该公司召开临时股东会并作出决议后,朱某某根据临时股东会决议及大部分股东授权保管公司证照及公章符合相关规定;被告认为,2020 年 11 月 25 日的股东会决议违反了法律及公司章程的规定,所形成的股东会决议依法应予撤销,因尚在撤销期限内,被告可另行主张权利,在本案中不作处理,故对原告要求被告履行公司股东会决议的诉讼请求,一审法院不予支持。

二审法院认为,本案二审中涉及的争议焦点问题为:(1)和森公司的诉讼主体资格问题。上诉人旷某某主张其系和森公司法定代表人,法人诉讼应由法定代表人进行,法人的起诉没有经过法定代表人授权,起诉状及授权委托书上均未盖公司公章,其起诉不属于法人的真实意思表示,且根据《公司法》第 151 条的规定,如法定代表人有损害公司利益的行为,也只能由公司董事会(执行董事)、监事会(监事)或公司股东提起诉讼,不能由公司提出。故本案公司并非适格原告。经查,本案系公司证照返还纠纷,属公司内部管理性事务纠纷,应按照公司章程规定处理。根据该公司章程规定,法定代表人经股东会选举产生,任期为 3 年,可连选连任。现原法定代表人旷某某已连任两届且任期届满,在其未获股东会重新选举并任命前,原法定代表人可继续履行义务,但当原法定代表人与较多股东发生内部纷争,导致公司日常事务难以进行,可能影响公司根本利益的情况下,根据大部分股东授权确定其他股东作为特定事项代表人以公司名义提起诉讼,符合公司总体利益,一审法院认定和森公司具有诉讼主体资格并无不当。(2)一审判令旷某某向和森公司返还公司营业执照和公章,暂交朱某某保管是否正确。上诉人旷某某主张涉案公司决议召集程序、表决方式违反法律及公司章程的规定,所形成的股东会决议应予撤销,其系公司股东,占有公司印章和证照未影响公司正常运作。法院认为,对股东会决议的效力与否,相关股东已另行提起诉讼,应由另案处理。公司证照及公章为公司日常经营所必需,应属于公司所有,非公司生产经营需要,其他人不得控制或占有。在本案中,上诉人旷某某在任期已届满,且未获股东会再行任命的情况下,继续持有控制和森公司的营业执照和公章无章程规定和法律依据,且可能影响公司日常事务开展,一审判令旷某某向和森公司返还公司营业执照和公章,暂交朱某某保管并无不当;关于和森公司在一审变更诉讼请求的问题,经查,和森公司在一审开庭后申请撤回了其诉讼请求中的一项,该撤回申请虽在一审开庭之后,但该撤诉部分内容系原告方自身的诉权处分,且未加重旷某某的实体和程序上的义务,故一审处理并无明显不当。

专业点评

本案与本专题第1号、第3号、第4号案例的最大区别在于本案的公司诉讼代表不仅是法定代表人，而且是大部分股东在原法定代表人与较多股东发生内部纷争，可能影响公司根本利益的情况下授权确定的诉讼代表。但实质上，由于大部分股东作出的决议也能代表公司意志，符合公司利益，该行为依然是通过公司合法内部文件来确认诉讼代表人。因为是大多数股东授权的诉讼代表人，所以，虽然股东会决议的效力仍然有待其他诉讼裁决确认，但是，被授权的诉讼代表人资格获得法院的认可。从诉讼角度而言，则为多数股东维权提供了一个新路径，即一方面可以通过股东会决议选任新的法定代表人，另一方面可以通过直接授权新任法定代表人作为诉讼代表人。两者的路径看上去有所不同，其实又有异曲同工之妙，而且，可以不受股东会决议撤销之诉或者宣告无效之诉的诉累限制。

法条链接

1.《公司法》(2018年)

第一百五十一条 董事、高级管理人员有本法第一百四十九条规定的情形的，有限责任公司的股东、股份有限公司连续一百八十日以上单独或者合计持有公司百分之一以上股份的股东，可以书面请求监事会或者不设监事会的有限责任公司的监事向人民法院提起诉讼；监事有本法第一百四十九条规定的情形的，前述股东可以书面请求董事会或者不设董事会的有限责任公司的执行董事向人民法院提起诉讼。

监事会、不设监事会的有限责任公司的监事，或者董事会、执行董事收到前款规定的股东书面请求后拒绝提起诉讼，或者自收到请求之日起三十日内未提起诉讼，或者情况紧急、不立即提起诉讼将会使公司利益受到难以弥补的损害的，前款规定的股东有权为了公司的利益以自己的名义直接向人民法院提起诉讼。

他人侵犯公司合法权益，给公司造成损失的，本条第一款规定的股东可以依照前两款的规定向人民法院提起诉讼。

2.《民法典》

第二百三十五条　无权占有不动产或者动产的,权利人可以请求返还原物。

第二百四十条　所有权人对自己的不动产或者动产,依法享有占有、使用、收益和处分的权利。

3.《最高人民法院行政审判庭关于谭永智不服甘肃省人民政府房产登记行政复议决定请示案的答复》

公司的法定代表人应以在公司登记机关登记备案为准。经股东大会或者董事会任命的董事长虽未依法办理法定代表人登记手续,但在全体股东对股东大会或者董事会决议的合法性无异议的情况下,可以代表公司申请行政复议或提起诉讼。如其后的股东大会、董事会已经通过新的决议否定了对原董事长的任命,则原董事长无权代表公司申请复议或诉讼。公司股东对行政复议机关或人民法院受理原董事长的复议申请或起诉提出异议后,行政复议机关或人民法院不应作出实体裁判,而应中止案件审理,要求相关当事人先行依法解决公司决议纠纷,明确公司代表权。

六、公司证照的保管、使用主体在未经约定的情况下如何确定

案件名称

石某某诉刘某某公司证照返还纠纷案

案号

一审:(2019)津 0110 民初 4202 号;二审:(2019)津 03 民终 2046 号

裁判要旨

公司经营权并非法定概念,其具体内容、行使方式有赖于股东通过公司章程或者协议方式进行确定,法院不应依职权确定经营权。若对协议效力及经营权的归属存在分歧,且对经营权的内涵、外延及行使方式在公司章程和协议中均未作出明确具体的界定,也未在诉讼中达成一致意见,则对确认经营权的主张会因缺乏法律依据不受支持。

案情简介

上诉人(原审原告):石某某

被上诉人(原审被告):刘某某

原审第三人:常远公司

常远公司于2014年7月2日注册成立,注册资本100万元,石某某、刘某某分别出资50万元,各持有50%的股权。常远公司的《公司章程》第8条规定:"股东会由全体股东组成,是公司的权力机构,依据《公司法》第37条行使职权。"第13条规定:"公司不设董事会,只设一名执行董事,由股东会选举产生,执行董事任期三年,任期届满,可连选连任。"第14条规定:"董事会(执行董事)依据《公司法》第46条行使职权。"第10条规定:"公司设经理1名,由董事会(执行董事)聘任或者解聘,经理对董事会(执行董事)负责,并依据《公司法》第49条行使职权。"第21条规定:"公司执行董事为公司的法定代表人。"

2014年6月12日,常远公司的股东会议决议通过上述《公司章程》,选举石某某为执行董事,刘某某为监事,石某某作为执行董事决定聘任石某某为经理。

石某某与刘某某于1984年12月26日登记结婚,并于2015年1月22日协议离婚。双方在离婚协议书中未就常远公司的经营权问题进行处理,但双方在2015年1月22日另行签署协议,内容为"华明迎宾中心房产现在经营酒店,房产权刘某某、石某某名下房产,房贷和租金由石某某经营并还贷款和租金。10年后,归还刘某某(此处被涂改为石某某)。"刘某某确认,依据该协议的文字理解,常远酒店前10年的经营权归石某某。石某某明确其主张返还的经营证照,包括营业执照、公司公章、财务章、法定代表人人名章、公司财务账册。

2016年1月18日,常远公司的法定代表人、执行董事变更为刘某某,常远公司同日出具聘任书,载明:"依照《公司法》及本《公司章程》的相关规定,我公司于2016年1月18日解聘石某某公司经理职务,聘任刘某某为公司经理。"此后,常远公司的法定代表人、执行董事、经理由刘某某担任。

诉讼过程

2019年2月15日,因对公司经营权归属产生纠纷,石某某以公司证照返还纠纷诉刘某某至天津市东丽区人民法院,请求判令确认其对常远公司享有经营权,并要求刘某某向其返还常远公司经营证照,包括营业执照、公司公章、财务章及公司经营所需全部证照,天津市东丽区人民法院一审判决驳回原告的诉讼请求。后石某某不服,向天津市第三中级人民法院提起上诉,被判决驳回上诉,维持原判。

裁判结果

一审判决:驳回原告石某某的诉讼请求。

二审判决:驳回上诉,维持原判。

主要争点

石某某一审诉讼请求:(1)确认石某某对常远公司享有经营权;(2)判令刘某某向石某某返还常远公司经营证照,包括营业执照、公司公章、财务章及公司经营所需全部证照;(3)判令常远公司履行必要的协助义务;(4)诉讼费用由刘某某负担。

石某某上诉请求:(1)撤销一审判决,改判确认石某某对常远公司享有经营权,判令刘某某向石某某返还常远公司的经营证照,或者发回重审;(2)诉讼费用由刘某某承担。事实和理由:常远公司于2014年设立,石某某与刘某某系股东,各持50%的股权。公司设立时,石某某为公司法定代表人。2015年1月22日,石某某与刘某某达成合意,确认自2015年起石某某对公司享有10年经营权。其后,石某某主持经营公司期间,公司正常运转。2016年,刘某某通过非法手段将公司法定代表人变更为刘某某,并控制了公司的经营权,致公司出现重大亏损。一审法院以双方对经营权内容约定不明、对公司经营证照使用主体约定不明为由,驳回了石某某的诉讼请求。双方确认石某某享有10年公司经营权时,双方对经营权的内容是知悉且明确的,即与公司经营有关的权利全部归属于石某某,刘某某只享有股东权利。一审判决对此失察,系认定事实不清,适用法律错误。

刘某某辩称:同意一审判决,请求驳回上诉,维持原判。

综上所述,本案争议焦点为:(1)石某某主张其对常远公司享有经营权能否在本案中予以确认;(2)刘某某是否应当向石某某返还常远公司相关经营证照。

裁判说理

一审法院认为,公司经营权并非法定概念,其具体内容、行使方式有赖于股东通过公司章程或者协议方式进行确定。在本案中,虽然双方在离婚时对常远公司前10年的经营权归属进行确认,但双方未就经营权的具体事项、石某某行使经营权的方式进行明确约定,且双方庭审中无法达成一致意见,故该内容约定不明,石某某的主张缺乏法律依据,法院对其确认经营权的主张不予支持。石某某要求刘某某返还公司证照,是基于刘某某同意由石某某经营常远公司10年的事实,现公司证照的保管、使用主体未作明确约定,石某某所负责的经营事项、经营方式并未明确约定,加之刘某某现为常远公司的法定代表人、执行董事、经理，石某某提供的证据不足以证明其是公司证照的唯一合法持有人，法院对其诉讼请求不予支持。

二审法院认为，根据各方当事人的上诉及答辩情况，确定本案的争议焦点为：(1)石某某主张其对常远公司享有经营权能否在本案中予以确认；(2)刘某某是否应当向石某某返还常远公司相关经营证照。

关于争议焦点一，石某某持其与刘某某签署的协议为据要求法院确认其对常远公司享有10年经营权，刘某某对此持有异议，认为该协议因涂改而不发生法律效力。即使该协议有效，双方在签署协议后亦已变更法定代表人、执行董事、经理为刘某某的行为，实质上是对协议约定内容加以变更，并主张其与石某某应按照各自50%的股权份额对常远公司享有同等的经营权。鉴于双方对协议效力及经营权的归属存在分歧，且双方对经营权的内涵、外延及行使方式在公司章程和协议中均未作出明确具体的界定，亦未在诉讼中达成一致意见，对于公司经营权亦无明确法律规定，故一审法院以双方对经营权约定不明，石某某的主张缺乏法律依据为由对其确认经营权的主张不予支持，理据充分，法院予以维持。

关于争议焦点二，石某某明确表示其主张返还经营证照的诉讼请求是基于其对常远公司享有经营权，而公司章程中对于经营证照的保管、使用主体未作明确约定，结合常远公司的法定代表人、执行董事、经理为刘某某的客观事实，石某某并无充分证据证实其是常远公司经营证照的唯一合法持有人，故石某某要求刘某某向其返还常远公司相关经营证照的主张理据不足，二审法院不予支持。

专业点评

我国法律并无明确规定公司证照由谁保管或使用。在多数判例中，一般认定公司法定代表人为持有人。同时，亦认定公司证照的保管问题，属于公司内部治理事项，应通过公司相关机构行使相应职权或股东行使股东权利予以实现。在公司章程、管理制度没有规定，股东会、董事会没有决议，各方又无相关约定的情况下，法院不宜直接介入公司内部治理，应尊重公司意思自治。

在本案中，诉讼双方对公司“经营权”未进行明确约定，亦未对公司证照保管作出约定、决议。在此情形下，若无充分证据证明自身有权独占公司证照，法院将更倾向于维持“现状”，让此时的法定代表人保管公司证照。

公司作为具有独立人格的拟制主体，与有生物学上生命力的自然人不同，公章、营业执照等都是法人身份的象征，作为不具有自然生命力的拟制法人，其相关财物的管理，包括证照在内，都只能依赖公司职员等自然人。由于利益立场不同，不同的主体可能代表着不同的利益，相应地就存在一定的道德风险。所以，对于公司证照的保管，由于主体不同，给公司和股东带来的风险也不尽相同。但是，通常认为，法定代表人往往是由大股东任命，所以，法院一般认可由法定代表人来保管，当然，也可能法定代表人不一定是大股东利益的代言人。而且，根据公司自治的基本原则，对于公司治理结构，包括证照保管权在内的治理权力分配都是属于公司股东根据法律行政法规、公司章程规定可以自行约定的内容。因此，如果有股东之间约定，依照约定，没有约定的，

法条链接

《公司法》(2018 年)

第十条　公司以其主要办事机构所在地为住所。

第十三条　公司法定代表人依照公司章程的规定，由董事长、执行董事或者经理担任，并依法登记。公司法定代表人变更，应当办理变更登记。

第十四条　公司可以设立分公司。设立分公司，应当向公司登记机关申请登记，领取营业执照。分公司不具有法人资格，其民事责任由公司承担。

公司可以设立子公司，子公司具有法人资格，依法独立承担民事责任。

第二十一条　公司的控股股东、实际控制人、董事、监事、高级管理人员不得利用其关联关系损害公司利益。

违反前款规定，给公司造成损失的，应当承担赔偿责任。

第三十七条　股东会行使下列职权：

(一)决定公司的经营方针和投资计划；

(二)选举和更换非由职工代表担任的董事、监事，决定有关董事、监事的报酬事项；

（三）审议批准董事会的报告；

（四）审议批准监事会或者监事的报告；

（五）审议批准公司的年度财务预算方案、决算方案；

（六）审议批准公司的利润分配方案和弥补亏损方案；

（七）对公司增加或者减少注册资本作出决议；

（八）对发行公司债券作出决议；

（九）对公司合并、分立、解散、清算或者变更公司形式作出决议；

（十）修改公司章程；

（十一）公司章程规定的其他职权。

对前款所列事项股东以书面形式一致表示同意的，可以不召开股东会会议，直接作出决定，并由全体股东在决定文件上签名、盖章。

第四十六条　董事会对股东会负责，行使下列职权：

（一）召集股东会会议，并向股东会报告工作；

（二）执行股东会的决议；

（三）决定公司的经营计划和投资方案；

（四）制订公司的年度财务预算方案、决算方案；

（五）制订公司的利润分配方案和弥补亏损方案；

（六）制订公司增加或者减少注册资本以及发行公司债券的方案；

（七）制订公司合并、分立、解散或者变更公司形式的方案；

（八）决定公司内部管理机构的设置；

（九）决定聘任或者解聘公司经理及其报酬事项，并根据经理的提名决定聘任或者解聘公司副经理、财务负责人及其报酬事项；

（十）制定公司的基本管理制度；

（十一）公司章程规定的其他职权。

第四十九条　有限责任公司可以设经理，由董事会决定聘任或者解聘。经理对董事会负责，行使下列职权：

（一）主持公司的生产经营管理工作，组织实施董事会决议；

（二）组织实施公司年度经营计划和投资方案；

（三）拟订公司内部管理机构设置方案；

（四）拟订公司的基本管理制度；

（五）制定公司的具体规章；

（六）提请聘任或者解聘公司副经理、财务负责人；

(七)决定聘任或者解聘除应由董事会决定聘任或者解聘以外的负责管理人员;

(八)董事会授予的其他职权。

公司章程对经理职权另有规定的,从其规定。

经理列席董事会会议。

后　记

不知不觉，我已迈入知天命的年龄，在这一年好像人生突然顿悟，个人对于世间百态的认识都有了更加通透的感觉。由于生逢其时、贵人指点和一拨志同道合的朋友共同努力，在过去的几年里，每一年都上一个新的台阶。浙江京衡（宁波）律师事务所在短短的两年多时间里，从原先的30余人扩展到现在的120余人，业务量也年年创新高。浙江京衡（宁波）律师事务所能有此成绩，也真是令人欣慰。于是，经常有人会问我一个问题：作为一名中年人，哪有那么多精力，既要搞好学校的教学科研，又要经营管理一家百人律所？其实，在我看来，很多事情没有答案，或者说在做的时候就没有思考那么多，无非是基于热爱，基于对做这件事的价值的认可，之后就是持续专注于自己认准的事情。就拿《公司法裁判规则实务精要》三卷本来说，写作的初衷就是我在办理公司诉讼过程中，发现大量的案例呈现出复杂多变的公司纠纷样态，同时裁判观点不一，促使我在这一领域深耕。成立课题小组后，每周一次的改稿会让团队的年轻人甚至感到窒息，但是我们团队的年轻人没人抱怨，而我总是不断地鼓励鞭策他们。就这样，书稿从体例、样章、结构、内容、文字，一个环节一个环节不断推进。现在，《公司法裁判规则实务精要：治理责任》也终将付梓，我长长舒了一口气。要特别感谢并肩作战的团队小伙伴们的共同努力，要特别感谢我多年的朋友法律出版社沈小英分社长、陈妮老师，感谢责任编辑任娜、黄筝老师，没有你们的鼓励和支持，不可能有本书的出版。

最后，我想表达的是，仅以本书献给我此生最爱的女人——我的夫人方彩娟女士。18年前，她为了家庭放弃了全额奖学金留学韩国国立汉城大学攻读法学博士学位的机会。18年后，她又放弃了蒸蒸日上的事业，一切归零，回归家庭。没有她的理解和支持，也就没有我的一切。我相信，所有今天的放弃，都会换来福报，我们的明天会更美好。

“长风破浪会有时，直挂云帆济沧海。”我们坚信不管任何时候，任何人只要心中有光，未来就会充满希望。“做自己的光，不需要多亮；曾受过的伤，会长出翅膀……”耳边传来了熟悉的旋律。

有关本书的任何修改建议和意见，欢迎来信：panshenming@ nbu. edu. cn。

潘申明

2023 年 5 月 6 日于衢州开化